2024年版

国家資格

合格ライン
らくらく
クリア！

キャリア
コンサルタント

実技試験
（面接・論述）
実践テキスト

CC協議会・JCDA 本試験準拠
一般社団法人 地域連携プラットフォーム
柴田郁夫 田代幸久 著

秀和システム

はじめに

●年々伸びる「国家資格者キャリアコンサルタント」

　本書の姉妹編である『キャリアコンサルタント学科試験　要点テキスト＆一問一答問題集』が予想を上回る反響をいただく中で、「実技試験の対策本はいつ出るのか」とのお問合せを多数いただき、そのご要望に応えるかたちで本書を出版したのが2019年でした。その後、毎年改訂を加え、本書は5回目の改訂版となります。

　国家資格となった「キャリアコンサルタント」は、学科と実技の2本立ての試験が行われ、両方に合格することで取得できます。現在、国家資格者は約7万人いますが、国では10万人の国家資格者数とすることを目標として掲げており、受験者は年々増加しています。

　国家資格の受験要件が充たされる厚生労働大臣認定の「キャリアコンサルタント養成講習」を実施している、私ども一般社団法人地域連携プラットフォームでは、かねてより同講習の補足講座として「受験対策講座」を実施してきており、そこでの実績と経験を踏まえ、試験対策のシリーズ本として、この「実技試験対策テキスト」を執筆しております。

●疑問点や不合格原因を整理し克服方法を記載

　受験対策講座には、「複数回受験しているが合格できない」という方もおられます。実際に面談ロールプレイを拝見すると、不合格の理由が見えてくるのですが、そうした不合格の原因を整理し、その克服方法を記したものが本書です。

　たとえば「どのような質問をしたらよいのか思い浮かばない」という方がいます。これでは確かに合格は覚束ないでしょう。本書では、そうした方はどうしたらよいのかといった点について言及しています。

　また、型にはめた面接を行い、合格しようとする方がいますが、これも

危険です。一例を挙げれば、「終了時間3分前になったら、要約をして目標を設定する」といった"型"にはめ込もうとする面接です。こうしたことについても、どのようにしたらよいか対処法を解説しています。

●「練習問題」を通じ合格への具体的イメージがわく

柴田が担当した「第1章　面接試験」対策では、練習問題を多く取り入れています。読者の方に、「自分だったらどうするか」を考えていただくという趣旨で、ワークブック（練習帳）スタイルを意識しています。本書を読みながら、実際にワーク（面談）をしていただき、本書を手引き書のように活用していただきたいと思っています。

田代が担当した「第2章　論述試験」対策では、まずは合格するための各設問に対する解答のポイントとコツを明確に提示しています。オリジナルで作成した練習問題に対しては参考となる解答例を示し、どのように書いたらよいのかコツがつかめるようにしています。ご自身の答案を解答例と比べながら練習をしていただき、実力を高めていけるようにしました。

●2つの団体のどちらで受験したらよいかにも明確に回答

「国家試験は2つの団体が行っているが、どちらで受験したらよいのか？」という質問をよくいただきます。国の見解では「同じ技能を見るテストである」ということになっていますが、実際には論述試験は2つの団体で異なった問題（出題形式）となっています。

本書では、2つの団体における問題の違いとその回答の仕方について、明確に詳しく説明しているので、どちらが受けやすいと感じるか、ご自身で選択し、判断できるようになります。

ぜひ本書をご活用いただき、合格を勝ち取ってください。

2024年1月　一般社団法人 地域連携プラットフォーム　柴田郁夫

Contents

第1章 面接試験

第2章 論述試験

キャリアコンサルタント試験の しくみと実技合格への手引き

「国家資格キャリアコンサルタント」とは？

「キャリアコンサルティング」について、国は以下のように定義しています。

> 労働者の職業の選択、職業生活設計 又は職業能力の開発及び向上に関する相談に応じ、助言及び指導を行うことをいう。
>
> —「職業能力開発促進法」より

上記のような「キャリアコンサルティング」を行う者が「キャリアコンサルタント」となります。

職業能力開発促進法によれば、「キャリアコンサルタントでない者は、キャリアコンサルタント又はこれに紛らわしい名称を用いてはならない」（第30条の28）とされており、キャリアコンサルタント試験に合格した者だけが、キャリアコンサルタントやキャリアカウンセラーという名称を用いることができるとされています。（名称独占資格）

国家資格試験の内容

国家資格キャリアコンサルタントの試験は、学科試験と実技試験に分かれています。両方の試験を一緒に（同じ受験の回で）受けることもできますし、先に「学科」だけ受けて、次の回に「実技」を受けるということもできます。また、逆の順番で受ける（「実技」を先に受ける）ことも可能です。

実技試験は、「論述」と「面接」試験に分かれています。これらは別の日程で行われるので、2日間の予定をとっておく必要があります。

❶ 学科試験

●設問形式と合格基準

全50問の四肢択一（マークシート方式による解答）試験で、70％（35問）以上の正答で合格。

● 試験日程と試験時間

年度内で3回、おおよそ7月・11月・3月に実施。

試験時間は100分（集合時間10：10、試験時間10：30〜12：10）

● 受験料

8,900円（税込）

❷ 実技試験（論述試験および面接試験）

● 論述試験

設問形式：逐語記録を読み、数問程度の設問に対して文章を作成して解答。

試験日程と試験時間：学科試験と同じ日の午後に実施。時間は50分。

● 面接試験

試験形式：受験者がキャリアコンサルタント役となり、キャリアコンサルティングを行う「ロールプレイ」（15分間）、その後、自らのキャリアコンサルティングについて試験官からの質問に答える「口頭試問」（5分間）。

● 合格基準

150点満点で90点以上の得点。論述試験の満点の40％以上、かつ面接試験の評価区分のいずれにおいても満点の40％以上の得点が必要。

● 受験料

29,900円（税込）

受験資格

本書を手にされた、受験を考えている多くの方に対応する簡単な説明は、以下のようになります（さらに細かい基準はホームページ等を参照してください）。

1) キャリアコンサルティングの経験3年以上の者
   　あるいは
2) 厚生労働大臣が認定する講習の課程を修了した者

1) の経験とは、「労働者の職業の選択、職業生活設計や職業能力の開発・向上に関する相談」のことで、労働者には求職者や学生も含みます。

相談は、原則は一対一で行われたものとされますが、少人数グループワーク運営の経験も〇Kとされます。ただし、情報提供だけのものや授業・訓練の運営経験といったものは含まれない、とされます。

　2）は、以下の団体の講習（厚生労働大臣の指定講習）を受けた者に受験資格がある、ということです。

▼厚生労働大臣が認定する講習

講習名	実施機関	実施形態	料金（税込）	ホームページ
キャリアコンサルタント養成講習	（一社）地域連携プラットフォーム	通学80時間 通信70時間	297,000円給付金対象外の方270,000円 ＊入学金・教材費込、特典・割引制度あり	https://careerjp.work/cc1/
キャリアコンサルタント養成講習	（公財）関西カウンセリングセンター	通学88時間 通信62時間	346,500円 ＊テキスト・資料代込	https://www.kscc.or.jp/qualification/qualification_career/
キャリアコンサルタント養成講座	（公財）関西生産性本部	通学91時間 通信72時間	357,500円 ＊教材費込	https://www.kpcnet.or.jp/seminar/?mode=show&seq=2242
GCDF-Japanキャリアカウンセラートレーニングプログラム	（特非）キャリアカウンセリング協会	通学96時間 通信54時間	396,000円 ＊テキスト代込	https://www.career-npo.org/GCDF/
ICDSキャリアコンサルタント養成講座	（有）キャリアサポーター	通学102時間 通信68時間	297,000円 ＊テキスト・資料代込	https://career.icds.jp/lessons.html
キャリアコンサルタント養成講座	（株）テクノファ	通学105時間 通信67時間	268,000円 ＊テキスト・事前学習資料代込、割引制度あり	https://www.tfcc.jp/
キャリアコンサルタント養成講座（総合）	（株）日本マンパワー	通学96時間 通信90時間	396,000円 ＊割引制度あり	https://www.nipponmanpower.co.jp/cc/
CMCAキャリアコンサルタント養成講習	（特非）日本キャリア・マネージメント・カウンセラー協会	通学110時間 通信40時間	352,000円	https://cmcajapan.net/
キャリアコンサルタント養成講習	（一社）日本産業カウンセラー協会	通学84時間 通信69時間	330,000円 ＊教材費込、割引制度あり	https://www.jaico.cc/
キャリアコンサルタント養成講座	（公財）日本生産性本部	通学92時間 通信87時間	422,400円 ＊割引制度あり	http://www.js-career.jp/

講習名	実施機関	実施形態	料金 (税込)	ホームページ
GCDF-Japanキャリアカウンセラートレーニングプログラム	パーソルテンプスタッフ(株)	通学96時間 通信54時間	396,000円 ＊テキスト代込	https://www.tempstaff.co.jp/staff/skillup/purpose/credential/course-02/
キャリアコンサルタント養成講座	(株)リカレント	通学150時間	437,800円 ＊教材費・入会金別	https://www.recurrent.co.jp/cc/
キャリアコンサルタント養成ライブ通信講座	(株)リカレント	通学75時間 通信75時間	360,800円 ＊教材費・入会金別	https://www.recurrent.co.jp/cc/
キャリアコンサルタント養成講座	(株)東京リーガルマインド	通学90時間 通信65時間	302,500円 ＊割引制度あり	https://www.lec-jp.com/caricon/
キャリアコンサルタント(通学・通信)養成講習	(学)大原学園	通学88時間 通信72時間	294,000円 ＊教材費・入会金別	https://www.o-hara.jp/course/career_consultant
キャリアコンサルタント養成講座	ヒューマンアカデミー (株)	通学80時間 通信78.5時間	355,300円 ＊教材費・入会金別、割引制度あり	https://haa.athuman.com/academy/career/
100年キャリア講座キャリアコンサルタント養成講習	(株)パソナ	通学76時間 通信74時間	385,000円 ＊入金金・テキスト代込	https://100-year-career.net/
トータルリレイションキャリアコンサルタント養成講習	(株)キャリアドライブ	通学91.5時間 通信58.5時間	330,000円 ＊入学金・教材費込	https://career-drive.education/
NCCPキャリアコンサルタント養成講習	(特非)日本カウンセリングカレッジ	通学88時間 通信65時間	308,000円 ＊教材費込、割引制度あり	http://www.nccp-cc.jp/
キャリアコンサルタント養成講習	(株)グローバルテクノ	通学90時間 通信68時間	308,000円 ＊入学金・教材費込	https://gtc.co.jp/semn/career/ccy.html
キャリアコンサルタント養成講習	(株)労働調査会	通学90時間 通信71時間	198,000円 ＊入学金・教材費込	https://career-chosakai.jp/
キャリアコンサルタント養成講習	(株)東海道シグマ	通学96時間 通信68時間	285,300円 ＊割引制度あり	https://sigma-jp.co.jp/college/cc/
キャリアコンサルタント養成講習 (オンライン)	(株)リバース	通学109時間 通信53時間	198,000円 (キャンペーン中)	https://caricon.co/yosei-ad/
キャリアコンサルタント養成講習 (対面)	(株)リバース	通学105.5時間 通信53.5時間	198,000円	

＊厚生労働省のホームページ (2023.11.1時点) と各講習ホームページから抜粋し転載

合格率

▼国家資格キャリアコンサルタントの合格率と合格者数

	学科		実技（論述、面接）		学科・実技同時受験者の最終合格	
	CC協議会	JCDA	CC協議会	JCDA	CC協議会	JCDA
第1回	74.2% (763人)	81.0% (945人)	51.5% (709人)	71.6% (716人)	37.2% (271人)	59.1% (389人)
第2回	74.8% (934人)	77.2% (511人)	59.4% (932人)	74.3% (597人)	50.7% (525人)	67.2% (295人)
第3回	63.3% (925人)	66.1% (496人)	61.9% (1,022人)	65.7% (564人)	48.6% (571人)	50.6% (296人)
第4回	19.7% (235人)	23.5% (217人)	63.7% (827人)	75.4% (782人)	17.1% (142人)	24.5% (181人)
第5回	51.4% (867人)	48.5% (513人)	65.7% (842人)	72.1% (557人)	43.3% (449人)	42.9% (261人)
第6回	61.5% (1,105人)	64.2% (917人)	66.4% (955人)	76.0% (890人)	50.9% (584人)	56.7% (562人)
第7回	54.8% (886人)	53.6% (575人)	74.6% (1,024人)	70.0% (636人)	52.4% (561人)	49.3% (336人)
第8回	59.9% (831人)	66.5% (992人)	71.9% (779人)	67.5% (909人)	53.6% (472人)	54.9% (637人)
第9回	32.1% (439人)	28.8% (392人)	67.9% (745人)	67.8% (879人)	34.6% (309人)	26.2% (265人)
第10回	62.9% (1,161人)	65.4% (1,464人)	65.7% (865人)	73.3% (1,320人)	53.3% (603人)	55.9% (889人)
第11回	62.7% (1,203人)	62.5% (1,185人)	74.1% (1,213人)	75.3% (1,235人)	58.3% (818人)	56.4% (761人)
第12回	75.5% (1,406人)	75.5% (1,421人)	68.7% (1,108人)	62.4% (1,034人)	60.3% (802人)	56.7% (751人)
第13回	70.4% (1,296人)	71.7% (1,509人)	65.4% (1,191人)	58.0% (1,298人)	58.1% (866人)	50.6% (906人)
第14回	69.1% (1,194人)	65.1% (1,043人)	65.3% (1,182人)	66.6% (1,225人)	55.8% (827人)	54.8% (706人)
第15回	74.7% (2,390人)	75.3% (2,136人)	64.3% (2,013人)	61.7% (1,786人)	57.0% (1,548人)	53.5% (1,301人)
第16回	63.9% (1,197人)	65.3% (1,481人)	63.6% (1,325人)	59.4% (1,548人)	52.2% (763人)	48.4% (907人)
第17回	58.0% (976人)	55.9% (1,160人)	59.4% (1,004人)	57.0% (1,299人)	46.5% (605人)	40.7% (655人)
第18回	79.0% (1,563人)	82.6% (2,208人)	57.0% (1,073人)	68.0% (1,851人)	54.6% (820人)	64.0% (1,367人)
第19回	60.8% (1,593人)	63.0% (1,044人)	59.7% (1,778人)	63.3% (1,200人)	46.1% (1,051人)	52.5% (794人)
第20回	78.2% (1,892人)	77.4% (1,223人)	57.5% (1,453人)	64.4% (1,030人)	51.0% (950人)	60.7% (736人)
第21回	63.0% (2,613人)	59.7% (1,545人)	54.9% (3,092人)	62.9% (1,664人)	43.9% (2,230人)	52.2% (1,259人)
第22回	82.2% (2,592人)	82.3% (1,351人)	65.3% (2,256人)	63.0% (1,039人)	59.3% (1,551人)	59.3% (787人)
第23回	85.0% (2,076人)	81.2% (1,112人)	63.3% (1,873人)	62.5% (982人)	61.2% (1,285人)	59.8% (670人)
第24回	53.0% (1,525人)	51.6% (719人)	65.8% (2,270人)	64.5% (1,043人)	45.2% (1,150人)	45.8% (554人)

＊国家資格キャリアコンサルタントの試験は、2つの団体が実施しています。「キャリアコンサルティング協議会」(CC協議会)と「日本キャリア開発協会」(JCDA)です。合格率は、各団体からそれぞれ発表されています。

2つの団体のどちらで受験したらいいの？

国家資格キャリアコンサルタント試験は、「キャリアコンサルティング協議会」（CC協議会）と「日本キャリア開発協会」（JCDA）の2つの団体が実施しています。

学科試験は、どちらも同じ試験問題で、同日同時刻に実施されますが、実技試験のうちの論述試験については、同日同時刻に実施されるものの、両団体で設問が異なります。また、面接試験については、異なる日時に実施されることもあり、評価基準も若干異なります。そのため、受験の出願をする際には注意が必要です。

論述試験は、「逐語録から出題される記述式の問題を50分で解答する」という枠組みは共通ですが、逐語録も違うものですし、また設問内容も異なります。

面接試験は、「15分のロールプレイと5分の口頭試問を2名の審査員が評価する」という枠組みは同じですが、採点項目が一部異なっています。

学科と実技は、分けて受けることも可能なので、学科だけを受けるなら、どちらの団体で受けても同様です。しかし実技だけを受けたり、学科と実技を一緒に受けるなら、どちらの団体を選ぶかを検討する必要が出てきます。

よく「合格率の高い方で受けたい」という方がいますが、過去の合格率（「試験のしくみ」の合格率の項目を参照）をみてもわかるように、回によって合格率の高い団体は異なるので、そこは選択のポイントにはなりません。

一般社団法人地域連携プラットフォームでは、キャリアコンサルタント養成講習の受講者の方を対象に、無料で「受験対策講座」を開催していますが、そこでは2つの団体の論述問題の対策講座を交互に行っています。すると、受講した方の中には、「自分に合っているのは、こちら」という方もおられます。

国としては、「ワンテスト」（同一のテスト）と表現しており、「差異はない」としていますが、過去問題に当たってみて、実際に問題を解いてみた上で、どちらの団体で受けるのが自分に合っているかを見極めるようにすることが望ましいでしょう。

2つの団体のそれぞれの過去問題は、直近の3回分が各団体のホームページからダウンロードできるようになっています。

ちなみに、面接試験における評価項目は、それぞれ以下のようになっています。
CC協議会：「態度」「展開」「自己評価」
JCDA　　：「主訴・問題の把握」「具体的展開」「傾聴」

実技試験の合格に向けて

難関ではないが養成講習受講者が有利

　国家資格キャリアコンサルタントの実技試験は、合格率を見る限りでは、最難関というわけではありません。受験者の7割近くが合格するテストです。

　しかしながら、p239の表からもわかるように、大臣指定の養成講習を修了した方の場合には、合格率も高いのですが、そうでない方（実務経験者）の場合は、合格率が低くなっています。いくら実務経験を積んできたからといって、それがそのまま試験の合格につながってはいないようです。

　やはり、養成講習で、講師から指導を受けるといった体験があった方が有利ということが、数字を見る限り言えそうです。

語り口は異なってもキャリアコンサルティングの基本は同じ

　本書は、養成講習で習われた方にも、またそうでない方にもお読みいただけるように、という思いで書いています。その中には当然、初めてこの世界に接するという全くの初心者の方も含まれますし、また3年以上の実務経験があるので受験をされるという方も含まれます。これから養成講習を受ける予定の方、あるいはいま受講中という方にもぜひ読んでいただきたい内容です。

　養成講習は、複数の団体が行っているので、個々に違いはあると思います。しかし、講習で語られている内容と、本書で書かれている内容は、基本的には同じと考えています。語り口の相違や言い回しの違いなどはあると思いますが、キャリアコンサルティングを行う上での基本はあくまで同一であり、こうした基本となる点をまとめたのが本書です。講習を受けた方は、本書を確認ツールとして使うことができると思っています。

　実技試験で問われることは、キャリアコンサルタントとしての基本的な姿勢や、カウンセリングの基本です。こうした基本は、本書を通読していただくことでご理解いただけるようにしたつもりです。

小手先のテクニックは不要。本質的なスキルの習得を！

本文でも何度か強調したのですが、試験に受かるための"テクニック"を身につけようとするのは邪道です。たとえば「ロールプレイの中で、2回はクライエントを褒めなさい」といったような型にはめたテクニックは、百害あって一利なしです。そのような表面的なことに惑わされるのではなく、本質的な面談（カウンセリング）のスキルを習得していただきたいと考えています。それがお伝えできればと思い、本書を執筆いたしました。

ぜひ本書を一つのガイドラインとして、キャリアコンサルティングの基本を身につけていただければと思います。

 ## 「型にはめる」受験対策には要注意

インターネットで検索すると、キャリアコンサルタント試験の受験対策講座が数多く存在します。それぞれ工夫を凝らした指導を行っているのでしょうが、「ここでこうすれば受かる」というようなテクニックがあまりにも前面に出ているものには首をひねってしまいます。

論述試験でほぼ同様の解答文を書いた受験者が10名もいたという話を聞きました。受かるための「型」をつくって、皆がその型をそのまま書き写したということでしょう。どんな課題や問題が出題されたとしても型どおり解答すれば合格できると思ったのでしょうか。

面接・ロールプレイ試験においても、型通りに行うことなど絶対に不可能なのです。クライエントは毎回違うのですから、そのような「型にはめた」受験対策を行っている講座には注意してください。

論述試験の実施機関別 出題形式について

　論述試験は、実施2団体（CC協議会とJCDA）で出題形式に大きな相違があります。しかし同じ国家試験なので、出題のねらいは本質的に同じです。

　受験生からはどちらを選んだらよいかわからないという質問が多くあります。そこで本文に入る前に、実施2団体の出題・設問形式の相違点を明確にして、キャリアコンサルティングプロセスの中で、どの分野の出題なのかを図示しました。出題内容を比較して相違点を整理しておきますので、試験対策の一助としてください。

▼実施2団体の出題・設問形式の相違点

	CC協議会	JCDA
事例形式	・事例記録形式で出題。 ・相談者情報、面談日時、相談概要欄（主訴）、相談者の話の内容およびCCの発言、所感欄（見立てと今後の方針）で構成されている。	・逐語形式で出題。 ・相談者情報、事例Ⅰ・Ⅱ共通部分と、それに続く事例Ⅰおよび事例Ⅱに分かれた逐語で構成されている。 ・逐語はCL, CC間で12応答あり、かなり長い。
設問形式	・設問1は、相談概要欄に主訴を記述する問題。 ・設問2は、相談記録において下線部のCC質問の意図を問う問題。 ・設問3は、CCの見立てとその根拠を記述する問題。 ・設問4は、今後のキャリアコンサルティングの方針・方策を問う問題。	・問い1は、事例Ⅰと事例Ⅱの対応の違いを、指定語句を入れて説明する問題で、CCの基本的態度（受容・共感・自己一致）ラポール形成がポイント。 ・問い2は、2か所の下線部応答の適否とその理由を問う問題。 ・問い3は、CCの見立てとその具体例を問う問題で、CC協議会と同じ。 ・問い4は、今後の展開を問う問題で、CC協議会と同じ。
解答フォーマット	・記述欄は全15行。 ・p18の通り。	・記述全21行 ・p20の通り

▼キャリアコンサルティングのプロセスと４つの設問の関係（CC協議会）

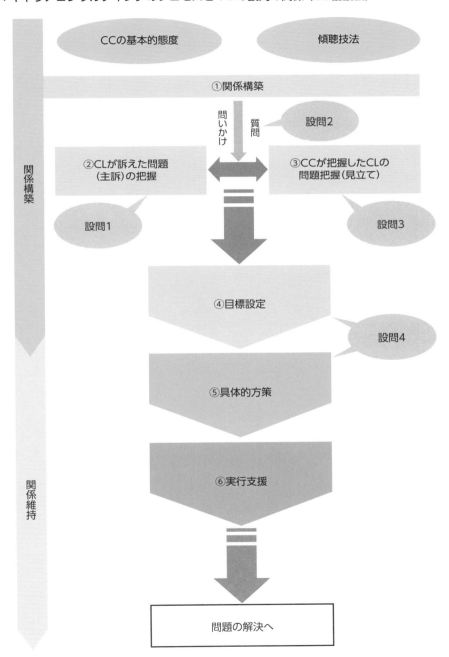

【設問1】事例記録の中の「相談の概要」（略A）の記載に相当する、相談者がこの面談で相談したいことは何か。面談記録を手掛かりに記述せよ。

_____

_____

【設問2】事例記録の下線Bについて、この事例を担当したキャリアコンサルタントがどのような意図で質問を行ったと考えるかを記述せよ。

_____

_____

【設問3】あなたが考える相談者の問題（①）とその根拠（②）について、相談者の言動を通じて、具体的に記述せよ。

①問題

_____

_____

②その根拠

_____

_____

_____

【設問4】設問3で答えた内容を踏まえ、今後あなたがこのケースを担当するとしたら、どのような方針でキャリアコンサルティングを進めていくか記述せよ。

_____

_____

_____

_____

_____

_____

▼キャリアコンサルティングのプロセスと4つの設問の関係（JCDA）

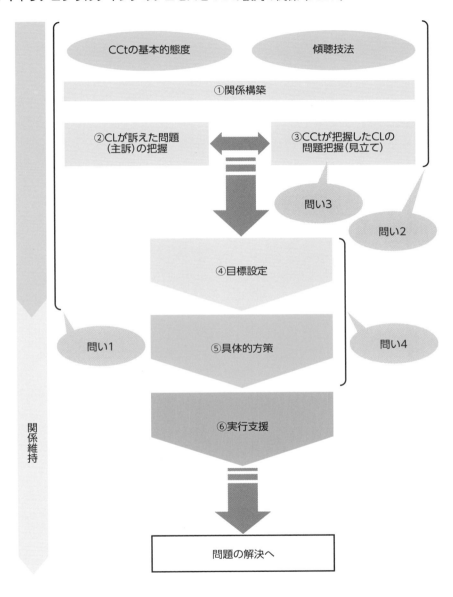

[問い1] 事例ⅠとⅡはキャリアコンサルタントの対応の違いにより展開が変わっている。事例ⅠとⅡの違いを下記の5つの語句（指定語句）を使用して解答欄に記述せよ（同じ語句を何度使用しても可。また語句の使用順は自由。解答用紙に記述する際には、使用した指定言語句の下に必ずアンダーラインを引くこと）。（15点）

指定語句　　　　焦点　事柄　内省　助言　ものの見方

_____

_____

_____

_____

_____

[問い2] 事例ⅠのCCt9と事例ⅡのCCt11のキャリアコンサルタントの応答が、相応しいか、相応しくないかを考え、「相応しい」あるいは「相応しくない」のいずれかに○をつけ、その理由も解答欄に記述せよ。（10点）

事例Ⅰの CCt10（相応しい・相応しくない）

理由：_____

_____

事例Ⅱの CCt9　（相応しい・相応しくない）

理由：_____

_____

[問い3] 事例Ⅰ・Ⅱ共通部分と事例Ⅱにおいて、キャリアコンサルタントとして、あなたの考える相談者の問題と思われる点を、具体的な例をあげて解答欄に記述せよ。（15点）

_____

_____

_____

_____

[問い4] 全体の相談者の語りを通して相談者像を想像し、事例Ⅱのやりとりの後、あなたならどのようなやりとりを面談で展開していくか、その理由も含めて具体的に解答欄に記述せよ。（10点）

_____

_____

_____

_____

_____

_____

第1章

面接試験

　実技試験における最大の難関は、面接試験といえます。国家資格キャリアコンサルタントの試験では、15分間のロールプレイと、その後、5分間の口頭試問が行われます。本章では、この面接試験で合格点を取れる実力をつけていただきます。

　1-1節では、キャリアコンサルタントとしての基本的態度や心構えを解説します。2〜5節では、15分間のロールプレイを具体的にどのように行うかについて、6節では、口頭試問の対策を述べます。また、7節では、実際に行われたロールプレイの記録にコメントを付けました。

　本章は、可能な限りワークブック（練習帳）スタイルとしています。「こうしなさい」という話を一方的に述べるのではなく、読者の皆さんに「自分だったらどうするだろうか」を考えていただきたいと思ったからです。

　題材（教材）は、論述試験の過去問題で使われた「逐語録」をベースとしました。ロールプレイでの会話を文章としたものが、論述の試験問題といえるからです。「第2章　論述対策」でベースとした過去問とは異なるので、論述試験の練習（復習）としても役立つでしょう。

1 ロールプレイ時の基本的態度や心構え

**合格への
オリエンテーション**

　合格するかどうかは、カウンセリングを行う態度や心構えで、5割方は決まってしまうと言っては言いすぎでしょうか。逆に、態度や心構えがしっかりしていれば、合格ラインの半分はクリアできたといえます。

　態度や心構えは、頭で理解するだけでなく、実際に試験の場で示せなければいけません。決して難しいことではないのですが、もし本節で述べる態度や心構えと異なったクセがついているとしたら、普段の生活からそれを修正する必要があります。

Ａ 面接にあたっての基本的態度（身体姿勢等）

練習問題 1

日本における**ロールプレイ**時の態度について、以下の態度は望ましいものかどうかを考えてください。

1 キャリアコンサルタント（CC）とクライエント（Client）*は、正対して向かい合うようにイスの位置を決めるとよい。

キャリア
コンサルタント
（CC）

クライエント
（CL）

(1)　正しい

(2)　どちらともいえない

(3)　正しくない

2 キャリアコンサルタントは、イスにゆったりと腰掛け、背もたれにも背中をつけ、足も組むなどして、できるだけリラックスした姿勢を取るとよい。

＊クライエント（CL）：何なりかの悩みを抱えて相談に来られた方。相談者あるいは来談者ともいう。

(1) 正しい

(2) どちらともいえない

(3) 正しくない

3 クライエントの話をしっかりと記録する必要があるので、キャリアコンサルタントは、メモを取るようにしなければならない。

(1) 正しい

(2) どちらともいえない

(3) 正しくない

column　**面接試験の実際（時間の流れにそって）**

　受験者は、指定された控え室に時間までに集まります。全国10か所程度で実施される試験会場によって違いもありますが、同じ集合時間で集まる人数は、10名程です。

　集まった受験者には、事務スタッフから受験にあたっての注意事項が言いわたされます。たとえば、「携帯電話の電源は切るように。もし受験中に着信音が鳴るようなことがあれば失格になります」といったようなことです。

　その後、事務スタッフに先導されて、全員が控え室から面接試験が行われる部屋の前まで移動します。会場によっては、同じビル内の違う階に試験部屋がある場合もあり、エレベーターに乗って移動することもあります。

　試験が行われる部屋の前には、クライエント役をつとめる人が待機しています。試験の部屋に入れる時間になると、そのクライエント役が受験生を誘導して、2人で部屋に入ります。

　部屋内には長机に2人の試験官が控えており、その後は試験官の指示に従います。クライエントの属性（氏名や年齢、家族構成など）が3〜4行記述してあるペーパーを読むように促され、「準備ができたら面談を始めてください」と言われます。なお、協議会の試験の場合、試験の部屋に入る前に、属性のペーパーを渡されて見るようになっていることもあるようです。

　時計は見えるところに置いてありますが、15分の面談が終了するときは「止めてください」と言われます。そこで、クライエント役は退出します。

　その後は、試験官2名からの質問を受ける口頭試問となります。口頭試問の時間はおよそ5分となっています。

キャリアコンサルタントとクライエントは、正対（正面で向き合う）はしない。

●クライエントとは、正面から対面するようには座らない。

クライエントとキャリアコンサルタントは、**向かい合って（正対して）座るのではなく、上から見ると「ハ」の字の形になるように座るのがよい**とされています。

正対してしまうと、「対立している」といった感覚を与えかねません。キャリアコンサルタントは、クライエントの話を親身になって聞こうとするわけですから、あたかも尋問をするかのような態度はとりません。

したがって、イスは正対するのではなく、**クライエントの方が話しやすいと感じるような位置取りをします**。

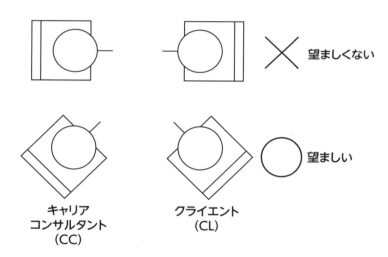

望ましくない

望ましい

**キャリア
コンサルタント
（CC）**

**クライエント
（CL）**

キャリアコンサルタントが、クライエントの右隣りになるか、左隣りになるかという点については、とくに決まりはありません。

しかし試験会場では、図のように、クライエントがキャリアコンサルタントの右側になる場合が多いようです。

「足を組む」のは日本では好ましくない。

●クライエントの話をしっかりと聞きます、という態度（身体姿勢）を示す。

アメリカ映画などで、イスの背もたれにふんぞり返ったように座るカウンセラーを見かけることがあります。リラックスした姿勢を示すことによって、クライエントにもリラックスしてもらおうという意図があるのでしょう。しかし日本の文化においては、そのような姿勢は、逆に不遜な印象を与えてしまうことがあります。

試験の場では、**イスの背もたれに背中をつけずに、少し前傾姿勢になるくらいの感覚**で、**「クライエントの話をしっかりと聞きます（傾聴します）という態度（身体の姿勢）」****が表れるようにする**のがよいと思います。

大事なことは、そうした態度が**クライエントにしっかりと伝わる**ことです。もちろん、クライエントにできるだけリラックスしてもらい、いろいろとお話ししていただけるようにすることは肝要ですが、それは面談場所の雰囲気を整えることや、キャリアコンサルタントの全体的な雰囲気など、ほかの要素でも可能です。

また、男性の場合は、足を開きすぎるのはよくないことです。膝の間にこぶしが一つ入るくらいが適切でしょう。女性の場合は、スカートが短かすぎると感じることがあります。不必要な刺激を与えることは、好ましくないでしょう。

くり返しますが、**「あなたの話をしっかりとお聞きしますので、ぜひいろいろとお話しください」という態度**がベストです。それがクライエントに伝わるようにしてください。

> 「傾聴（けいちょう）」という言葉は、重要なキーワードとしてよく使われます。積極的に話し手の言葉に傾聴する姿勢やその技術のことを、英語ではアクティブリスニング（active listening）と呼ばれます。私たちキャリアコンサルタントも、このアクティブリスニングのスキルを身につけます。

面接試験

1

メモを取ることが"必須"という表現になっていることが誤り。

●メモはできれば取らずに、クライエントに集中する

コラム「面接試験の実際（時間の流れにそって）」でも触れましたが、面接試験会場では、A4縦のコピー用紙に、クライエントの属性（氏名や年齢、家族構成など）が3～4行記述してある紙が渡され、面談を始める前に読むように言われます。その紙の下の部分は白紙（ブランク）となっており、メモが書けるようなスペースがあります。

さらに、その紙はメモが取れるように厚手のバインダーに留められており、バインダーにはボールペンが付いているといわれます。そして試験官からは、「メモを取る場合には、そのペーパーを使ってください」と言われます（CC協議会の試験では、そのようなメモは渡されない場合もあるようですが……）。

つまり、面接試験中にメモを取ることは問題がないわけです。しかし、そもそも面談の際に、メモを必ず取らなければならないかといえば、そんなことはありません。むしろ、多くのキャリアコンサルタントは、極力メモは取らないですむようにしたいと考えているのです。

| column | ミラーリング（相手の姿勢や態度を真似る技法） |

カウンセリングの基本的な技法の一つにミラーリングがあります。クライエントの姿を鏡に映すかのように真似る技法です。これによって、相手に安心してもらうことができ、信頼関係を築きやすくなるという効果があります。

この技法から見れば、仮にクライエントが足を組んでいたとしたら、キャリアコンサルタントが、背筋をピンと伸ばして、キッチリとした態度をとっていたのでは相手も安心できないかもしれません。欧米のカウンセラーが、足を組んでいることが多いのは、このミラーリング技法を使っているからともいえます。

しかし日本では、クライエントは多くの場合キッチリとした姿勢をとっていることが普通ではないでしょうか。ましてや試験会場でのクライエントはそうです。したがって、このミラーリング技法から見ても、キャリアコンサルタントは、本文で記したように、足を組んだりしない方がよいということになるわけです。

●メモを取ることでクライエントへの集中が途切れることが問題

　それは、メモを取ることでクライエントに対する集中が途切れる、あるいは疎かになると考えられるからです。

　たしかに、メモを取る際はメモ用紙に視線が下がり、クライエントから視線が離れます。これはクライエントの話を一所懸命に聞こうとしている姿勢が途切れたことになりますし、大げさにいえば、メモを取ることに注意が行ってしまって、クライエントから注意をそらしたことになります。また、クライエント側から見ても、「このキャリアコンサルタントは、メモにいったい何を書いているのだろう」と気になってしまって、語ることに集中できないことも起こりえます。

| column | 面接試験を受けるにあたっての服装——服装は不要な刺激を与えない、フォーマルにもなりすぎないものに |

　面接試験に臨むにあたっては、男女とも、黒やグレーなどのベーシックカラーを基調としたスーツを選択するのが無難です。

　男性は白いワイシャツにネクタイ着用、ビジネスシューズが定番ですが、フォーマル過ぎてしまうと、クライエントの緊張を誘ったり、打ち解けていただけないおそれもあるので、ほどほどがよいという意見もあります。ジャケット着用でネクタイは付けないとか、あるいはニット製のネクタイやループタイなども有りだと思われます。

　女性は、アクセサリーやメイクが華美にならないよう注意することが大事です。ス

カートの丈は短すぎず、また靴はヒールが高すぎないパンプスなどがよいでしょう。髪形については、お辞儀をしたときに顔に髪がかからないように注意してください。髪の長い方は、一つにまとめたほうがよいでしょう。

　信頼感や好感を持てる服装のポイントは清潔感です。ただし、清潔であることと清潔感は違いますので、相手にどうみられるのかを考えて服装を選びましょう。また、クライエントに、必要のない刺激を与える恐れがある服装は、避けた方がよいでしょう。

●どうしてもメモを取るときはクライエントに了解をもらう

もちろん、メモは禁止されているわけではありませんから、実際の面談 (たとえば60分前後行うような業務としての面談など) の場面では、メモを取ることもあります。たとえば、固有名詞などを忘れないように、といった場合です。

ただ、メモを取る場合は、「メモを取らせていただいてよろしいでしょうか」というように、クライエントに事前に了解を得るようにしましょう。「このメモはこのように用います」というように、使い途も説明すれば、クライエントは安心できます。そうした上で、面談中は最低限のメモを取るようにします。

面接試験の話に戻しましょう。試験官から「メモを取ってもいいですよ」と言われても、メモを取ることは必須ではありませんから、**できればメモを取らずに、クライエント (役) の話に集中するようにした方が得策**です。ぜひ、そのようにしてください。

練習問題2

次の (1) ～ (3) の文章は、面接 (ロールプレイ) 時におけるキャリアコンサルタントの視線の位置について記載したものです。正しいものを一つ選んでください。ただし、日本の文化で育ったクライエントとします。

(1) クライエントの方との視線の位置は、しっかりと相手の目を凝視するようにし、常にアイコンタクトが取れているようにすることがカウンセリングの基本である。

(2) 面談中におけるクライエントとのアイコンタクトは、クライエントに対して関心をもっているというサインを送ることに役立つが、クライエントに始終視線を送るのではなく、メモを取る合間に時折、視線を送る程度にする。

(3) 相手の話を真剣に聞くときは、相手の方を見て、時には視線を合わせるでしょう。相手から目をそらすこと (たとえば時計を見るためなどに他の方向を見ることなど) は、あなた (クライエント) に注目していない、というメッセージを送ることにもなります。

練習問題2　　　　　　　　　　　　　　　　　　　　　　　　　　　解答　(3)

常に相手の目を凝視はしない。メモを取ったり、時計を見ることも避ける。

1-1 ロールプレイ時の基本的態度や心構え

●アイビイ・三角モデルのベースとなる「かかわり行動」

1960年代にアイビイ（Ivey.A.E）らによって、それまでのいくつかのカウンセリング技法を統合する形で、「マイクロ技法の階層表」がまとめられました。次に示す三角形の図です。その中でもっとも基礎となる技法（図では三角形の底辺にあるもの）が「かかわり行動」です。

「かかわり行動」は、4つの要素から成り立っており、その中の一つは「文化的に適合した視線の位置」です。

▼アイビイのマイクロカウンセリングの三角形モデル（マイクロ技法の階層表）

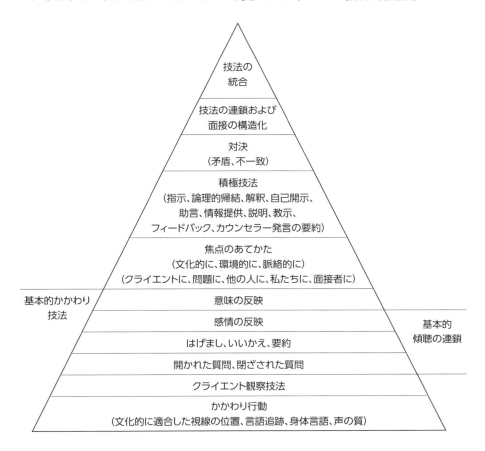

（出典：『マイクロカウンセリング』アイビイ著、福原真知子他訳、1985）

●視線の位置はいつもクライエントに向けているが常に目を凝視はしない

視線の位置については、欧米の文化では、しっかりとクライエントの目を見つめて話を聞くのがよいとされています。しかし、日本では必ずしもそうではありません。

(1) の「しっかりと相手の目を凝視するようにし、常にアイコンタクトが取れているようにする」と、クライエントは普段、日常生活の場面でそのように凝視されることは少ないので、居心地が悪いと感じるのではないでしょうか。このような視線の合わせ方は、リラックスしづらくなるので、少なくとも日本の文化で育った人に対しては避けたほうがよいでしょう。

(2) の「クライエントに始終視線を送るのではなく、メモをとる合間に時折、視線を送る程度にする」という態度では、クライエントに「自分の話を本当に真剣に聞いてくれているのだろうか。あまり関心を持ってもらっていないのではないか」といった感覚を与えかねません。これもクライエントの方に、いろいろと話をしてもらおうというときにはマイナスとなります。

(3) の「相手の話を真剣に聞くときは、相手の方を見て、時には視線を合わせる」という態度は、日本の文化を背景としたクライエントに対しては、一番安心感を与える態度となります。

たしかに、相手から目をそらす (たとえば時計を見る) ことは、「あなた (クライエント) に注目していない」というメッセージを送ることにもなります。ただ、時間が限られている面談では、まったく時計を見ないというわけにはいきません。たとえば、クライエントの背後に掛け時計を配置しておけば、相手から目をそらさずに時間を確認することができるでしょう。

面談試験も15分と時間が限られていますが、**できることなら、時間は気にせずに面談に集中して臨んでください**。

●日本では時たま相手の目を見るぐらいが自然

日本文化をベースとした方に対して面談を行う際、視線の位置は、時たましっかりと相手の目を見る (凝視する) のが自然です。「時たま」というのは、たとえばクライエン

トの方が、ある決意を表明されたり、感情を発露されたりといった、面談の中でも相対的に重要と思われるような話をしたときといったイメージです。

　それ以外の時間は、「相手の顔は見ているが、目を凝視しているのではなく、鼻の頭か鼻の下あたりを見るようにするとよい」といわれます。相手に視線は向けていますが、アイコンタクトをしている（目を凝視している）視線の位置ではないということです。

　ご自身なりに試してみて、自然にできる視線の位置を探ってください。

アイビイの三角形モデルは、本書でもこれから何度か取り上げます。ぜひ注目してください。

---

column　**マイクロ技法（マイクロカウンセリング）と、基礎となる「かかわり行動」**

　アイビイ（Ivey.A.E）が提唱した「マイクロ技法」は、カウンセリングの"折衷的アプローチ"とも呼ばれており、いくつかのカウンセリングの技法をまとめ、整理して、三角形の階層表にしたものです。

　その三角形の中でもっとも基本となる（底辺にある）ものは、「かかわり行動」と命名され、4つの要素で説明されています。それは、「文化的に適合した視線の位置」「言語追跡」「身体言語」「声の質（調子、トーン）」です。

　アイビイは、「カウンセリングの最も基本的な技法は『聴くこと』だが、それをはっきりと観察可能にするために『かかわり行動』がある」と述べています（『マイクロカウンセリング』アイビイ著、福原真知子他訳、1985）。

　「視線の位置」は本文で記した通りです。「言語追跡」とは、緊張せずにクライエントが言っていることをよく聞き自然に応答することとされ、本書では"繰り返し"の重要性で述べていることとつながります。「身体言語」は、本書では面接時の体の姿勢として述べていることです。「声の質」については、まだ本文では詳しく記していませんが、キャリアコンサルタントが、「クライエントの話に興味・関心をもっているかどうかが如実に（クライエントに）伝わってしまうのが、声の質を通じてである」ということはよくいわれることです。

　アイビイは、その著作で次のように書いています。「話すスピードや声の大きさや声の調子の変化が、ときには話に興味をもっているかいないかを表わす」（同上書より）。

B 面接の際のありよう・心構え

練習問題3

面接（ロールプレイ）・面談（キャリアコンサルティング）を行う際には、どのような心構えやありようで臨むことが大事でしょうか。正しいか、そうでないかを考えてください。

1 キャリアコンサルティングの面談の中で、クライエントが語っていることが自分（キャリアコンサルタント）の考えとは異なっていると感じたときは、その違いを明確にしていき、できればクライエントに新たな気づきを得ていただけるように説得的な関わりをもっていくようにする方がよい。

- (1) 正しい
- (2) どちらともいえない
- (3) 正しくない

2 キャリアコンサルティングの面談の中で、クライエントの言葉が曖昧であった場合は、キャリアコンサルタントが自分の経験や価値観、また想像力も働かせて理解し、共感をしていくようにすることが大切である。

- (1) 正しい
- (2) どちらともいえない
- (3) 正しくない

3 クライエントの思いや感情などの私的な世界を、あたかもキャリアコンサルタントが自分自身の私的な世界であるかのように感じること、そして「あたかも……」という感覚を見失わないことが重要である。キャリアコンサルタントの「共感」によって、クライエントは、価値、思いやり、存在を受け止められた感じを持つことができる。

- (1) 正しい
- (2) どちらともいえない
- (3) 正しくない

　　　　　　　　　　　　　　　　解答　（3）

「説得的な関わり」という箇所が正しくない。

●クライエントの考えや価値観などは無条件に受け入れる（受容）

　キャリアコンサルタントは、クライエントの方がどのような考えをもっていたとしても、それを素直に受け入れるようにします。また、説得的な関わりを持つことも、原則的にはありません。

　面接を行っていると、クライエントが語る価値観や考えがどうしても自分（キャリアコンサルタント）とは合わないと感じたり、あるいは、クライエントが何とも煮え切らない態度のため、「どうしてそうなんだろう」「もっとこうしたらよいのに」と思うこともあるかもしれません。

　キャリアコンサルタントも人間ですから、自身の考えや感情を持っており、このように感じることは、当然あることだと思います。

　しかし、面接・面談（カウンセリング）の場面では、私たちキャリアコンサルタントは、**クライエントに対して、無条件に積極的な関心を向け、クライエントの考えや価値観なども受容する（受け入れる）**ことが必要です。

　これは、キャリアコンサルティングに限った話ではなく、カウンセラーやセラピスト等の職業に就いている者すべてにあてはまります。

　「無条件に」という点を補足して説明します。

　私たちは、日常生活の場面においては、自分が関心を持っている話であれば、積極的に聞こうとするでしょう。一方、関心や興味が持てない話には、耳を傾けないことが多いのではないでしょうか。つまり、自分にとって「関心がある」という条件が整ったときにだけ、積極的に他人の話を聞こうとするということです。

　もちろん、日常生活ではそれでよいのですが、クライエントに対して面談（カウンセリング）を行う場面では、それではいけないとされているのです。

　どのような話であったとしても、関心があるという条件が整っていなくても、無条件に積極的な関心を向けて、耳を傾ける（傾聴する）という心構えが必要とされるのです。

　仮にクライエントが語る価値観や考えが、どうしても自分とは合わないと思ったとしても、キャリアコンサルタントは、クライエントの話に積極的に耳を傾け、とくに何の先入観や考えも持たないようにして、あたかも白紙の状態であるかのように素直に受け入れることとなります。

　仮に、クライエントが何とも煮え切らない態度で、「どうしてそうなんだろう」「もっとこうしたらよいのに」と思うことがあったとしても、「この方はこういう方なんだ」ということで、**その方の考え方や行動の癖などを、やはり素直に受け入れる**ことになります。

　問題文**1**は、「説得的な関わり」という表現が出てきますが、この部分がキャリアコンサルタントが持たなければならない「受容」の態度と矛盾するために、「正しくない」ということになります。

●キャリアコンサルタントは自分に正直で、ありのままを受け入れる（一致）

　問題文**1**の中にある、「クライエントが語っていることが自分（キャリアコンサルタント）の考えとは異なっていると感じたときには、その違いを明確にしていき……」という部分を検討してみます。

　「違いを明確にしていき……」という部分だけを考えると、面談のやり方を考えた場合、必ずしも誤っているとはいえません。

　先に、クライエントの話を素直に受容しましょうと述べました。一方で、キャリアコンサルタントも人間ですから、自分なりの考えや価値観があるのは当然だとも述べました。

　私たちは専門職（プロフェッショナル）として、クライエントに対しては、日常生活とは異なった対応をします。その重要な心構えの一つが「受容」です。だからといって、自分の考えや価値観を完全に抹殺せよ（押し込めろ）というわけではありません。

　むしろ、私たち**キャリアコンサルタントは、面談の中で生じる感情や思い、考えにも意識が及ぶようにした方がよい**といわれています。

　たとえば、「このクライエントの人が語っている考え方は自分の価値観から見たらとても許せるものではない」という考えであったり、「このクライエントのことはとても好きになれない」という感情であったりします。そのような考えや感情が湧き上がってきていることを面談の中で意識できた方が、むしろ望ましいという考え方です。そのよう

な感情を持ってしまった自分（キャリアコンサルタント自身）を責めるでもなく、そのまま（ありのまま）に受け入れればよいといわれているのです。

●「体験」と「自己概念」が重なることが「自己一致」

これは、カウンセリングの理論で**「一致」と呼ばれます。カウンセラーが自分の感情などに正直になり、ありのままを受け入れるという意味**で使われます。

もう少し詳しく言うと、面談の中で、カウンセラーやキャリアコンサルタントが「体験していること（体験）」と、「自分のことをどう捉えているかということ（自己概念）」が一致していることを「一致」あるいは「自己一致」といいます。「体験」とは、たとえば「このクライエントのことは苦手だ、好きになれない」といった感情が湧きあがっていることを指します。一方、「自己概念」とは、たとえば「自分はこのクライエントのことが苦手だ、好きになれない。自分はそのような自分なんだ」という自己に対しての捉え方（自己概念）です。面談を行うにあたっては、この2つ（「体験」と「自己概念」）が一致していることが望ましいとされているのです。

▼「体験」と「自己概念」の不一致・一致

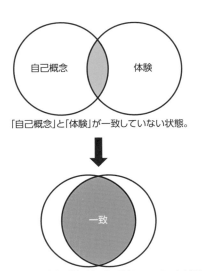

「自己概念」と「体験」が一致していない状態。

できるだけ「自己概念」と「体験」は「一致」していることが望ましい。

●クライエントとの考えの違いを面談に役立てる

　私たちはプロですから、自身の内的な体験（このクライエントはあまり好きになれないなどの感情）をそのまま表には出しません。個人的な感情は感情として、クライエントに対してはあくまでも「受容」の態度をとり、クライエントが満足する面談になるよう努力します。

　クライエントとの間に生じた齟齬や違和感は、面談を有効なものにするにあたり役立つこともあります。

　自分の考えとクライエントとの考えの違いがどこにあるのかを明確にしていく過程は、面談でクライエントに気づきを得ていただく契機になることもあるからです。

　「なぜこのクライエントは、自分とは異なってこんな風に考えるのだろう」という疑問（自分との違い）は、「この人のことをもっとよく知りたい」という気持ちにつながります。そして、質問をしていく過程（自分の考えとの違いを明確にしていく過程）で、クライエントの気づきにつながる質問ができるようになるということです。これについては、後にまた詳しく述べます。

●自身の体験を問い返し「自己概念」を拡げていく努力を

　キャリアコンサルタントが、「このクライエントは好きになれない」という自分に正直であること、そのような感情体験に意識的になっていることが自己一致だと述べました。しかし、意識的にできているということで、キャリアコンサルタントは自身の成長を止めてしまってはいけません。

　「なぜ、このクライエントを好きになれないのか」「それは自身の中で、いったいどこから生じているのか」にも目を向け、「こういったタイプの人は好きになれない」という捉え方をする**自分の「自己概念」自体を問い返し、できればその自己概念を広げていく、あるいは変化させていく**ということが重要です。

　キャリアコンサルティングを勉強しているからこそ、私たちは自己研鑽として、自分自身に対しても問いかけを発し、常に自身に対しての気づきを深め、また自己概念も変容させていくことが求められます。

●自説を押しつけたり、説得しようとはしない

繰り返しになりますが、問題文**1**にある「できればクライエントに新たな気づきを得ていただけるように、説得的な関わりをもっていくようにする方がよい」については、「説得」という部分が誤りとなります。

キャリアコンサルティングの中で、私たちキャリアコンサルタントは原則として、クライエントに対して自説を展開し、それを強く勧めたり（押し付け的な関わり）、あるいはクライエントを説得しようとはしません。あくまでも、意思決定をするのはクライエント自身であって、キャリアコンサルタントではないのです。

たとえば、「転職するか、今の会社に残るか」や「就職先をどこにするか」といったことが意思決定です。そうした決定をクライエントが納得する形で行えるよう支援（サポート）するのが、キャリアコンサルタントの役割です。

●助言を求められたときには一緒に考えるという姿勢を示す

面談の場面では、クライエントから、「どうしたらいいと思いますか」「いいアドバイスをください」「どう思われますか」と聞かれることがあります。意見を求められる場面に遭遇してどう対処するかは、キャリアコンサルタントにとって悩ましい問題です。

このような場面では通常、キャリアコンサルタントは次のように対応します。

「どうしたらいいと思いますか」と問われた場合、まず想起できる対応は、それまでの面談を振り返り、悩みの原因となっていることを整理して提示することです。比較的ゆっくりと語り、**「キャリアコンサルタント（私自身）も悩んでおり、どうしたらよいかを一緒に考えている」ということをクライエントにわかってもらいます**。本人でさえ整理できずに悩んでいる問題なのですから、他人であるキャリアコンサルタントが、おいそれとすぐに解決策を見出すことなどできないのが道理です。

それまでの話を整理し、まとめ、くり返すことで、お互い新たに見えてくるものがあるかもしれません。一緒になって、どうしたらよいかを考えるわけです。「ご一緒に考えさせてください」と、素直に言ってもよいと思います。

こうした対応は**「決めるのはキャリアコンサルタントではなく、あくまでクライエント自身である」**ことを理解していただくことにつながります。**「親身になってクライエントに寄り添い、一緒に考え、伴走します」という心構えを、身をもって示す**のです。

情報の提供を行うことはあります。たとえば、以下のような情報です。

「こういった求人情報があります」「世の中にはこのような仕事もあります」「今でしたら、この職種は比較的就職しやすい職種です（求人倍率はこの位です）」「このような決断をして、このような仕事に就いている人がいます」などです。

時には、キャリアコンサルタントが自身の経験を語ることもあるかもしれません。しかし、それらはすべて「だからあなたもこうした方がいい」という意図をもって語られるものではないことに注意してください。**あくまでもクライエントが自分で決めるための参考になる情報提供にすぎない**のです。

練習問題3 ② 　　　　　　　　　　　　　　　　　　　　　　解答　（3）

クライエントに「共感」することは重要だが、勝手に想像することはNG。

●クライエントと同じように感じ、考えられるようになる（共感）

カウンセリングの「中核三条件」と呼ばれるものがあります。現在のカウンセリング理論の礎をつくったといわれるロジャーズ（Rogers,C.）が、カウンセラーに求められる条件として提示したものです。

「中核三条件」とは、「無条件の積極的関心（受容）、共感的理解、自己一致」、あるいは、短くして「受容、共感、一致」と呼ばれます。

「受容」と「一致」については前述しました。ここでは「共感」について見ていきます。共感は、キャリアコンサルティングを行う際にもっとも重要な、キャリアコンサルタントとしてのありようや心構えです。

問題文②のどこが誤っているかというと、「キャリアコンサルタントが自分の経験や価値観、また想像力も働かせて……」という部分です。

もし、クライエントの語っていることがよく理解できないのであれば、適切な質問を行って、曖昧な部分はそうでないようにしていかなければなりません。

クライエントを理解しようとするとき、キャリアコンサルタント自身の経験や価値観を通して、その理解がなされることは仕方のないことでしょう。しかし、偏見や想像でつくられたクライエント像になってしまってはいけません。

1-1　ロールプレイ時の基本的態度や心構え

「キャリアコンサルタントは、あたかもクライエントになったかのように、感じたり考えたりできるようになりなさい」とは、よくいわれることです。

クライエントが感じているように感じ、クライエントが見ているように世界を見るようになることが「共感的理解」です。

なぜ「共感」あるいは「共感的理解」を示すことが、キャリアコンサルタントの心構えとして重要なのでしょうか。

クライエントの立場になって考えてみてください。たとえば、「転職をした方がよいのか、今の会社に残った方がよいのか」と悩んでおり、いろいろな事情から、会社内の誰かや家族と相談ができないという方がいらしたとします。キャリアコンサルタントがそうした悩みや現状、思いなどを、あたかも自分のことのように理解し、共感を示してくれたとしたら、クライエントにとってどれだけ心強いか。また安心もできるでしょう。未来に向けて歩み出していく勇気をもらうことができるのではないでしょうか。

「自分と同じように感じてくれる」「同じような考え方をしてくれる」と思えるからこそ、一緒に考えてくれていることが実感でき、心強さなどにつながっていくのです。

練習問題3　⑧　　　　　　　　　　　　　　　　　　　　解答　(1)

問題文は記述どおり正しい。

●同情や同感ではなく「共感」する

クライエントの世界をあたかも自分自身の世界であるかのように感じることが「共感的理解」です。キャリアコンサルタントが共感的理解をクライエントに示すことによって、クライエントは、自身の価値、思いやり、存在を受け止められた感じをもつことができます。

ここで、「共感」と「同情」や「同感」との違いを考えてみましょう。

共感と同情や同感は、一見近い言葉と捉えられますが、よく考えると違いは明らかです。英語でもempathy（共感）と、compassion（同情）やsympathy（同感）は、違う単語です。なお、カウンセリングの分野で使われる「共感的理解」は、英語ではempathic understandingです。

「同情する」は、一般的に自分よりも厳しい環境やみじめな境遇などにある他人に対して使われる言葉です。「可哀そう」といった気持ちや、「憐れみ」の感情が交じることも多いのではないでしょうか。

一方、「同感する」は、憐憫（憐れみ）のニュアンスは無くなりますが、自分と異なった立場や環境にある他人に対して抱く気持ちという点では、「同情」と共通するところが多いといえます。

つまり、「同情」も「同感」も、自分と他人を区別した上で、他人に対して向けられる気持ちです。

「共感」はどうでしょうか。

クライエントの世界をあたかも自分自身の世界であるかのように感じることが「共感」であると述べました。この「あたかも」という語が示しているのは、**自分と他人（クライエント）とが明確に区別されるのではなく、自分がクライエントに成り代わったかのように感じる**ということです。自分と他人との区別は、かなり曖昧になっています。

実際に「共感的理解」をクライエントに示せるようになるには、練習や訓練が必要となります。しかし、そうなることが、クライエントにとってどれだけの「助け」になるかということを再度かみしめて、ぜひ「共感的理解」をできるようになっていただきたいと思います。

カール・ロジャーズの「中核三条件」（受容、共感、一致）は、カウンセラーならば知らない人はいません。とくに共感（共感的理解）は重要です。それができていれば試験合格も大丈夫。ぜひ身につけてください。

チェック項目
ロールプレイ時の基本的態度や心構え

A 面接にあたっての基本的態度（身体姿勢等）

☐☐☐ クライエントとの位置関係（イスの位置）は、クライエントが話しやすいようになっていますか。

☐☐☐ クライエントの話をしっかりと聞きます（傾聴します）という身体の姿勢（イスへの腰掛け方、前傾姿勢など）はとれていますか。

☐☐☐ 脚を開きすぎたり、クライエントに刺激を与えるような服装は控えていますか。

☐☐☐ メモは極力取らずに、クライエントの話に集中できていますか。

☐☐☐ 視線の位置は、常にクライエントに向かっていますか。

☐☐☐ クライエントの目をいつも凝視するといったことはせずに、適度にアイコンタクトがとれていますか。

B 面接の際のありよう・心構え

☐☐☐ クライエントの考えや価値観などは無条件に受け入れる（受容）というありようや心構えはできていますか。

☐☐☐ キャリアコンサルタントは自分に正直であり、ありのままを受け入れる（一致）というありようや心構えはできていますか。

☐☐☐ キャリアコンサルタントは、面接時に湧き上がってくる自身の感情や考え等に意識的になり、しかしそれをそのままの形では表に出さない、というありようや心構えはできていますか。

☐☐☐ キャリアコンサルタントは、クライエントと同じように感じ、考えられるようになる（共感）というありようや心構えはできていますか。

2 面接冒頭時における応対

　本節では、15分間のロールプレイ（面接）試験が始まってから、おおよそ3分以内、長くても5分以内ほどで、キャリアコンサルタント役としてどのように応対すればよいかを説明します。

　題材（教材）は、論述試験で使用された過去問題をベースとしています。論述試験は、日本キャリア開発協会（JCDA）とキャリアコンサルティング協議会（CC協議会）の2団体が行っていますが、ほぼ冒頭部分からの逐語録（面談記録）が使われているのはJCDAの問題ですので、そちらを題材としています。

　自分自身が試験会場で面接を始めたと仮定して、実際に「どのように語ったらよいだろう」と考えながら練習問題にトライしてみましょう。そうした練習を通じて、本番でも冒頭の滑り出しで適切な対応ができると思います。

A 面接の出だしにおける応対（繰り返しと共感）

練習問題 1

面接（ロールプレイ）の滑り出しは、以下のように始まりました。クライエントの属性は、29歳女性。4年制の大学を卒業後、大手IT企業に入社。5年間の営業部勤務ののち、人事部に異動して約1年間という方です。

 CC 01 本日は、どういうことでお見えになりましたか？

 CL 01 最近、仕事に対して「やる気」が出ずに、どうしたらよいかと困っているんです。

さて、キャリアコンサルタント役のあなたは、次にどのように発言しますか？

○ CC02:	〈解答欄〉

練習問題 1　　　　　　　　　　　　　　　　　　　　　　　　　　　　　　　**解答**

　あなたはどのように解答しましたか。答えは、もちろん一つではありません。以下のような例が想定されます。

●好ましい例と好ましくない例

◯　好ましい例

〈ア〉　仕事にやる気が出なくて、どうしたらよいか困っているのですね。

〈イ〉　最近仕事にやる気が出ない。どんな状態なのですか。

〈ウ〉　仕事に対してやる気が出ないのですね。もう少し詳しくお聞かせいただけますか？

　論述試験の「逐語録」（事例Ⅰ、Ⅱ共通部分）では、〈イ〉が記載されており、一つの典型的な正しい応答例でしょう。しかし、〈ア〉や〈ウ〉が誤りというわけではありません。当然、いろいろなバリエーションがあります。

　逆に、あまり好ましくない例を挙げてみましょう。

✕　好ましくない例

〈エ〉　なぜ、仕事にやる気が出ないのですか？

〈オ〉　そのような状態を、ご自身ではどう思っているのですか？

〈カ〉　いつ頃から、仕事にやる気が出ないのですか？

「好ましくない例」は、何がいけないと思いますか？

「好ましい例」に共通するのは、**クライエントが述べたことを「繰り返し」している**ことです。一方、「好ましくない例」には、「繰り返し」がありません。

「繰り返し」が必要な理由は、クライエントに「あなたの話を、私はしっかりと聞いていますよ。受け止めていますよ」ということが伝わりやすいからです。

〈エ〉や〈オ〉では、クライエントは尋問されているように感じてしまうおそれもあります。それではクライエントとの間に良い関係が築けなくなってしまいます。

〈エ〉ではやる気がでない「理由」を、〈オ〉では「気持ち」を聞こうとしています。こうした質問は、面談が進んだ際には有効ですが、冒頭で急に尋ねられても、すぐには答えにくいものです。〈カ〉では、いつ頃からかという「時期」や「期間」を聞いていますが、こちらの質問の方がまだ答えやすいでしょう。

しかし、**まずは「繰り返し」がしっかりとできるように練習する**ことが望まれます。

●「繰り返し」ができるようになること

「好ましい」応答では、🔷CL01でクライエントが語った内容を、オウム返しのように、そのまま繰り返しています。まずは、この**「繰り返し」が、面談を行う際の基本の一**つです。

 〈ア〉 仕事にやる気が出なくて、どうしたらよいか困っているのですね。

 〈イ〉 最近仕事にやる気が出ない。どんな状態なのですか。

〈ア〉と〈イ〉について補足します。

〈イ〉では、「最近仕事にやる気が出ない」と繰り返した後に、「どんな状態なのですか」と質問をしていますが、これは必ずしなければいけないわけではありません。

もし、「共感をもって繰り返す」だけでクライエントがしゃべり出してくれれば、それもすばらしい流れの面談となります。〈ア〉のように「状態は」というように規定しなければ、クライエントは語りたいことを語り始めることができるので、むしろそちらの方がよいという見方もあります。

しかし、クライエントが黙ってしまうようなら、「具体的にはどのようなことですか」と質問をすることで、面談に流れを作ることができます。

●共感しようとしていることが伝わるように繰り返す

もっとも重要なことは、クライエントとの信頼関係を築くことです。それには共感の姿勢を見せる必要があります。そのためには、声のトーンにも留意して、ゆっくりと噛みしめるように「繰り返し」をするのも1つの方法です。

もちろん、キャリアコンサルタントといえども、人それぞれに異なったキャラクターがありますので、必ずしも「ゆっくり」「噛みしめるように」繰り返すことが、正解ではない場合もあります。自分には「ゆっくり」「噛みしめるように」繰り返すことは合わないと思う場合は、自分なりのやり方を模索してみましょう。

大切なことは、クライエントに「あなたの話をしっかりと聞いています」「あなたが感じているように、あなたが考えているように、私も感じ、考えるようにします（共感しようとしています）」ということが伝わることです。

| column | 「声の調子（トーン）」について |

「好ましい例」の発言であったとしても、もし機械的な言い回しで、棒読みのように何の感情も感じられないようなトーンで繰り返されたとしたら、クライエントはどう感じるでしょう。話をしたくなくなるのではないでしょうか。

「繰り返しが重要」ということで、クライエントが言ったことを、細心の注意を払って正確に繰り返そうとする人がいます。細心の注意を払って話を聞くことや、繰り返すことはもちろん重要です。しかし大事なことは、正確さや間違えないことではなく、いかに**クライエントに共感しようとしているか**が伝わるかです。

そのためには、「最近仕事にやる気が出ない」といった繰り返しの部分は、**ゆっくりとかみしめるように発音**したほうがよいでしょう。

この最初の応答を聞いただけで、「この人は試験をクリアできるかどうかがわかる」くらいに、力量がわかる場合もあります。

B 気持ち・感情を聞く／事実・出来事（事柄）を聞く

練習問題 2

1 下記のクライエントの発言（ CL02）に対して、あなたは次にどのような応答（発言）をしますか。

CC 02 最近仕事にやる気が出ないのですね。それはどんな状態なのですか。

CL 02 人事部では社内教育の担当で、各部門と研修受講者の調整などをするのがメインの仕事です。でもやる気にならずに、急いでやらなくてもよい資料の整理などにだらだらと時間を使ってしまうんです。

CC03: 〈解答欄〉

2 **1**で記述したあなたの解答は、次に示す応答例〈ア〉〜〈オ〉の中では、どれに近いですか。また、少し違うとしたら、どこが違いますか？

CC 03 〈ア〉 仕事で社内教育を担当し、各部門と研修受講者との調整をされているのですね。

CC 03 〈イ〉 やる気がでなくなったきっかけは、何かあったのですか。

CC 03 〈ウ〉 いつ頃からやる気がでなくなったのですか。

CC 03 〈エ〉 やる必要のない資料の整理などに時間を使ってしまっているのですね。

CC 03 〈オ〉 メインの仕事をせずに、急いでやらなくてもいいことに、だらだらと時間を使っていると感じているのですね。

もっとも近い応答は＜ア＞～＜オ＞のどれでしたか？

〈解答欄〉

＜ア＞～＜オ＞の応答例とあなたの応答とはどこが異なっていますか？

相違点：　　　　　　　　　　　　　　　　　　　　　　　　　〈解答欄〉

練習問題 **3**

　練習問題2 **2**の応答例〈ア〉～〈オ〉は、実はどれが良い・悪いということはありません。ただ、質問の違いによって、その後の話の流れは違ってくるでしょう。それぞれどのようになっていくと思いますか？

　次のような話の流れになっていく質問は、応答例〈ア〉～〈オ〉のどれでしょうか。

1 **クライエントは、会社の中でどのような仕事を行っているのか、具体的にどのようなことが起きているのかなど、事実や出来事など（事柄）について聞く、という話の流れ。**

＜ア＞～＜オ＞の中から選んでください。

〈解答欄〉

2 クライエントの気持ち（どう思っているか）や感情（どう感じているか）など、心の状態について聞く、という話の流れ。

＜ア＞～＜オ＞の中から選んでください。

〈解答欄〉

練習問題**2** 解答

どの応答もロールプレイとして成立。正解はないが「好ましい例」はある。

● 気持ちや感情、心の状態に対応した応答が好ましい

◯ 好ましい例／気持ちや感情、心の状態に対応した例

CC03 〈オ〉 メインの仕事をせずに、急いでやらなくてもいいことに、だらだらと時間を使っていると感じているのですね。

△ どちらかといえば好ましい例／心の状態をさらに突っ込んだ例

CC03 〈イ〉 やる気がでなくなったきっかけは、何かあったのですか。

CC03 〈ウ〉 いつ頃からやる気がでなくなったのですか。

✕ どちらかというと好ましくない例／事実や出来事（事柄）に対応した例

CC03 〈ア〉 仕事を社内教育を担当し、各部門と研修受講者との調整をされているのですね。

CC03 〈エ〉 やる必要のない資料の整理などに時間を使ってしまっているのですね。

＜ア＞～＜オ＞についてそれぞれの応答を考える前に、まずCL02の内容をたどって

みましょう。表中の左枠内は、CL02の発言に含まれていた情報を整理したものです。

CL02の発言内容	CC03の対応例
1.「社内の教育担当で各部門と研修受講者の調整などの仕事をしている」 ➡クライアントの【現在の仕事内容（事実）】	<ア>仕事を社内教育を担当し、各部門と研修受講者との調整をされているのですね。
2.「やる気がでない」 ➡クライアントの【現在の心の状態】	<イ>やる気がでなくなったきっかけは、何かあったのですか。 <ウ>いつ頃からやる気がでなくなったのですか。
3.「急いでやらなくてもよい資料の整理など（を行っている）」 ➡クライアントの【現在の状態（起きていること＝出来事）】	<エ>やる必要のない資料の整理などに時間を使ってしまっているのですね。
4. 上記の状態に対して、「だらだらと時間を使ってしまっている」 ➡クライアントの【現在の気持ち】	<オ>メインの仕事をせずに、急いでやらなくてもいいことに、だらだらと時間を使っていると感じているのですね。

1. と3. は事実や出来事についての情報で、2. と4. はクライアントの心の状態や気持ちについての情報です。その部分に対応した応答が、図中の右枠内です。

本書では、あえて「好ましい例」として、気持ちや感情、心の状態に対応した質問（＜オ＞）を挙げ、また「どちらかといえば好ましい例」として、やる気がでないという心の状態をより詳しく突っ込んで聞く質問（＜イ＞、＜ウ＞）を挙げました。

なぜこうしたのかを以下に述べていきます。

●面談をリードするのがキャリアコンサルタント

どんな応答例であっても、会話は成り立つものです。キャリアコンサルタントがどのような発言をしたとしても面談は流れていくのですから、**どの応答例が×（間違い）であり、どの応答例が○（正解）であるということは、厳密には言えません。**

しかしながら、キャリアコンサルタントのクライアントに対する応答によって、それ

以降の面談の流れが大きく変わってくることも事実です。その意味で、**キャリアコンサルタントは、この面談をリード（誘導）できる**とも言えるわけです。

●面談の大きな意図（目的）はクライエントの悩みを解決すること

キャリアコンサルタントは、面談をどのようにリードしていけばよいのでしょう。

その問いに答えることは、「いったい面談は何のために行うのか」ということにつながってきます。「面談の意図は何か」ということです。面談全体としての意図が明らかになることで、リードする方向性も見えてくるはずです。

一般的には、クライエントは、何なりかの悩みをもって来談されます。その**悩みの解決に一歩でも近づくことが、面談の大きな意図**のはずです。「一言で面談の目的（意図）を述べよ」と言われれば、それは「クライエントの悩みを解決すること」となるでしょう。

●悩みの解決に向けて面談をリードするには、まず悩みをしっかり把握する

キャリアコンサルタントが面談をリードしていくにあたっては、そのリードの仕方（方向性）は、クライエントの方の「悩みの解決」に向けてのリードとなることが望ましいでしょう。

では、どのようにしたらそのような「悩みの解決」につながるリードができるのでしょうか？　結論を先に言ってしまえば、そのクライエントの方の悩みをまずはしっかりと理解することが、第一に必要となります。

今回の具体例でみていくこととしましょう。

CL 02 社内教育の担当なのですが、各部門と研修受講者の調整などをするのがメインの仕事なんですが、やる気にならずに、急いでやらなくてもいい資料の整理などに、だらだらと時間を使ってしまうんです。

このクライエントのごく初期の発言にはいろいろな情報が含まれていますが、話の内容からこの人の「悩み」が何なのかを探っていきましょう。

このクライエントが**いったい何を悩んでいるかが正確にわからなければ、「悩みの解決」にもつなげていけない**からです。

　先の図表を再度見てみると、1. と3. は事実や出来事についての情報で、2. と4. はクライエントの心の状態や気持ちについての情報です。

　相談に来られるクライエントは多くの場合「悩み」を抱えていますが、「悩み」とは一般的に心の問題である場合が多いわけです。

　「行っている仕事の内容が悩みです」や「転職するかどうか悩んでいます」という場合もありますが、仕事についてどう思っているのか（不満に思っているなど）という**心の状態が「悩み」につながっている**と言えます。

　したがって、この例におけるクライエントの「悩み」を想像をすると、それは2. や4. を中心としたものとなるはずです。

　1. の事実に対応した応答＜ア＞や、3. の出来事に対応した応答＜エ＞がロールプレイとして悪い（成り立たない）ということではないのですが、**「悩み」解決への近道を求める**としたら、＜オ＞や、あるいは＜イ＞＜ウ＞の応答の方が、より好ましい応答だと言えるのではないでしょうか。

●悩みを知るために事柄の質問をする（気持ちや感情を表す言葉がない場合）

＜イ＞　やる気がでなくなったきっかけは、何かあったのですか。

＜ウ＞　いつ頃からやる気がでなくなったのですか。

　「やる気がでない」というクライエントの現在の心の状態に対応して、〈イ〉や〈ウ〉では、まったく新しい観点で質問をしています。〈イ〉は「なぜそうなったのか」というきっかけや理由を聞いており、〈ウ〉では「いつ頃からそうなったのか」という時期や時間の話を聞いています。

　面談の冒頭においては、クライエントとの関係構築をしっかりとする（ラポールを形成する）ことがとくに重要です。その意味で、**繰り返しの技法を多用して「あなたの話をしっかりと聞いています」という姿勢をクライエントに伝える**ようにすることが大切です。

　そこで本書はこれまで、「どのように繰り返し技法を用いるか」という視点で話を進めてきました。また、感情や気持ちについての発言があった場合は、その部分の繰り返

しを行い、ラポール形成も行いつつ、そこから話を進めていくということ（手法）についても記述してきました。

しかし一方で、「感情や気持ちの言葉はとくに語られていない。もっと事実関係や状況を聞かなくては、クライエントの悩みをしっかりと把握することは難しい」という場面に遭遇することもあります。

そうした状況で面談を先に進めるためには、**クライエントの悩みを把握するための質問を、こちらから発していかなければなりません**。応答例〈イ〉や〈ウ〉は、そのような質問と位置づけることができます。

この問題の場合には、クライエントから気持ちを表す発言がなされていたので、この〈イ〉や〈ウ〉については、「どちらかといえば」好ましい（次善の）応答例としました。

練習問題3 **1**　　　　　　　　　　　　　　　　　**解答　〈ア〉と〈エ〉**

クライエントが事実や出来事など（事柄）について話し出すのは〈ア〉と〈エ〉。

●事実を聞くことはクライエントのニーズ（欲していること）だろうか？

応答例〈ア〉の「社内教育を担当し、各部門と研修受講者との調整をしておられるのですね」というキャリアコンサルタントの発言は、事実関係を聞く質問です。

この質問をすると、クライエントは自分の仕事内容（という事実）について語ってくれるようになるでしょう。キャリアコンサルタントはこの面談をそのような方向にリードしていくということになるのです。

私（著者）の考えは、**問題解決に近づくためには、事実や出来事よりも、感情や気持ち、心の状態などの意識面に目を向けた方がよい**という立場ですので、〈ア〉のような応答をすることには批判的です。

もちろんそこから現在の仕事についての不満など、クライエントの気持ちや感情につながる話が出てくる可能性もありますが、仮にクライエントが仕事内容を「説明」し始めたとしたら、それはこの面談の意図である問題解決にダイレクトにつながっていくでしょうか。

面談の指導をされている方の中には、クライエントの状況をしっかりとお聞きしなければならない、という意見を言う方もおり、そうした指導者の方々は、まず面談の冒頭で、例えば「仕事内容」と「家族構成」は必ず聞くようにしてください、といったご指導

をされる場合もあるようです。

しかし、仕事内容（という事実）を事細かにしゃべってもらうことは、このクライエントが本当に欲していることでしょうか。家族構成（という事実）をここで聞かれて答えることは、このクライエントのニーズに合っているでしょうか。

クライエントは必要であると思えば自ら事実も含めて語ってくれます。あえてこちらから新たな質問として事実関係を聞き出す必要はありません。

●キャリアコンサルタント側のニーズからの質問では関係が崩れることも

私たちは、あくまでも**「クライエントファースト」で、クライエントの方が一番大事というスタンスで面談に臨みます。**そこではクライエントが語りたいことを語っていただく方がよいわけで、私たちが聞きたいことを聞いて、時間を無駄にしてはいけないと考えています。あえて言えば、**事実関係を聞き出すという行為は、キャリアコンサルタント側のニーズ**といってもよいと思っています。

キャリアコンサルタント側が聞き出したいことをいくつか聞いていくと、あたかも尋問のように思われてしまうこともあるかもしれません。クライエントが家族のことを一切お話しされていないのに、突然こちらから新しい話題として「家族構成は？」とお聞きしたら、「なぜそれをここで話さなければいけないのだろう」と思うクライエントの方もいると考えられます。クライエントとの間の人間関係が崩れてしまう恐れも多分にあるので注意が必要です。

●意識的に問題解決へリードするなら事実面より意識面に焦点を当てる

応答例〈エ〉の「やる必要のない資料の整理などに時間を使ってしまっているのですね」についても、現在起きている出来事について繰り返しているものです。その意味において、事実や出来事についての流れ（面談の流れ）が起きてしまう、リードの仕方になっています。

「資料整理などに時間を使ってしまっている」というクライエントの**現在の状態（起きていること＝出来事）の部分に焦点が当たっているわけで、「悩み」をさらに深めて聞いていこうという方向性ではない**わけです。

もちろん、この応答であったとしても、クライエントは次の発言で自身の気持ちを述べてくれる可能性はありますので、その意味では一概に悪い応答ではありません。しか

し、キャリアコンサルタントが意識的にリードして、問題解決への近道を探ろうという観点では、それほど好ましくない例ということになります。

　事実面よりも**クライエントの意識面に働きかけた質問を繰り出す**方が、問題解決へ向けての意識的なリードということになります。

練習問題3　②　　　　　　　　　　　　　　　　　　　　　　　　　解答　〈オ〉

　気持ち（どう思っているか）や感情（どう感じているか）など、意識面の流れができやすいのは〈オ〉。

●気持ちや感情を表す言葉に着目して繰り返す

　「だらだら」「ふらふら」「すいすい」などの擬態語は、ある状態を指すために用いられる言葉です。このような**擬態語が語りの中に出てきたときは、クライエントの何らかの感情表現が表れている場合も多い**ので、注目してください。

　感情の表現はその人の悩みにつながっていくことが往々にしてあるので、悩みの本質に早く近づいていきたい（悩みをしっかりと把握したい）ときには、重要なキーワードとなる場合が多いのです。

　「だらだらと時間を使う」という表現には、このクライエントの否定的な感情が込められていると言えます。「だらだらと時間を使ってしまっている」→「自分は悪いことをしている。これではいけない」といったような気持ちです。

　その点を捉えて、キャリアコンサルタントが新たに「罪悪感」という言葉をもち出して、質問の形にするといった場合も想定できます。

CC 03　〈カ〉　だらだらと時間を使ってしまう事に罪悪感を覚えているのですね。

●キャリアコンサルタントの解釈を入れてもよいが注意が必要

　本書では、まずは「繰り返し」のスキル（技法）をマスターすることが重要であると述べました。クライエントの話をよく聞いている（傾聴している）ということをクライエントにわかってもらうことは、クライエントとの関係構築（ラポール形成）をする上での基本だからです。では、この応答例〈カ〉は、その点から見てどうでしょうか。

「だらだらと時間を使ってしまう」という箇所は「繰り返し」ですが、その後の「罪悪感」はクライエントの言葉ではなく、キャリアコンサルタントの言葉です。つまり繰り返しではありません。「罪悪感」という言葉は、キャリアコンサルタントとしての解釈、あるいは「たぶんそうなのだろう」という仮説です。

「だらだら」という感情が表れていると取れる言葉に注目して、クライエントの発言を繰り返した上で、さらにその感情をより正確に把握するために、あえて「罪悪感」という言葉をもち出したともいえます。

このような解釈の言葉をもち出すことは、決して不適切ではないのですが、**その解釈があまりにもクライエントの気持ちや感情と違ってしまっていたとしたら、それはクライエントとの関係構築を作る上でマイナス**になりますので注意が必要です。

●クライエントの応答によって流れはかわっていく

「罪悪感」というキャリアコンサルタントの解釈を入れた〈カ〉に対して、クライエントはどのように応答するでしょうか。

<table>
<tr><td colspan="2">例1</td></tr>
</table>

CL 03　ええ、やるべき仕事に集中できていないという点では、とても自分を責めてしまう気持ちになります。でも……。

CC 04　でも……何かあるのですか？

CL 04　ええ、……実は、……（以下略）。

<table>
<tr><td colspan="2">例2</td></tr>
</table>

CL 03　罪悪感ですか……？　あまり自分を強く責めたいとは思いませんね。

CC 04　ご自身を責めるということではなくて、何か他に感じていることなどがあるのですか？

CL 04　そうですね。そもそもなぜこういう状態になったかというと、……（以下略）。

例1が「罪悪感」という言葉をクライエントが受け入れているパターンです。罪悪感が生じるのは「やるべき仕事に集中できていない」ためでであるとの話を返してく

れています。

　一方、例2では「罪悪感」にクライエントは抵抗感を覚えているようです。そこで、キャリアコンサルタントは、他の気持ちや感情を聞くという流れになってきています。

　見ていただきたいのは、どちらの例でも、クライエントが自分の気持ち（どう思っているか）や感情（どう感じているか）などの心の状態について話し出していることです。

　事柄や出来事の部分を繰り返して情報を得るよりも、気持ちや感情の部分を繰り返して聞いていくほうが、問題（悩み）の把握に早くたどりつける可能性が高くなります。

　キャリアコンサルタントから新しい言葉を出していくとき、それが的外れであった場合は、クライエントが「このキャリアコンサルタントは、自分の話を本当によく聞いていてくれているのだろうか？」と思ってしまい、関係構築が崩れる（ラポール形成がうまくできなくなる）リスクがあります。

　一方、**言葉が的確であれば、クライエントの気持ちや心情を深く考えてもらえる言葉として効果を発揮する場合がありえます。**

　ただし、こうした解釈的な新しい言葉は、あまり多用しないほうがよいでしょう。

まずは気持ちや感情を表す言葉をとらえて共感して、繰り返してみましょう。

| column | 「この項目は必ず尋ねなさい」（事前の質問の用意）には要注意！ |

　面接試験の受験対策を個別指導していたときのことです。他の対策講座で「この5つの質問は必ず質問するようにしなさい」と指導されたので順番に質問しました、という方がいてすごく驚きました。

　その5つとは、「現在の仕事の内容」「その仕事に就いてからの年数」「上司や同僚とのコミュニケーションはとれているか」「家族構成」「家族とのコミュニケーション」です。そのように事前に質問を用意しておくことは必要でしょうか？

　私は弊害のほうが大きいと思っています。実際その受験対策に来た方の面談は、少し大げさに言えば「尋問」のように感じられました。あらかじめ用意された質問を順に聞いていくのですから、決まりきったアンケート調査のようなものです。これではカウンセリングとは決して言えません。

　そのような面談をしてしまったら、クライエントとの関係は構築できません。重要なことはあくまでも、クライエントの話をしっかりと聞き（傾聴し）、お話を受容し、共感して、一緒に悩めるようになることです。そのためには、本文で述べたとおり、相談者の方が話された内容を繰り返し（言語追跡し）、また感情や気持ちに注目してください。

　いずれにしても、「この項目は必ず聞きなさい」というような指導をする対策講座やセミナーにはご注意してください。

面談を先に進める効果的な質問例

●「状況」は聞かなくてもクライエントが話してくれる

　事柄把握の質問の意図は、できるだけ短い時間で、クライエントの悩みの在り処を見つけ出すことにあります。

　そのためには、いまクライエントがどのような状況に置かれており、その中でどのような気持ちや感情を抱いているか、その意識面を知ることです。

　「どのような状況か」を知るための基本的な質問については、よく「5W1Hに着目しなさい」などと言われます。しかしながら、私がお薦めしているのは、まずは状況（という事実）を知るよりも、「その人がどのような意識を持っているかという意識面に注目してください」ということです。

　状況についての語りは、クライエントがしたい（あるいは、話さなければ理解してもらえない）と思えば、自ら語ってくれるものです。私たちキャリアコンサルタントは、とくに状況について細々とした質問を繰り出していく必要はないのです。

●理由（なぜ……ですか？　きっかけは？）を聞いて、面談を先に進める

　本文にも書きましたが、クライエントが気持ちや感情につながる発言をされない方で、意識面を探るための「とっかかり」がないような場合には、単刀直入に「なぜそのようになったのか」と理由を聞く質問（Why）などは、面談を先に進めるために有効かもしれません。

　「なぜ、そのようになったとお考えですか？」といった質問などは、汎用性の高いWhy質問と言えます。今回の本文での例であれば、「なぜ、やる気がでなくなったとお考えですか？」となるわけです。

●汎用性の高い質問として、期間を聞く（いつから……ですか？）

　あるいは、Whenの変形である「いつから」を聞く質問が有効な場合もあります。これはある状態や気持ちが生じた出発点に思いを巡らせてもらうための質問であり、ある状態が生じた理由を聞くことにつながっていく場合も多い質問です。

　「そうした状態はいつから続いているのですか？」といった質問をすることによって、状況が把握できるようになりますし、そこから「そのような状況になった経緯」を聞き出せるようになる場合も多いのです。今回の本文での例であれば、「いつ頃からやる気がでなくなったのですか？」にあたります。

C　キャリアコンサルタントの発言を短くする

練習問題 4

その後のやりとりを、以下に記します。空所で示した ○ CC04 には、どのような発言（言葉）を入れたらよいでしょうか。

 CC 03　やる気が出なくなったきっかけは、何かあったのですか。

 CL 03　異動して半年ぐらいは業務に慣れようと頑張っていたのですが、半年ぐらい前から上司のやり方がわかりだして、だんだんそうなってきました。

 CC 04

 CL 04　ええ、人事部全体がそうなんですが、とくにその課長は慎重な人で、新しい企画を出してもことごとく通りません。私は新しいプログラムを導入したくて、休日などを使っていろいろな研修に参加したりしてきました。この前、カードを使って新入社員の個性を引き出すというユニークなプログラムの導入を提案したのですが、ほとんど検討もしてくれず、却下されてしまいました。

○ CC04:　　　　　　　　　　　　　　　　　　　　　　　〈解答欄〉

＊ヒント：キャリアコンサルタントとしての発言は、短くてすむのであれば、そのほうがよいでしょう。キャリアコンサルタントは、自身のことを話したり、意見を述べたりということはできるだけ抑えて、クライエントに自由に、たくさん語っていただくことが一番よい、と言われています。「クライエント・ファースト」の考え方です。

練習問題 4　　　　　　　　　　　　　　　　　　　　　　　解答

正解はないが、短くてすむならできるだけ簡潔に。共感が伝わるトーンで。

 好ましい例

  〈ア〉 上司のやり方ですか。

  〈イ〉 上司のやり方?

 好ましくない例

 〈ウ〉 異動して半年ぐらいは業務に慣れようと頑張ったのですが、半年ぐらい前から上司のやり方がわかりだして、だんだんやる気が出なくなったのですね。

●あいづちを打つだけでも良い面談にできる

ここでも、繰り返しの技法を使うことを、まずはベースにして考えてみましょう。

練習問題の「ヒント」に示したように、キャリアコンサルタントがあまり言葉を発しなくても、クライエントがいろいろと話をしてくれるのであれば、そのほうがすばらしいことなのです。極端に言えば、「そうですね」と**あいづちを打つだけに終始しても、クライエント自身が「こうしていこう」と意思決定できたり、何らかの気づきが得られたのであれば、それはよい面談**だったと言えます。

キャリアコンサルタントの共感の姿勢がクライエントに伝わることで、クライエントが親身に自分の話を聞いてくれていると感じて、いろいろな話をしていく中で自身の迷いや悩みを解決していけたという体験が持てれば、こんなに理想的な面談はないと言えるのです。

●きっちり繰り返すことでリズムを削いでは逆効果

こうした前提で練習問題を考えると、とくに1つの文章として、まとまった質問をしなくてもよいのではないか、ということにもなります。

毎回毎回、クライエントの言ったことをきっちりと律義に繰り返すことをしなくてもよいのです。逆に、律義に繰り返すことで、せっかくクライエントがリズムに乗っていろいろと語り出してくれているのに、その勢いを削ぐことにもなりかねません。

好ましくない例〈ウ〉で挙げたように、🔵CL03の発言を律義に繰り返す必要はな

いでしょう。この場合であれば、クライエントの話の腰を折ってしまうことにもなりかねません。逆効果になってしまう恐れもあります。

🪝CL03の発言におけるキーワードを取り出してきて、それだけを提示する。それで面談（会話）にもスムーズな流れができ、面談はテンポよくどんどん先に進んで行きます。

●もっとお聞きしたいという「声のトーン」や態度はとても重要

好ましい例〈イ〉には、ただ単語だけを提示した例も挙げてみました。「上司のやり方？」というものです。

ただしこの場合は、「声のトーン」に気をつける必要があります。「上司のやり方」についてもっと聞きたいという、キャリアコンサルタントとしての気持ちが表れる（しっかりと相手に伝わる）ことが大事です。

「上司のやり方？」の語尾は少し上げる言い方になる場合も多いかと思います。**ぜひお聞かせください」という気持ちがクライエントに十分に伝わるような声のトーンで、単語だけを言ってください。**

もちろん、声のトーンと同時に態度も重要です。クライエントの話をぜひお聞きしたいというキャリアコンサルタント側の姿勢がしっかりと伝わるような「身体言語」を心がけてください。

以上で、冒頭の滑り出し部分についての対策は終了です。

冒頭部分は、面談開始から3分以内、長くても5分以内ほどと述べましたが、すんなりと進めば、1〜2分程度でこの滑り出し部分が終わることもあるでしょう。そうした冒頭の少しの部分についてだけでも、今までに記してきたように数多くの留意点や注意事項があります。チェック項目にここまでに述べてきた留意点をまとめましたので、ご活用ください。

なお、本書は面接試験を1回で通過できるようにと考えて制作していますが、決して、こうしなさいといった「型」を示そうとは思っていません。それぞれ自分に合ったやり方を見出して面談を進めていくことができるように、ベースとなる事柄を述べています。

1

面接試験

チェック項目
面接冒頭時における応対

A 面接の出だしにおける応対（繰り返しと共感）

□□□ クライエントの話を聞いて、まずは、その話を繰り返して話すことができますか。

□□□ その際には、声のトーンにも留意して、クライエントに、「あなたの話をしっかりと聞いていますよ（あなたの話がぜひお聞きしたいです）」ということが伝わるようにできていますか。

B 気持ち・感情を聞く／事実・出来事（事柄）を聞く

□□□ クライエントの話のなかで、気持ちや感情が表れている言葉に着目することができていますか。

□□□ 気持ちや感情を聞いていくことで、クライエントの悩みが明らかになってくる可能性が高い、ということを理解できていますか。

□□□ クライエントの話のなかに、気持ちや感情が表れている言葉があった場合には、それを繰り返していくことができていますか。

□□□ クライエントの話のなかで、気持ちや感情が表れている言葉がない場合には、事柄を聞く質問を適切にしていくことができますか。

□□□ 事柄を聞く質問として、期間を聞いたり、理由を聞く質問をしていくことができますか。

C キャリアコンサルタントの発言を短くする

□□□ クライエントの話を、文章として長く繰り返すのではなく、単語だけを取り出して質問し、クライエントの方にどんどん先を話していただけるようにすることができますか。

「見立て」はキャリアコンサルティングを進める重要事項

1-4節で「見立て」について説明しますが、これはキャリアコンサルティングを進める上での最重要事項と言ってよいものです。

「見立て」とは、キャリアコンサルタント側で「このクライエントには、こんな課題や問題点があるのではないだろうか」と仮説を立てることです。

クライエントの理解には、二つの観点があります。一つは、「こんなことで悩んでいるんです」と、クライエントが自ら語る内容です。これを「主訴」と言います。「主に訴えていること」という意味ですが、まずはこの主訴をしっかり理解するという観点です。

もう一つは、クライエント自らは語ってはいないけれど、「クライエントにはこんな課題や問題点があり、それが主訴につながっているのではないだろうか」と、「見立て」ることです。これもクライエント理解の重要な観点となります。

キャリアコンサルタントは、クライエントをより理解しようと、例えば「どうしてそう思うようになったのか」といった問い掛けをしていきます。そうした中で、二つ目の観点が見えてくることがあります。

例えば、「このクライエントは『どうしても○○しなければいけない』と思い込んでいるようだ」などです。これが「見立て」です。「この思い込みが、クライエントが訴える悩み（主訴）につながっているかもしれない」といった仮説を立てるのです。

そして、仮説が正しいかどうかを謙虚かつ真摯に質問して、話を丁寧に聞いていくことで、面談を進めていきます。こうした流れは、主訴の解決に近づくことにもなりますし、キャリアコンサルティングを効果的に行う「展開力」にもつながります。

ただし、「見立て」には注意点があります。それは、クライエントの「悪いところ探し（あら探し）」にならないことです。「△△ができていないから、主訴のように悩んでしまう」とか、「○○でないから、そうなってしまっている」といったように、「あなた（クライエント）のここが悪い、だから改善すべきだ」というように思ってはいけません。

「見立て」をベースに質問するときは「謙虚に、真摯に」と書きましたが、傲慢さがあってはなりません。本人が自ら気づき、直していこうと思えるように、謙虚で真摯な問い掛けをすることが、私たちには必要とされています。

ここでも、「もっとよくこのクライエントのことを知りたい」「同じように考えられ感じられるようになりたい（共感したい）」という気持ちが、キャリアコンサルタントには求められているのです。

3 面接中盤における応対

　ここでは、ロールプレイ（面接）試験が始まり、おおよそ3〜5分の時間が経過した後の中盤の応対について説明します。

　前節に続き、用いる題材は過去の論述試験問題です。前節では冒頭部分を扱いましたが、それに続く後の逐語録は、＜事例Ⅰ＞と＜事例Ⅱ＞に分かれています。2つの逐語録を比べて、その違いを見ていくことを通じて、面接をどのように進めればよいのかがわかるようになっています。

　ここでも練習問題にトライすることを通じて、実際の面接のコツを掴んでください。論述問題では、＜事例Ⅰ＞と＜事例Ⅱ＞のどちらかが望ましい面接例となっており、もう一方が、望ましくない例となっています。

　その後は、アイビイの三角形を通じて、面接の基礎をおさらいします。

Ａ 解決提案型にならずにクライエントと一緒に考える

練習問題 1

次の逐語録（面談記録）について、〈事例Ⅰ〉と〈事例Ⅱ〉の違いはどこにありますか。とくにCC06の発言に着目して、あなたの考えを述べてください。

〈解答欄〉

事例Ⅰ・Ⅱ共通部分

CC 01　本日は、どういうことでお見えになりましたか？

CL 01　最近、仕事に対して「やる気」が出ずに、どうしたらよいかと困っているんです。

CC 02　最近仕事にやる気が出ないのですね。それはどんな状態なのですか。

人事部では、社内教育の担当で、各部門と研修受講者の調整などをするのがメインの仕事です。でもやる気にならずに、急いでやらなくてもよい資料の整理などに、だらだらと時間を使ってしまうんです。

やる気が出なくなったきっかけは、何かあったのですか。

異動して半年ぐらいは業務に慣れようと頑張っていたのですが、その後、上司のやり方がわかりだして、だんだんそうなってきました。

上司のやり方に何か問題があったのですか。

ええ、人事部全体がそうなんですが、とくに課長は慎重な人で、企画を出してもほぼ通りません。私は新しいプログラムを導入したくて休日も使っていろいろな研修に参加したりしてきました。カードを使って新入社員の個性を引き出すというユニークなプログラムの導入を提案したのですが、ほとんど検討もしてくれず、却下されてしまいました。

事例Ⅰ

課長は、Aさんの提案を却下した理由を何か言われましたか。

あの課長はずっとそうなんですが、「前例がない」「効果がわからない」「講師の能力がわからない」などという理由を言います。でも、やってみないとわからないじゃないかって思うんですよ。

課長の指摘に従って、改善案や裏付けのデータを出されてはどうですか。

今までも新しいことを提案したときには、他社での採用例とか、受講者の感想などの資料を集めて検討してもらおうとしてきましたが、「従来の研修プログラムとの比較や、同業他社での導入実績はどうなのか」などと言われて、なかなか前に進めませんでした。そもそも新しいことをやりたくないんだと思ってしまうと、今回もこれ以上説得するデータを集める気にはなれません。

事例Ⅱ

プログラムを却下されたときの課長さんとのやりとりはどんな感じだったんですか。

私は「こんなユニークなプログラムがあります。新人のやる気をアップするためにもぜひ採用したいです」と、一生懸命内容を説明しました。でも、課長から最後に「うちでは以前からのプログラムがあるじゃないの」とサラッと言われてしまいました。

そうした課長の発言を聞かれて、どう感じられましたか。

課長の慎重さのせいで新しいチャレンジができなくなり、力が抜けてしまいました。

練習問題1　　　　　　　　　　　　　　　　　　　　　　　解答

　〈事例Ⅰ〉が、CC06でキャリアコンサルタントが考えた解決案を提示しているのに対して、〈事例Ⅱ〉では、どう感じられたかというクライエントの気持ちを聞く質問をしている。

●クライエントをよく観察し、主に訴えていることをしっかりととらえる

　〈事例Ⅰ〉の ▽CC06 にある「課長の指摘に従って、改善案や裏付けのデータを出されてはどうですか」というキャリアコンサルタントの発言は、**質問というよりは提案（あるいは指示に近いもの）になってしまっています**。クライエントの問題をできるだけ早くに解決してあげたい、という気持ちがこのような提案になったのでしょう。しかしこの提案は、本当にこのクライエントの問題の解決策になっているのでしょうか。

　課長がAさん（クライエント）の企画案を「前例がない、効果がわからない、講師の能力がわからない」という理由で採用しないのであれば、それに対して「改善案や裏付けのデータを出せばよいじゃないか」というのが〈事例Ⅰ〉のキャリアコンサルタントの解決策です。しかし、これでAさん（クライエント）の悩みは解決するのでしょうか。

　そもそも、Aさんは「やる気がでない」という悩みを抱えて来談したわけです。しかし、上司に出した案がまったく検討もされずに却下されてしまうという、上司のやり方に不満があるという話になってきていました。

　「不満」という言葉自体は出てきていませんが、話し方やクライエントの態度などを観察することで、それが不満であるということは推測あるいは想像がつくでしょう。

　このようにクライエントをよく観察するということは、アイビイの三角形 (p29) でも「かかわり行動」の1つ上に**「クライエント観察技法」として位置づけられており、基本的なカウンセリングの技法とされています。クライエントが何を主として訴えているのかをしっかりと観察し把握することが、まずは重要です。**

●問題解決を急ぐ提案は、クライエントとの関係を壊す可能性がある

　〈事例Ⅰ〉においてキャリアコンサルタントは、上司（課長）が採用しない理由を聞き

（▽CC05）、その理由をクリアするように対処すればよいではないかと考えて、「課長の指摘に従って、改善案や裏付けのデータを出されてはどうですか」（▽CC06）という解決策を提示します。

　この対応の仕方は、少し厳しい言い方をすれば、**クライエントの気持ちを受容して共感しようとはせずに、ただ単に表面的な解決策を性急に提示しているだけ**であり、そこでは**クライエントとの関係構築もうまくとれない**方向に進んでいると捉えることができます。

　クライエントの側に立って考えてみましょう。クライエントは🌀CL04で「自分の企画案が検討もされずに却下された」という話をして、上司のやり方に不満があるということを話し始めたところです。

　その気持ち（内面、心の状態）が、そのままになった状態（ほっておかれた形）で、キャリアコンサルタントから単に「採用されなかった理由があるのだから、その理由をクリアすれば採用されるんじゃないですか。それで解決になるんじゃないですか」といった表面的な事柄の提案（解決法）が述べられたわけです。

　これでは、クライエントは「自分のことを（気持ちまで含めて）本当にわかってもらえているのだろうか」「ここはもう少し自分の気持ちを話していきたかったんだけれども」といったことを思ってしまうのではないでしょうか。

●クライエントの気持ちを受け止め丁寧に対応する

　「共感する」というキャリアコンサルタントのありようがクライエントに伝われば、クライエントは安心して心を開いてくれ、いろいろなことを話してくれるようになります。しかし〈事例Ⅰ〉のような対応では、クライエントは共感してもらっているとは思えず、いろいろなことを進んで話そうとはしなくなると想定することができます。大げさに言えば、**クライエントとの関係構築が崩れる**とも言えるのです。

　〈事例Ⅰ〉における▽CC06のキャリアコンサルタントの発言（応答）は、クライエントによって語られた上司のやり方やクライエントと上司の関係についてさらに詳しく聞いていくこともなく、表面的な解決を導く提案が性急になされており、それがクライエントとの関係を壊す可能性があることが問題なのです。ここでは、**クライエントの気持ち（内面）を受け止めて、その話をもう少し丁寧に聞いていくことが必要**ではなかったでしょうか。

次のクライエントの発言（▽CL06）では、キャリアコンサルタントから提案された解決策について、クライエントからの意見が述べられています。

表面的な事柄についての提案（▽CC06）がなされたので、それを受けてやはり表面的な応答「今までにもやってきたのですが無駄だったので、これ以上説得するデータを集める気にはなれません」となっています。

●クライエントが話したいことは自由に話してもらえるように質問をする

〈事例Ⅱ〉における応答は、どうでしょうか。

◐CC05では、クライエントの前の発言（◑CL04）を受けて、その中で語られた「ユニークなプログラムを却下されたとき」のことを、さらに詳しく聞く質問がまず発せられています。クライエントが話し始めたことを、もっといろいろ話してもらいたいという意図のもので、妥当な質問です。面談の展開としても前の発言からのスムーズな流れができていますので、望ましい展開といえます。

上司とのやりとりの様子を聞くという質問（〈事例Ⅱ〉の◐CC05）は、事実や出来事を聞く質問ではないかと思われる人もいるでしょう。先に〈事例Ⅰ〉に対して述べてきたことを踏まえれば、気持ちを聞くべきではないかと思われたのではないでしょうか。

◑CL04で、もしも気持ちや感情の言葉が表れていたのであれば、もちろんそうすべきです。しかし◑CL04では、上司への不満が感じられはしましたが、明確に気持ちや感情の言葉が語られたわけではありません。そこで、もっとそこを聞いてみようという意図で、「ユニークなプログラムを却下されたときの課長さんとのやりとりはどんな感じだったんですか」（〈事例Ⅱ〉の◐CC05）になったと考えられます。丁寧に状況を聞いている、という流れになります。

次のクライエントの発言（◑CL05）では、詳しく上司とのやりとりの様子（状況）がわかりました。それを踏まえて、◐CC06では「どう感じられたのですか」という気持ちを聞く質問が出てきています。**クライエントが話し始めた内容については、もっと詳しく丁寧に聞いて（◐CC05）、それが一通り話し終わったところで、気持ちを聞く質問に移っています。**気持ちを問われる質問を受けて、〈事例Ⅱ〉の◑CL06ではクライエントが自身の内面を吐露するに至っています。

練習問題 **2**

<練習問題1>の続きにあたる次の逐語録（面談記録）を読んで、その後の質問に解答してください。

事例Ⅰの続き

CC 07 ところで、まだ人事に移られてから1年しかたっていないですよね。課長のやり方にもそろそろ慣れていかれる時期ではないですか。

CL 07 もう少し私が我慢をしたらいいということですか。でも、それでやる気が戻るかな……。

CC 08 他部署に移りたいと考えておられるのですか。

CL 08 そこまでは考えていません。前の営業に戻れればいいとは思いますが、自分にどんな能力があるかもわからないので、他部署といってもどこがいいか……。

事例Ⅱの続き

CC 07 新しいことへのチャレンジがAさんにとっては意味があるんですね。

CL 07 私にとっての、意味ですか……？　う〜ん。前にいた営業では、入社したときから、顧客にどんどん積極的に新しい提案をしていきました。それを先輩から叩き込まれたんです。そうした積極的な営業が、結構実績に結びついたんですよ。

CC 08 営業で実績につながったその方法を人事でもやろうとされたんですね。

CL 08 そうですね。うーん……。その研修プログラムは効果があると思ったんですけれど……。営業でのやり方が、人事でもうまくいくと思い込んでいるのかもしれませんね。

1 キャリアコンサルタントの発言の中で、解決策の提示と考えられる発言はどれですか。「<事例○>　CC○」のように解答してください。なお、答えは1つとは限りません。

〈解答欄〉

2 キャリアコンサルタントの（個人的な）考えが反映している発言はどれですか。「＜事例○＞　CC○」のように解答してください。

〈解答欄〉

3 キャリアコンサルタントの発言の中で、話題が唐突に変わる発言はどれですか。「＜事例○＞　CC○」のように解答してください。

〈解答欄〉

4 クライエントに、何なりかの「気づき」が生じたと思われる発言はどれですか。「＜事例○＞　CL○」のように解答してください。

〈解答欄〉

5 ④の気づきは、どのようなものでしたか。

〈解答欄〉

練習問題2 1　　　　　　　　　　解答　〈事例Ⅰ〉CC07、CC08

解決策の提示ともとれる発言は、〈事例Ⅰ〉の▽CC07と▽CC08の2つ。

練習問題2 2　　　　　　　　　　　　解答　〈事例Ⅰ〉CC07

　キャリアコンサルタントの個人的とも言える考えが反映している発言は、▽CC07。

練習問題2 3　　　　　　　　　　　　解答　〈事例Ⅰ〉CC08

　話題が唐突に変わる発言は、▽CC08。突然話題が変わって、面談の流れが切れているように感じられる。

●解決策をいろいろ提示することは有効なのか？

　〈事例Ⅰ〉の▽CC07は、一見、質問の形になっていますが、「人事に異動してまだ1年だから、いまは慣れていないが、課長のやり方に徐々に慣れていけば解決に至るのではないか」という解決策の提示ともとれます。

　それと同時に、キャリアコンサルタントの個人的とも思える考えが反映しているとも言えます。少し大げさに言えば、「まだ1年なんだから、もう少しすれば慣れるよ。課長のやり方に慣れていったほうがいいんじゃないの」といった意見が感じられます。

　▽CC08も、「他の部署に移る」という解決策を提示しているとも読みとれます。また、この発言は少し**唐突な印象もあり、解決策の案をどんどん出していこうという、このキャリアコンサルタントのやり方**が表れています。

●他人（ひと）から言われた解決案は受け入れられない！

　では、このように解決に向けての案をどんどん出していくというやり方は、面談としてはどう評価されるのでしょうか。

　面談の意図は問題を解決することなのだから、数多くの解決策が提示され、検討されて、最後によい解決策が見つかればよいのではないかといった意見も、もちろんあるでしょう。

　キャリアコンサルタントから解決策が提示され、クライエントがそれを受け入れて満足する、すっきりする、悩みが解決されるということであれば、それはそれで成功と言えるキャリアコンサルティングかもしれません。

　しかし私の体験から言うと、**キャリアコンサルタント側から「こうしたほうがよいのでは」と提示した案（解決策）は、多くの場合なかなか受け入れられません。**

　表面的には「そうですね。そうすべきでしょうね」といった発言をクライエントはします。しかし、その解決策を実行に移そうとは思わない人が多いのです。

　それはやはり、意識のどこかで「自分で考えて納得した解決案ではない（押しつけられた案である）」といった思いがあるからなのではないでしょうか。

●解決志向型面談：内面へのアプローチがないまま解決策が語られる

　クライエントの内面へのアプローチがないままに、解決策だけが語られていく面談のことを、ここでは「解決志向型面談」と呼ぶことにします。

　解決志向型面談が一概にまったくダメというわけでもありませんが、**クライエントが心底すっきりしたと思い、その解決策を実行してみようとなるのは、自分で納得したとき**です。

　クライエントが自ら納得するようになるのは、単に表面的にいくつかの解決策が示されたときではありません。ましてや、そこにキャリアコンサルタント側の意見や考え（価値観）が色濃く見えたりすると、そこでのクライエントの反発は大きくなります。

　〈事例Ⅰ〉の▽CC07「ところで、まだ人事に移られてから1年しかたっていないですよね。課長のやり方にもそろそろ慣れていかれる時期ではないですか」は、キャリアコンサルタント側の意見や考え（価値観）が見え隠れしています。続いてのクライエントの応答▽CL07「もう少し私が我慢をしたらよいということですか。でも、それでやる気が戻るかな」には、クライエント側の反発が感じられるようにも思えます。

●キャリアコンサルタント自身の意見や考えは極力表に出さないようにする

　クライエント側の反発を招かないようにする方法は、共感をするということに尽きます。あたかもクライエントが感じたり考えたりするかのように共感できていれば、価値観が違った発言もなくなるわけですから、反発も起きないということになりま

す。それが難しいと感じられるようなら、極力、自分の意見や考えは出さないようにするのが賢明でしょう。

クライエントが**自らの内面を見つめ、そこに何なりかの「気づき」があり、そこから出てきた解決策ならば、それはクライエントも納得し、すっきりする解決策となる**に違いありません。

練習問題2 ④　　　　　　　　　　　解答　〈事例Ⅱ〉CL07、CL08

クライエントに何なりかの気づきが生じた発言は 🔵CL07 と 🔵CL08。

練習問題2 ⑤　　　　　　　　　　　　　　　　　　　　解答

　🔵CL07における「気づき」：「新しい提案をどんどんしていくことが、実績にもつながると思っており、そこに意味を見出している」という気づき。

　🔵CL08における「気づき」：「営業で実績につながったやり方が、人事でもそのままうまくいくと思い込んでいるかもしれない」という気づき。

●感情や気持ちの繰り返しだけでは先に進めないこともある

　〈事例Ⅱ〉の 🔵CL07や 🔵CL08では、まだ解決策にまでは至っていませんが、クライエントは、いくつかの「気づき」を得られているようです。

　クライエントが、何らかの**「気づき」を得て、そこから発展して、自らこうしていこうと目標設定をしたり、方策を実行していくことで、悩みや抱えている問題の解決に至るのであれば、それが一つの面談（キャリアコンサルティング）の理想形**です。

　ここでは、どのようにしたらクライエントに気づきを得てもらえるのか、キャリアコンサルタントはどう関わればよいのかについて考えていきます。

　まず、〈事例Ⅱ〉の 🔵CC07の発言「新しいことへのチャレンジがAさんにとっては意味があるんですね」に注目してください。この発言（質問）は、キャリアコンサルタントとしてとても上手な問いかけで、習熟したキャリアコンサルタントでないと、なかなか繰り出せない質問です。

　少し回り道になりますが、「繰り返し」技法を使うと、この〈事例Ⅱ〉の 🔵CC07はどうなるでしょう。🔵CL06のクライエントの発言を踏まえて考えてみてください。

　1つ前のクライエントの発言 🔊CL06は、「課長の慎重さのせいで、新しいチャレンジができなくなり、力が抜けてしまいました」でしたから、例えば以下のような応答例が考えられるでしょう。

> 「新しいチャレンジができなくなり、力が抜けてしまったのですね」……〈ア〉
> 「力が抜けてしまった……」(ゆっくりと噛みしめるように)……〈イ〉
> 「力が抜けてしまい、それでやる気がでなくなってしまったのですね」……〈ウ〉

　〈ア〉は、「繰り返し」技法そのものです。

　〈イ〉は、声のトーンに留意し、例えば1つの単語だけをゆっくりと噛みしめるように発声して、「あなた(クライエント)のことをよく理解しよう、共感しようとしていますよ」ということをわかってもらうという意図の発言です。キャリアコンサルタントも一緒に考えているという姿勢を示そうとしています。

　〈ウ〉は、もともと冒頭でクライエントが「やる気がでなくて困っています」と発言していることを踏まえて、最初に語られた悩みと関連付けて「繰り返し」を行っている例です。

　どれも、これまで本書で記述してきたことからみると、とくに問題ない応答であると思われるでしょう。もちろんそのとおりです。

　しかし、〈ア〉〜〈ウ〉のような繰り返しの応答では、それに続けてクライエントからどのような応答が返ってくるでしょうか。

　もしもクライエントが話し好きで饒舌な人ならば、クライエントから率先していろいろな話が出てくるようになることも十分考えられます。それならば、そこからまた話が展開、発展していくのですから問題はないでしょう。

　しかし、それほど饒舌でもないクライエントなら、**「そうなんですよ」といったあいづち的な発言だけで終わってしまい、話が途切れてしまうことも可能性としては大いにありえます**。

　「力が抜けてしまった」といった気持ちを表す言葉やあるいは感情の言葉を見つけて、それを繰り返しているだけでは、面談を先に進めていくことが難しい場面も、実際にはよく生じるのです。

●行動や思考の意味をクライエントに考えてもらう

そのようなときには、「意味の反映」というカウンセリング技法に注目してください。先に示したアイビイの「マイクロカウンセリングの三角形モデル」(p29) では、中ほどより少し下に「意味の反映」という用語が見えます。

この下には「感情の反映」という語がありますが、これは「気持ちや感情を表すクライエントの発言を取り上げていきましょう。そしてクライエント自身の感情を意識してもらいましょう」ということで、今まで記述してきたことと重なります。

それに対して「意味の反映」は、「**クライエントに、行動や思考の意味を意識してもらいましょう**」という技法です。

〈事例Ⅱ〉の ◐ CC07 の「新しいことへのチャレンジがAさんにとっては意味があるんですね」という発言は、この「意味の反映」の1つの典型例です。

一つ前の質問である ◑ CL06 「課長の慎重さのせいで新しいことにチャレンジできなくなり、力が抜けてしまいました」の発言の中の「新しいことにチャレンジできなくなり……」という箇所に着目します。

「このクライエントは、新しいことにチャレンジしていくということに重きを置いているようだが、そのことはクライエントにとって、いったいどのような"意味"があるのだろう？」とキャリアコンサルタントが思い、そして発せられた質問が、この ◐ CC07 です。

◐ CC07 に対するクライエントの応答は、◑ CL07 「私にとっての、意味ですか…？　う〜ん。」と始まっています。**クライエントは質問を受けて、自分自身の内面に目を向け始めている**ということが言えます。「自分は、新しいことにチャレンジしていくことがよいことだと思っているが、その意味はいったい何なのだろう。なぜ自分はそのように考えてきたんだろう」と自身の内側を見ようとし始めているのです。

●自分自身に対しての「気づき」を促すような質問をする

続けて、クライエント自身のエピソード (体験) が語られます。「前の営業では、入社したときから、顧客に対して積極的にどんどん新しい提案をしていくことを先輩から叩き込まれました。それで結構実績に結びついたことがありました」。

これを受けた、キャリアコンサルタントの発言 ◐ CC08 「営業で実績につながったその方法を人事でもやろうとされたんですね」は、このクライエントの「気づき」をさらにクライエント自身が明確にできるようにという意図でなされた発言でしょう。

その😊CC08に応答して、クライエントは、🌀CL08「そうですね。うーん、……。その研修プログラムは効果があると思ったんですけどね……。営業でのやり方が人事でもうまくいくと思い込んでいるのかもしれませんね。」と、さらに自身に対しての「気づき」を深めていっているように見えます。

このように、意味を聞くような質問は、クライエントの「気づき」を促しやすいという利点があります。

「それをすることは、あなたにとって、どういう意味がありますか？」「そのことはあなたにとって、どういう意味をもつことですか？」「それは、あなたにとって何を意味しますか？」など、意味を直接的に聞く質問のバリエーションは数多く作り出すことができます。

どれも、**クライエントが、自身の内面に目を向けることを促す質問になる**ことが多いでしょう。

「意味」という言葉を使わない質問も考えられます。例えば「価値」という言葉は、ほぼ「意味」の代わりに使うことができます。**「それは、あなたにとってどんな価値がありますか？」**などです。

他に「意図」という言葉も同じように用いられることもあります。**「あなたは、どのような意図をもってそれをやろうとしていますか？」**などです。

しかしながら、このような質問（意味の反映）は、面談を始めてからある程度時間が立って、クライエントとの関係構築がしっかりとできてから質問するものです。面談の冒頭部分でこのような質問が発せられたら、クライエントは戸惑ってしまいます。面談冒頭から発せられるには少し重すぎる質問ですので、その点には注意が必要です。

●クライエントのことを共感的に理解するための意味を聞く質問

意味の反映として述べた「あなたにとって、それはどういう意味がありますか？」といった質問は、この言い回しを覚えておいて、面接試験のどこかで繰り出しなさいと言っているのではありません。

クライエントの悩みや問題の解決に近づくために、クライエントに何らかの「気づき」を得てもらえたらよいという意図のもとで、こういった聞き方もある、という一

例を示したものです。

　繰り返し述べているように、クライエントの話をよく聞いて、クライエントの悩みや問題を「共感的な理解」をもって把握しようとすることが何よりも大事です。

　「あなたにとって、それはどういう意味がありますか？」といった言い回しを覚えていて、それを使うということが大事だと述べているわけでは決してありません。

「クライエントのことをもっとよく理解したい」という、キャリアコンサルタントとしての姿勢やあり方をベースとして、クライエントの考えや行動の裏にある意味や意図、価値観をぜひお聞きしたいと考え、そうした自然な流れの中で発せられる素直な質問として、「あなたにとって、それはどういう意味がありますか？」という言い回しもあると述べています。

　すると、クライエントは自身の内面を探索するようになる場合があり、それが「気づき」につながり、解決への糸口になっていくこともあるのです。

相手のことを共感的に理解しようとすれば、自然とお聞きしたいことがわき上がってくるのではないでしょうか。

column 型にはまったクライエント不在の面談をしたら「不合格」に

　以前、面接試験の審査にも関与してこられた、心理学やカウンセリングを専攻されている大学教授とお話ししていたときのことです。

　「面接試験対策講座では、アイビイの三角形に則り、『意味の反映』といったことも話しているのです」と申し上げたところ、「国家資格キャリアコンサルタントでは、そこまではいかないはず。もっと基本的なことをしっかりと伝えて、それが確実にできるように指導してください」とのお話をいただきました。

　面接において基本的なこととは、クライエントの言っていることにまずしっかりと耳を傾け、何を訴えているのかをできるだけ正確に把握することです。

　それができていないのに、「あなたにとって、それはどういう意味がありますか？」といった質問の言い回しだけを形式的に覚えていて、面談のどこかでそれを使おうなどと考えていたとしたら、それは完全に邪道です。

　最近の面接試験では、型にはまった受け答えをする受験者が多いとも聞きます。

　例えば、「面接の15分や20分（2級技能士試験の場合）の中で2回は相手を褒めなさい」、「この質問はそのとおりに覚えて必ず使うように」といった類のステレオタイプの指導を受けてきた受験者が、同じような面談をくり広げるのだというのです。

　審査員が見ているのは、まずは受験者がクライエントの話をしっかり聞けているかどうかです。それなのに「どこかでクライエントに褒め言葉を掛けなくてはいけない」とか、「覚えてきた質問は忘れないで面接の中で必ず言わなければ」などと考えていたら、クライエントの話を本当にしっかりと聞けるでしょうか。

　「このやり方ならば絶対合格できます」とうたって、受験テクニックを型にはまったものとして伝授するような対策講座は、「百害あって一利なし」と考えてください。

　本書も、受験対策と銘打っているので、同類ではないかとのご批判もあるでしょう。確かに、「感情の言葉に注意して、繰り返すようにしましょう」といった型を述べてきている箇所があります。しかし、「クライエントの話をしっかりとお聞きしています」という姿勢や、キャリアコンサルタントとしてのありかたがベースにあった上でのことだと考えて述べてきたつもりです。

　現実的な話として、**クライエントの話を無視したかのように、受験者（キャリアコンサルタント）が話したいこと（覚えてきた内容）を話そうとする、型にはまった面談は不合格になる**のです。この点だけは、間違えないようにしていただきたいと考えています。

🅑 アイビイの「基本的かかわり技法」で基礎を押さえる

●マイクロ技法 (アイビイ) における「基本的かかわり技法」は面談の基礎

アイビイ (Ivey. A. E) の「マイクロ技法」(p29) の三角形で、もっとも底辺にある**「かかわり行動」**から**「意味の反映」**までは、**「基本的かかわり技法」と命名**されています (三角形の左外側にある「基本的かかわり技法」との記載を参照)。

「基本的かかわり技法」とされているのですから、まさに面談を行う際の基礎的な要素であると理解できるのではないでしょうか。

本書では、この「マイクロ技法」を1つの基準として話を進めています。包括的・折衷的技法と言われるように、複数のカウンセリング技法がバランスよくまとめられているのがこのモデルです。さらに現実的なキャリアコンサルティングの場面でも、このモデルはよく使われています。**クライエントにとってもっとも適切であると思われるいくつかの技法が、組み合わされて用いられる**ことが普通だからです。

私が行っている受験対策講座では、このモデル (三角形の図) を用いてカウンセリングの基礎を伝えていることも多く、受験者にカウンセリングを理解してもらうのに適していると思い、本書でもこのモデルを何度か引用しています。

ここでは、すでに述べてきた「感情の反映」や「意味の反映」という用語 (技法) も含まれるこの「かかわり技法」について、以下に説明していきます。題材として選択した論述の試験問題 (逐語録) からは離れますが、**面談を行う際の基礎的な事柄**になるので、ぜひマスターしてください。

●観察技法では表情やしぐさ、声のトーンなどから感情を読む

もっとも底辺の位置にある4つの要素からなる「かかわり行動」については、すでに述べました。次に出てくるのは「クライエント観察技法」です。

「クライエント観察技法」は、読んで字のごとく、「クライエントのことをよく観察しましょう」ということです。

クライエントが悩んだり困ったりして、暗い声や表情でいるのに、キャリアコンサルタントが明るくお笑い芸人のようには応対しません。ミラーリング (p26) とも呼ばれ

る、「相手に合わせる（クライエントの姿や態度を真似る）」技法を使うこともあります。そうした際にも、クライエントのことを観察しているからこそ、目の前の方の事を真似たり、適切な応対をできるわけです。

　観察することの中には、クライエントの感情を読み取るということも含まれています。**クライエントが「悲しい」とか「怒っている」などの言葉を使わなくても、表情や声のトーン、しぐさなどから感情を感じられることはあります**。そうした場合には、キャリアコンサルタントのほうから、「……については怒っておられるようにもお見受けしますが」といった言葉を発することがあってもよいでしょう。クライエントが言葉では語っていないので、繰り返しをしたことにはなりませんが、これも「感情の反映」の1つと言えます。

　そうした観察の結果がもしも間違っている場合は、クライエントが訂正してくれると考えればよいでしょう。

●「開かれた質問」がほとんどだが「閉ざされた質問」も適宜使う

　三角形で「クライエント観察技法」の上にあるのは、「開かれた質問、閉ざされた質問」です。

　これは知識として理解していればよいのですが、「閉ざされた質問（クローズド・クエスチョン）」とは、イエスかノーかで答えることができたり、あるいは年齢など、比較的すぐに答えられる質問のことを言います。

　もし、あまり語らない、**語りたくなさそうにしているクライエントがいたら、こうした質問を投げかけることで、口を開いてもらえる**可能性が高まります。例えば「事務的な仕事は好きですか？」といった質問などです。

　ただし、「閉ざされた質問（クローズド・クエスチョン）」を続けて行うと、クライエントがあたかも尋問を受けているように感じる場合もあるので注意が必要です。

　一方、「開かれた質問（オープン・クエスチョン）」は、イエス・ノーでは答えられない、自由な返答が期待できる質問です。

　例えば「好きな仕事は、どんな仕事ですか？」といった質問です。**クライエントが語りたい内容を語ってくれることにつながるので、キャリアコンサルタントが発する質問は、この「開かれた質問（オープン・クエスチョン）」である場合が圧倒的に多い**と言われています。

今までに用いてきた逐語録の中でも、キャリアコンサルタントが発している質問のほとんどは、この「開かれた質問（オープン・クエスチョン）」です。

●「はげまし」は、クライエントが話しやすくなるために使う「あいづち」など

三角形で次に出てくるのが、「はげまし、言いかえ、要約」です。1つ1つ見ていきます。

まず「はげまし」ですが、これについてアイビイは、**「最小限のはげまし」**という用語を使って以下のような例示をしています。

> 1. 「ええ？」「そう？」「それで？」「それから？」
> 2. 1語または2語の繰り返し。
> 3. 「もっと続けて話してください」
> 4. 「うむむ……」「う〜ん」
> 5. クライエントが話をした文章の最後の数語をそっくり繰り返す。

（出典：『マイクロカウンセリング』アイビイ著、福原真知子他訳、1985）

これらは、「はげまし」という言葉から想像される一般的なイメージとは少し違うかもしれません。例えば「それはすごいですね。ぜひ頑張りましょう」といったものを、はげます言葉としてイメージするとしたら、それはアイビイの言わんとしていることとは違います。ここで「はげまし」と言われているのは、**クライエントが話をすることを促すための「はげまし」**で、クライエントが話しやすくなるための言葉です。

「最小限の」という形容詞が使われるように、決して長いものではありません。1. の「ええ」「それで」、あるいは「はい」「そうですね」「そうなんですね」といった一連の語は、「あいづち」とも言えるものです。**適切に「あいづち」を打つことができれば、クライエントはどんどん話をしてくれるようになります**。それがここで言う「はげまし」です。

練習問題 3

次のクライエントの話に続けて、あなたはどのように応答しますか。「はげまし」の技法を用いて、いくつかの応答例を考えてください。

> CL 山田と申します。いま上司と一緒にあるプロジェクトを進めているのですが、上司とうまくいかないというか、いちいち考えが合わなくて対立してしまうんです。昨日は、私がろくな仕事をしていないといったことを言われ、もし改めないなら、このプロジェクトから降ろして給料も下がるようにすると言われたんです。

「(最低限の) はげまし」を用いた応答例 (いくつかのパターンを考えてください) <解答欄>

練習問題 3　　　　　　　　　　　　　　　　　　　　　　　　　　　　解答

例えば、以下のような応答が「はげまし」の一例。

 〈ア〉 そうなんですね……。

 〈イ〉 いちいち考えが合わない……。

 〈ウ〉 プロジェクトから降ろして給料も下げる、ですか。

●「はげまし」はクライエントを受け入れ傾聴することで自然に出てくる言葉

　上記に解答例として3つ挙げたものは、あくまでも例であると思ってください。p81に引用したアイビイの『マイクロカウンセリング』からの引用部分と対応させれば、＜ア＞は、「1.『ええ？』『そう？』『それで？』『それから？』」に対応し、＜イ＞は、「2. 1語または2語の繰り返し」に対応します。また、＜ウ＞は、「5. クライエントが話をした文章の最後の数語をそっくり繰り返す」と対応しています。

　この「はげまし」は、キャリアコンサルタントがクライエントを受け入れて、その話をしっかり聞こうとしていれば、自然と出てくる言葉であるともいえます。

　傾聴の姿勢ができていれば、それほど意識しなくても普通にできるものと考えられます。

　アイビイの三角形 (p29) で「はげまし」と一緒に記載される「言いかえ」および「要約」については、以下に記します。

●「言いかえ」はクライエントの本質を捉え、濃縮し明確にすること

　「言いかえ」がどのようなものであるかは、次のキャリアコンサルタントの発言を見てください。

> 山田さん、あなたはプロジェクトを一緒に行っている上司と考えが合わずに対立し、上司があなたをプロジェクトから降ろして、給料も下げるかもしれないということを気にしているのですね。

　こうした発言が、アイビイの言う「言いかえ」です。本書で単に「繰り返し」と述べてきたことと重なります。クライエントが述べたことを繰り返すことで、「しっかりと話を聞いていますよ」という姿勢がクライエントに伝わるようにし、クライエントとの関係構築がうまく形成できるようにしていくやり方です。

　アイビイは、「**クライエントの言葉の本質を捉えて、濃縮し明確にしなさい**」と述べています。

●「要約」ではクライエントの話の重要部分を短縮して表現する

　最後の「要約」技法は、ある程度長い時間をかけて聞いたクライエントの話の重要な部分を繰り返し、また短縮してキャリアコンサルタントが語るという技法です。

要約をすることによって、クライエントに対して「あなたが話されたことを、しっかりと、すべて聞きしましたよ」と伝えることができ、関係構築がさらに築かれることはもちろんのこと、「お互いに問題がどこにあるのかを確認する」という役割も担うこととなります。

この「要約」については、第5節「面接のクロージングに向けて」の中でも再度扱います。

面接試験で、提案や指示をしたらダメなのか（「積極技法」について）

アイビイ（Ivey.A.E）の「マイクロ技法の階層表」（p29）にも、「指示」や「助言」、「教示」といった言葉を見て取ることができます。こうした技法は、面接試験のときには使ってはいけないものなのでしょうか。

指示、助言、教示などの言葉は、三角形の中では比較的上のほうに位置づけられ、「積極技法」というくくりで説明されます。アイビイは様々なカウンセリング技法を集成し、包括的・折衷的技法にまとめあげたわけですから、こうした「積極技法」も、当然カウンセリング技法の中の1つであることには間違いありません。

しかし**積極技法は、少なくとも15分や20分の面接試験の中では使わないほうがよい**と言われていることも確かです。

1つ目の理由は、時期尚早ということです。キャリアコンサルタントは、クライエントとの間に、信頼関係を築く（ラポール形成をする）ことが重要です。15分であったとしても、もちろんそのような関係構築はできるのですが、さすがに指示や命令を出して、クライエントに納得してもらう段階にまでは至らないことのほうが多いということです。

2つ目の理由は、そもそも指示や命令を受けて、クライエントが心からそうだなと思うかどうかという話です。本当に納得して、考え方や行動を変えようとなるのは、他人から助言されたときでしょうか。多くの人はそうではないように思われます。自らが気づいて、心底そう思ったときにはじめて、変化が起きるのではないでしょうか。

面談は、**「クライエントが気づきを得ること」を目標**にしたいものです。

チェック項目
面接中盤における応対

Ⓐ 解決提案型にならずにクライエントと一緒に考える

☐☐☐ 性急に問題解決に走るのではなく、クライエントの話を丁寧にお聞きして、その気持ちを受容したり、共感を示すことができますか。

☐☐☐ クライエントが話したいことを話してもらえるように質問をしていくことができますか。(それが事実関係や出来事についてであっても、また気持ちや感情についてであっても)

☐☐☐ キャリアコンサルタントからの解決策の提示は多くの場合受け入れられず、クライエントが自ら気づいたことなら納得してもらえる、ということをわかっていますか。

☐☐☐ 行動や思考の意味(や価値)を、クライエントの方自らに内面を見つめて考えてもらえるように質問をすることができますか。

☐☐☐ 事前に質問を用意してきて、それを順番に聞いていくという姿勢では、クライエントに寄り添った面談はできない、ということを理解していますか。

Ⓑ アイビイの「基本的かかわり技法」で基礎を押さえる

☐☐☐ 「クライエント観察技法」として、表情やしぐさ、声のトーン等からクライエントの感情をある程度推察することができますか。

☐☐☐ 「開かれた質問(オープン・クエスチョン)」と「閉ざされた質問(クローズド・クエスチョン)」の役割を理解し、それを適宜、使うことができますか。

☐☐☐ 「あいづち」などを適宜することができ、クライエントが話しやすくなるための「はげまし」をすることができますか。

☐☐☐ クライエントの話す内容を捉えたうえでの「言いかえ」を適切にすることができますか。

4 問題の把握と話の掘り下げ

**合格への
オリエンテーション**

　本節では、ロールプレイ（面接）試験において、多くの人が難しいと感じている「問題の把握」について解説します。

　「問題の把握」には、2つの側面があります。1つ目の側面は、クライエントが訴えている問題で、これは原則的にはクライエントが言葉で語ってくれています。明らかになっているとも言えますが、問題が絡み合っていたり、複雑な場合などは整理する必要があります。

　2つ目の側面は、キャリアコンサルタントから見たクライエントの問題や課題です。これはクライエントが語ってくれてはいません。キャリアコンサルタントがクライエントの言葉や様子から推測するものです。問題や課題はここにあるのではないかと仮説を立てます。これを「見立て」と言います。「見立て」から解決へと繋がっていく場合もあるので、これを説明していきます。

　論述試験の問題をベースとして、まずは話を「掘り下げる」という点から説明します。

A クライエントの話を掘り下げる

練習問題 1

次の逐語録（面談記録）を読んで、その後の質問に解答してください。

 CC 01
Zさん、こんにちは。よくいらっしゃいました。で、どうされましたか。

 CL 01
いま専門学校の2年です。大手鉄道会社の採用試験をずっと受けてきたのですが、うまくいかなくて。これからどうしたらよいか迷って、ここに来ました。

 CC 02
鉄道会社の試験に受からずに、今後のことを迷っているのですね。

CL 02 企業研究もしたつもりだし、エントリーシートも何度も書き直して自分なりに納得できるものにして鉄道会社を数社受けたのですが、どれもダメで……。自分ではずいぶん頑張ってきたつもりなんですけど、結果が出なくて……。電車の運転士になることが夢だったのに、もう無理なのかなぁって思ってしまって。

CC 03 電車の運転士になりたいという夢を持って頑張ってきたんですね。

CL 03 小さい時から電車が好きでした。運転士に憧れていたので、鉄道会社に入りたいと思い、鉄道会社への就職に有利と言われている専門学校に入って頑張ってきたつもりなんです。

CC 04 鉄道会社に入るという強い思いで、就職活動をして来られたんですね。

CL 04 ええ、それで2社は書類が通って面接まで進めたんですが……。

CC 05 2社は面接にまで進めたのですね。

CL 05 面接へ行けるという連絡が来たときはすごく嬉しかったのを覚えています。運転士になりたいっていう気持ちは人一倍強いし、面接ではそれを十分伝えたつもりなんですが、結局2社ともダメでした。それなのに自分より鉄道への関心が低くて不真面目なクラスメートが内々定をもらってしまって……。しばらくは落ち込んでしまって、まったく何もできなくなっていたんです。親からは、「8月末なのに何しているんだ。どこでもいいから就職しろ」って怒られてしまい……。いったいどうしたらいいか、わからなくなってしまって……。鉄道会社でも秋採用や2次募集はあると思うんですが、採用数も少ないようだし……。

1 この後に、あなたならどのように続けますか。いくつかのバリエーション（具体的な質問など）が考えられる場合は、複数解答してください。

🗂 CC06: 〈解答欄〉

🗂 CC06: 〈解答欄〉

面接試験

1

2 また、**1**の解答のような質問や発言をした場合、その後の展開はどのようになると想像しますか。自由に考えてみてください。

〈解答欄〉

練習問題1 **1**

解答

1の解答は以下のように複数のバリエーションがありうる。**2**のその後の展開については後述。

 〈ア〉 鉄道会社の面接では、運転士になりたいという気持ちは、具体的にどのような形で伝えたのですか。

 〈イ〉 Ｚさんから見て不真面目なクラスメートが、内々定をもらったということに対しては、Ｚさんはどのように感じていますか。

 〈ウ〉 親御さんから「どこでもいいから就職するように」と言われたことについては、Ｚさんは、どのように思われてますか。

 〈エ〉 鉄道会社の秋採用や２次募集があるかどうかについては、Ｚさんは、より具体的な情報をもっておられたり、また調べたりしていますか。

 〈オ〉 この先の就職活動はどうしたらいいかと、迷われてるのですね。

 〈カ〉 今でも、鉄道に対する思いを叶えたいという気持ちは捨てきれないですか。

●どのような質問をしても OK。その後の展開が大事

　　CL05のクライエントの発言は、比較的長いものです。こうした発言を受けて、どう話をつなげていくかについては、悩む受験者も多くいます。いろいろな解答のバリエーションを上に記しましたが、決まった解答はありません。どのような解答であっても正解と言えます。

　そもそも、キャリアコンサルタントが発する**質問や発言に、「正しい・正しくない」は本来ありません。ですから、あまり難しく考えずに、ぜひ自信をもって面談に臨んでください。**

　しかしながら、　　CL05までのクライエントの話を「しっかりお聞きしました」とい

うことがクライエントに伝わるような質問（発言）でなくてはいけません。また、**突然話題を変えるかのように、まったく新しい質問をするのは好ましくありません。**

　その範囲の中の質問や発言であれば、多くのバリエーションが可能ということになります。しかし、その後の流れ（展開）は、上記の〈ア〉〜〈カ〉の6つのバリエーションを考えただけでも、変わってくることが想像できます。

　その後の展開を想像することで、「より適切な質問」と「そうでない質問」を分けることができるかもしれません。

練習問題1　2　　　　　　　　　　　　　　　　　　　　　　　　　**解答**

〈ア〉その後の展開

　鉄道会社での面接のときの様子を聞くことで、Zさんがなぜ採用されなかったのか、その理由の一端が見えてくることもあるかもしれません。

　運転士になりたいという気持ちがあまりにも強すぎて、面接は気負い過ぎから、空回りしてしまったかもしれない、などということも想定されます。あるいは、Zさんの思いとは別に、Zさんの弱みといったものが見えてくるかもしれません。

　そうした話を聞いていくことによって、秋採用や2次募集に備えるといった方向へ話が展開するかもしれません。

〈イ〉その後の展開

　まずは、Zさんの不真面目なクラスメートに対しての感情を聞いて受け入れます。クラスメートとZさんを客観的に第三者的な目で眺めてみるといった話に進んでいけば、そこからZさんの自己理解が進む（例えば、採用されたクラスメートにはあり、Zさんにはないものが何か見えてくるなど）かもしれません。

〈ウ〉その後の展開

　Zさんと親との関係がその後の展開ではもっと詳しく聞けるようになるでしょう。親から言われたことで、Zさんの気持ちが揺らいでいるのかもしれないという観点から、親の影響力がどのくらいあるのか、Zさんとしてはどのくらい親の意向を受け入れようとしているのか、といった話に進んでいくと思われます。

　そうした中で、Zさん自身の意向が明確になってきて、どうするかという意思決定に進みやすくなるといったこともあるかもしれません。

〈エ〉その後の展開

　この質問からは、Zさんが客観的な情報の収集を行っているかどうかがわかります。その情報がZさんの今後にとって重要なものであるのなら、そうした情報を収集していないということはまずいのではないかという、Zさん自身の気づきに至る可能性もあります。

〈オ〉その後の展開

　この質問は、クライエントの発言（　CL05）をそのまま繰り返してはいませんが、　CL05をまとめて、要約したものとも言えます。この質問だけでは、クライエントは「そうです」と答えるだけのこともあるでしょう（言い足りないようであれば、もっと何かを語ってくれることもありますが）。

〈カ〉その後の展開

　〈オ〉と一体として、**「この先の就職活動はどうしたらよいかと迷われてるのですね。今でも、鉄道に対する思いを叶えたいという気持ちは捨てきれないですか」**〈キ〉と、つなげて語ることも可能でしょう。

　この例題は、キャリアコンサルティング協議会が実施した過去の論述試験問題をベースにして作成しているのですが、その問題文の中でCC06の発言は、まさにこの一体型〈キ〉と同じようなものとなっています。

　「今でも、鉄道に対する思いを叶えたいという気持ちは捨てきれないですか」という質問は、Zさんが悩んでいる核心を突く質問と言えますので、解決に向けての早い展開が期待できるというメリットがあると思われます。

　上述の展開はあくまでも想像であり、実際にどうなるかは予想がつきません。それが面談（カウンセリング）というものです。私たちキャリアコンサルタントは、たとえどんな展開となろうとも、多様な考えや感情をもったクライエントに寄り添って、話をしっかりと傾聴していきます。

　ここで言いたいのは、**クライエントが語った言葉のどこを取り上げて、どう質問してもよい**ということです。

　論述の過去問の問題文にある＜キ＞が、唯一の正解というわけではないということです。むしろ、**その後の展開をどうしていくのかという点こそが重要であって、そこでのキーワードは「話を掘り下げる」ということ**ではないかと思います。

●話を掘り下げるには、事前に用意した質問は忘れる

面談の指導の際には、よく「クライエントの話をもっと掘り下げてみましょう」とか「もう少し深掘りした面談にしてみてください」といった言い方をすることがあります。

ここからは、クライエントの話を掘り下げるとはどのようなことなのかについて考えてみたいと思います。それが問題の把握にもつながってきます。

私たちが行うキャリアコンサルティングの面談は、普段の日常会話とは異なります。

例えば、友人との日常会話であれば、こちら（私）は、友人の話の中で関心を持ったところについて質問をします。興味がわかなければ、質問せずその話は無視します。

日常会話では、こちら（私）が興味を持ったり、知識欲を満足させたい場合など、何らかの思惑があって会話を進めることが多いのではないでしょうか。これは「私中心」の会話です。

それに対して、キャリアコンサルティングやカウンセリングでは、「クライエント中心」の面談（会話）を行います。クライエントは問題を抱えて来談されるのですから、私たちはそれに応えるようにしなければなりません。

面談の目標は、クライエントが満足すること、問題の解決に近づくこと、そのためにクライエントに変化が起きることなどの支援にあります。

そうした観点から言うと、例えば以下のような（受験対策の）アドバイスについて、私は評価することができません。

よくない
受験対策

　例えば「就職試験に落ちて悩んでいる」という人が来たら、まず現在のこと（例えば、どんな業界に落ちたのか）を聞き、次に過去のこと（例えば、いつからその業界に関心をもったのか）を聞き、最後に未来のこと（例えば次はどの業界を受けるのか）を聞きなさい。

　あるいは、まず「学校や職場のこと」を聞き、次に「家庭状況」について、家族構成をはじめとして聞き出し、最後に「これから希望する職業のこと」について聞きなさい。

確かに、上記のような指導に従えば、表面的には質問が出せるようになるでしょう。それで、15分なり20分なりの面談試験時間がクリアできることがあるかもしれません。しかし、それで本当にクライエントに満足していただける面談が可能でしょうか。

　こちらからの質問（それもあらかじめ用意していた質問）を一方的にするような**姿勢**は、**「クライエント中心」の面談とは言えません**。無味乾燥なインタビュー調査のようなものになってしまうことも多いでしょう。

　こんな話があります。テレビやラジオのインタビュアーと呼ばれる人たちの話です。
　彼らはインタビューの前に、どのようなことを聞くのかを予習して台本を考えているそうです。しかし優秀なインタビュアーは、実際にカメラが回ってからは、必ずしもその予習内容のとおりには進めないのだそうです。相手に話したいように話してもらい、その流れに沿って、時には当初考えていた台本とはまったく違う内容になることもあるというのです。
　でも、台本どおりに進めたものと比べて断然面白い番組になる。逆に、台本どおりに進めたインタビュアーは、ダメの烙印を押されてしまうというのです。
　話す側が興に乗って自身の話したいことを自由に楽しげに話すのですから、台本を外れても、そちらのほうが見ていてずっと面白いに違いない。そんな話です。

　キャリアコンサルタントもこの話から学べるところが多くあります。面談では、こちらで準備していた質問をクライエントにしていくのではなく、**クライエントが話す内容に沿って質問をしていくほうがよい**のです。

　もっとも、キャリアコンサルティングの目的は、見て楽しいインタビュー番組を作ることではありません。**クライエントに自分自身を見つめてもらい、何らかの気づきを得ていただいて、それまでのあり方とは違いが出るようになってもらうことです。**
　したがって、クライエントに興に乗って話をしてもらうことだけではなく、時にはちょっと辛いと思われるような質問をしていかなければならないフェーズも出てくるでしょう。

●質問のベースは「無条件の肯定的関心」と「変だなと思う感覚」

　話を掘り下げられるかどうかについて、まず重要なことは、**キャリアコンサルタントがクライエントに対して関心や興味を持てるかどうか**です。
　この点は、ロジャーズがカウンセリングの中核三条件の1つとして述べた「無条件の肯定的関心」あるいは「無条件の積極的関心」に対応します。
　まずは、「**このクライエントは、いったいどういう人なのだろうか、それを知りた**

い。そして、**自分もこの人と同じように発想し、考え、感じられるようになるほどに、この人のことを理解したい（共感的理解をする）**」という素朴な感覚をぜひ持ってほしいのです。

　そうした「無条件の肯定的関心」があれば、**「ここはもっと聞いてみたいところ」**といった質問が、**自然に湧き上がってくる**のではないでしょうか。

　Ｚさんの例でいえば、「そこまで鉄道好きで頑張ってきたのに、なぜ採用試験に合格しないんだろう」という素朴な疑問かもしれません。**「それはちょっとおかしい。変なんじゃないの？」といった感覚から生まれる疑問**といってもよいでしょう。

　「鉄道会社への就職に実績がある専門学校に在籍していて、おそらくエントリーシートの書き方指導も受けただろうし、本人も納得したものが書けたとも言っているのだから、なぜ落ちたのかについても学校や先生から何らかのコメントがあったのではないだろうか」といったことでしょうか。

　時には、**「話が矛盾しているのでは？」**と思える場合があるかもしれません。最初はＡと言っていたのに、途中からＢという話になってしまっている、といったことです。

「そこはどうなんだろう？」「話がちょっと矛盾しているのでは？」といった素朴な疑問を質問の形にすることが掘り下げにつながっていきます。

　Zさんが、最初は「どうしても鉄道会社に入りたい」という希望を言っていたのに、途中からその希望がうやむやになってきているのだとしたら、それは一貫していないという意味で矛盾しているとも言えます。矛盾という言葉は少し大げさかもしれませんが、気持ちが揺れているという点は感じ取れるのではないでしょうか。

　こうした疑問が、質問という形になって現れて、結果として話が「掘り下げられた」ということになっていくのです。

　具体的に先の例を用いて見てみましょう。例えば〈ア〉の例では、「聞いてみたいこと（疑問）」とは、「なぜZさんは採用されなかったのだろう。面接のときに何かあったのだろうか。採用されない何らかの理由があるのなら、それが知りたい」というものです。そこで、それを探ってみようと思い、〈ア〉のような質問をすることになるわけで、その後もその疑問をベースに質問をクライエントにしていけるようになると思います。

　〈イ〉においても、疑問は〈ア〉と近いものです。クラスメートと自身を対比することで何かが見えてくるかもしれない、という場合もあるかもしれません。

　〈ウ〉での疑問は、「Zさんは親から早く就職を決めろと怒られたと話しているが、親の影響はどのくらいあるのだろう」というものでしょうか。また、その疑問からは、「Zさんの親への対応を理解することで、Zさんの気持ちを整理していけるのではないか」という想定もできるかもしれません。

　〈エ〉は、「Zさんは、必要な情報を集めていないのではないか」という疑問から発しています。

　〈オ〉は、素朴な疑問からの質問というよりは、確認のための発言となっています。

　〈カ〉や〈キ〉については、疑問を元にした質問というよりは、この面談を一直線に先に進めていく質問といった方がよいかもしれません。

　これらは、少し先を急いでいる質問のようにも思えてきます。もう少し時間をかけて、このZさんの人となりについて掘り下げた質問をし、Zさんのことがよく理解できてから、こうした質問（鉄道に対する思いを叶えたいという気持ちは捨てきれないのか）をするとよいでしょう。

　そのほうが、このZさんにより寄り添っているというキャリアコンサルタントの姿勢が、Zさんからも感じられるようになるのではないでしょうか。

●掘り下げていく具体的やりとり①——意図をもった質問や発言をする

練習問題のCC06〈ア〉～〈カ〉について、その後どのように展開していくかをシミュレーションしてみましょう。

まずは、〈ア〉の質問で始まった場合です。1つの質問から始まって、話を掘り下げていく面談の一例を追体験してみてください。

鉄道会社の面接では、運転士になりたいという気持ちは、具体的にどのような形で伝えたのですか。……〈ア〉

自分が小さいときからどれだけ電車が好きだったかを一生懸命に話しました。3歳のときに家のそばで見ていた電車から始まって、いま一番好きな電車のことまで。それからゲームセンターでは、運転ゲームでいつも高得点を出すので、周囲のみんながすごく驚いてくれたことなども話しました。

面接官の反応は、どのようでしたか。

いくつか質問されたことは覚えているのですが、自分の話に夢中で、正直どのような反応だったかと聞かれると、何も覚えていません。

そうだったのですね。先ほど、Zさんから見て不真面目だと思われるクラスメートが内々定をもらったという話をお聞きしましたが、それについては、Zさんはどのように感じていますか。

電車のことをよく知らないで、何で採用されるのかが本当に不思議ですし、怒りも感じます。

そうなんですね……。Zさんの中では、電車のことをよく知っているというのが、鉄道会社に採用されるための重要な条件だという考えがあるのですね。

当然でしょ。電車のことをよく知らないで、鉄道会社の社員が務まるわけないですよね。

Zさんの通っている専門学校では、大手鉄道会社に多くの先輩が就職しているというようにお聞きしたかと思いますが、そうした先輩たちはどのような方々だったかということを、先生や就職支援室などの方、また先輩から直接聞く機会などはありましたか。

先輩が来て話をしてくれたことはありましたが、そんなに印象には残っていないです。

そうでしたか……。先生や就職支援の職員の方などから、こんな風にしたら採用されやすいといった話はとくにお聞きにはなっていませんか。

エントリーシートを書くときに、少しは先生からアドバイスをもらいました。企業研究もして、その企業にあったエントリーシートにしたつもりです。

CC12 今回の結果が出てからは、なぜ採用されなかったのかについて先生や就職支援のスタッフの方などとコミュニケーションを取っていますか。

 CL12 いいえ。もう鉄道会社には入れないと思って……。

 CC13 先ほど秋採用や2次募集の話が出ましたが、そこで採用される人数はそんなに少ないのですか。

 CL13 そう聞いています。実際に何人なのかは年によっても違うだろうし、知りませんが……。

 CC14 もっとくわしく調べる手立てはあるのですか。

 CL14 よくわかりませんが、学校側に聞けば情報はあるのかもしれません。

 CC15 学校の先輩でも、そうした秋採用や2次募集で採用された人がいるかどうかについてはどうですか。

 CL15 そうですね。それも学校側に聞いてみたいですね。

 CC16 もしも秋採用や2次募集の枠がある程度あるということがわかり、また学校の先輩でもそうした採用枠で採用された先輩がいるといったことがわかったとしたらどうですか。

 CL16 そうですね。もう一度チャレンジしようという気持ちにはなりそうですね。

 CC17 そういうことになった場合にはどうしますか。今回の応募書類のことや、また面接時のことなどを、どなたかに話して相談してみるということを考えますか。

 CL17 そうですね。なぜ落ちたのかをしっかりと自分なりに見つめてみないといけないとは思いますね。

〈ア〉と〈イ〉は、疑問の内容が近かったので、このシミュレーションの中に一緒にして入れています。また途中からは、〈エ〉に近い質問をキャリアコンサルタントが発しています。

CL05のクライエントの発言を聞いて、**キャリアコンサルタントの中に芽生えた疑問を元に話を掘り下げている**のが、上記の面談例と思ってください。

まず〈ア〉の質問の背景にあった疑問とは、「なぜZさんは採用されなかったのだろう。面接のときに何かあったのだろうか。採用されない何らかの理由があるのなら、そ

れが知りたい」というものでした。

　その理由を、様々な角度から探っていきたいという思いがキャリアコンサルタント側にあるので、それが🔲CC07以降の一連の質問になっています。

　🔲CC07の「面接官の反応はどのようでしたか」というキャリアコンサルタントからの質問は、面接官の反応からZさん自身が自分の悪かった点などについて何か感じたことがなかったかを聞きたいと思っての質問となっています。なぜ採用されなかったのかを探るための質問です。

　🔲CC08の「不真面目だと思われるクラスメートが内々定をもらったという話をお聞きしましたが、それについては、Zさんはどのように感じていますか」という質問では、クラスメートと自分の違いをZさん自身に考えてもらうことで、Zさんが採用されなかった理由を見つけられないかという意図の質問となっています。

　🔲CC09の「Zさんの中では、電車のことをよく知っているというのが、鉄道会社に採用されるための重要な条件だという考えがあるのですね」は、その前のクライアントの発言である「電車のことをよく知らないで、何で採用されるのかが本当に不思議ですし、怒りも感じます」（🔲CL08）を受けての発言です。

　ここでは「怒り」という感情の言葉が語られていますので、その言葉を捉えて「怒りを感じるのですね」と繰り返すという選択もあったかもしれません。しかし、この辺りでキャリアコンサルタントがしていることは、Zさんが採用されなかった理由を探ることです。その意図に沿えば、やはり🔲CC09の発言のほうがより適切となるでしょう。

　キャリアコンサルタントは、面談の中で無自覚に様々な質問や発言をしていることもあるかもしれません。しかし理想を言えば、**自分が発した1つ1つの質問や発言について、その意図（なぜその質問や発言を発したか）を明確にできるほうがよい**のです。仮に面談の後で「あの質問はなぜしたのですか」と問われたとしたら、その意図や理由をしっかりと説明できるほうがよいでしょう。

●掘り下げていく具体的やりとり②──クライアントの問題を「見立てる」

　🔲CC09のキャリアコンサルタントの質問（発言）について、補足説明をします。

… （前略）…Zさんの中では、電車の事をよく知っているということが、鉄道会社に採用されるための重要な条件だという考えがあるのですね。

　上記については、うすうす感じているかもしれませんが、この質問をしたキャリアコンサルタント側には、ある考えがよぎっていたのではないでしょうか。それを、あえて言葉にすれば、以下のようになるでしょうか。

　「Zさんは、電車のことをよく知っていて電車が好きな人材こそ、鉄道会社が求めている人材で、そうした人材が鉄道会社に入ることが当然だと考えているようだが、もしかしたらそうした考えは、Zさんが抱いている"思い込み"なのではないかしら」

　そのような考えがわいて来たので、ここからのキャリアコンサルタントの対応は、そうした考えを一つの仮説（仮にそうかもしれないと思ったこと）として、その検証（本当にそうかどうかを調べること）になっているとも言えます。
　こうした**仮説（この例では「クライエントの"思い込み"かもしれない」）を、「見立てる」あるいは「見立て」**という用語で説明することがあります。

　この例での「見立て」は、Zさんが不採用になった理由についてのものです。
　Zさんは「電車への情熱が多い人材こそが鉄道会社に採用されるはず」という思い込みが強すぎて、それがかえってマイナスになって不採用という結果になっているのではないかという、キャリアコンサルタント側の考え（見立て）です。
　これはある意味、キャリアコンサルタントの勝手な解釈と言えます。クライエントによって語られているわけでもないですし、あくまで「こうではないか」と想像しただけだからです。
　したがって、見立てたことに対しては、それを検証する（確かめる）必要があります。そのために発せられたのが、次のキャリアコンサルタントの CC10です。

　Zさんの通っている専門学校では、大手鉄道会社に多くの先輩が就職しているというようにお聞きしたかと思いますが、そうした先輩たちはどのような方々だったかということを、先生や就職支援室などの方、また先輩から直接聞く機会などはありましたか。

　「実際にはどうなのだろう？　本当にZさんが思っているようなこと（鉄道会社は、電車が好きな人を採用する）はあるのだろうか。それとも、見立てたようにZさんの思

い込みなのだろうか。見立てた内容は妥当なのだろうか。まずは、Ｚさんに聞いてみなくてはいけない」という気持ちから発せられた質問です。

したがって、必ずしも先輩の話ではなくてもよいかもしれません。「周りに、すでに鉄道会社で働いている人などいませんか」と聞いて、「そうした人たちと、どんな人材が採用されやすいかについて、コミュニケーションされたことはありませんか」といった質問をしても同じ意図になるでしょう。

「就職支援の経験が豊富である学校の先生や就職支援のスタッフとのコミュニケーションはどうですか」という内容は、 CC11 でも再度取り上げられています。

 先生や就職支援の職員の方などから、こんな風にしたら採用されやすいといった話はとくにお聞きにはなっていませんか。

また、 CC10の質問は、Ｚさんは、そもそも「企業側はどういう人材を求めているのか」という観点で情報収集をしてきていたのかどうかを聞く質問ともなっています。

Ｚさんは企業研究もした（ CL02）と言っていますが、どういう人材が求められているかという観点での研究はしてきたのでしょうか。

この点に関しては、もう1つの「見立て」が背景にあると言えます。Ｚさんは企業研究をしたり、エントリーシートを何度も書き直した（ CL02）と言っています。しかし、もしかしたらその内容はある"偏り"を持ったもので、情報の収集が十分には進んでいなかったのではないか、つまり、"職業や仕事に対しての理解不足"があるのではないかという見立てです。

ここでは、キャリアコンサルタントが、クライエントをどう捉えるかという話をしています。

キャリアコンサルタントは、できるだけ正確に、クライエントの問題を把握できるようにしなければなりません。したがって、しっかりとクライエントの話を聞き、受容し、共感的理解をしようとします。非常に重要なことですが、それをクライエントが語っている、あるいは感じている問題の把握（理解）であるとすると、それとは別に、もう1つの問題の把握（理解）があるという話をここではしています。

それが「見立て」を通じたクライエントの問題の把握です。

「見立て」は、**クライエント自身はわかっていない課題や問題です**。気づいていない問題といってもよいでしょう。キャリアコンサルタントが、クライエントと面談をしていて、そこから「もしかしたら、この方は自分自身では気づいていないが、こんな問題があるのではないだろうか」と考える仮説です。

仮説ですから、違っているかもしれません。だからそれを検証するために、質問をしていきます。

先の例でも、Zさんの**「思い込み」**なのではないかといった見立てや、Zさんには**「職業や仕事に対しての理解不足」**があるのではないかという見立てを説明しましたが、それらは、どれも仮説にしか過ぎないわけですから、本当かどうかをご本人にお聞きしていかなければいけないわけです。

●「見立て」はストレートには伝えず謙虚な質問で検証する

見立て（仮説）を検証するための質問は、謙虚であることが必要です。

謙虚であるとは、見立てはあくまでもこちら側で勝手に考えた仮説にしか過ぎないのだから、それを慎重にお聞きしていかなければいけないということです。

先の例でも、キャリアコンサルタントは、「あなたには、このような思い込みがありますね（それはよくありませんね）」といった発言はしていません。

また、「あなたは企業研究をしたと言っているけれど、本当にしたんですか？　企業がどんな人材を求めているのかについては、どこまで情報収集をしたんですか？（さあ言ってみなさい）」といった発言はもちろんしていません。

あくまでも、事実関係を確認したり、実際にどのようなことが起きたのか、またそれに対してクライエントはどのように思っているかなどを**丁寧に聞いていく**ことが必要なのです。

そうして聞いていく中で、**クライエント自身が、自らの問題に気付いていく**こともあります。それはクライエントの変化につながりますから、望ましいことです。一方、いっこうに気付かないというクライエントもいるでしょう。

また、そもそもキャリアコンサルタントが考えた見立てが誤っていたということも、当然ながらありうるわけです。

クライエントに気づきが起きなくても、また、見立てが違っていたとしても、それはそれでよいと考えてください。仮に見立てが誤っていたとしても、キャリアコンサルタントから発せられた質問や発言には、見立てをベースにした意図（見立てがあっているかどうか検証したいという意図）があるわけですから、仮に「何でその質問をしたのですか」と聞かれたとすれば、それに対して理由を説明できるわけです。意図を持った質問や発言の流れを作っていけるのです。

これが、クライエントの話を「掘り下げる」、あるいは「深掘りする」ことの内容です。

●「見立て」をベースに、気づきや行動の変化につながる質問をする

事例として挙げた面談では、クライエントには「自分は思い込みをしていたかもしれない」といった気付きは、まだ生じてはいないようです。CL11でも、クライエントは以下のように発言します。

>
> エントリーシートを書くときに、少しは先生からアドバイスをもらいました。企業研究もして、その企業にあったエントリーシートにしたつもりです。

キャリアコンサルタントはそれを受けて、CC12で、結果が出た後の先生方とのコミュニケーションの有無を聞いています。

>
> 今回の結果が出てからは、なぜ採用されなかったのかについて、先生や就職支援のスタッフの方などとコミュニケーションを取っていますか。

それまでのクライエントの発言から、先輩や先生など周囲からの情報収集は、それほど行われていないということがわかってきています。したがって、不採用後にもあまり周囲とのコミュニケーションは進んでいないと想像できますが、それをあえて質問しています。

クライエントに「自分はあまり情報収集をしていないかもしれない」ということに対して**より意識的になってもらいたいという意図**が、この質問にはあります。

また、不採用の理由についてなぜ考えようとしていないのか、という素朴な質問をしたいという意図もあるでしょう。クライエントの返答は以下のようなものでした。

CL 12 いいえ。もう鉄道会社には入れないと思って……。

　前に、クライエントは CL05で、秋採用や2次募集の話をしたものの、採用枠も少ないということで後ろ向きな話になっていました。それを持ち出してきたキャリアコンサルタントの発言（質問）が次の CC13です。

CC 13 先ほど秋採用や2次募集の話がでましたが、そこで採用される人数はそんなに少ないのですか。

　この質問の意図は、ここでも「クライエントがあまりしっかりと情報収集はしていないかもしれない」という読みがキャリアコンサルタント側にはあるようです。実際、次のクライエントの発言は以下です。

CL 13 そう聞いています。実際に何人なのかは、年によっても違うだろうし、知りませんが……。

　次の CC14では事実を聞いていますが、キャリアコンサルタントには「何で調べないんだろう。しっかり調べればいいのに」という気持ちがあるかもしれません。しかしここでも、そうした若干**批判的な気持ちを前面に出すのではなく、客観的とも取れる事実確認の質問**をしています（謙虚な質問の例とも言えるかもしれません）。

CC 14 もっとくわしく調べる手立てはあるのですか。

　キャリアコンサルタントのこの質問に対して、クライエントは次の CL14の発言で「学校側に聞く」という具体的な行動を、自ら声に出して言ってくれています。
　クライエントは今まで、あまり積極的に周囲に働きかけて情報を取得していたとはいえないようですので、行動に変化が起きたと言うこともできます。

　次の CC15では、キャリアコンサルタントはすかさず、そうした行動をさらに広げる、あるいは強化するような意図の発言をします。

学校の先輩でも、そうした秋採用や2次募集で採用された人がいるかどうかについてはどうですか。

それに対してクライエントは、そうした先輩がいるかどうかも「学校側に聞く」と言い出します。キャリアコンサルタントの意図は達せられて、クライエントには確かに**今までとは違った行動のきざしが出てきている**わけです。

| column | 「掘り下げた」質問ができるようになるためには普段から練習を |

対面形式で行っている「受験対策講座」で個別に指導させていただいていると、本文で述べてきたような「素朴な疑問」を、「私は思いつかないんです」と言われる方がおられます。

そうような方に対しては、"肯定的関心"をクライエントに対してぜひ持つようにしてください」という話をまずは申し上げます。その方（クライエント）の話を受け入れ、興味を持つようになれば、質問は湧き上がってくると思うからです。

しかし、それではあるべき心掛けを述べただけで、何の解決にもならない場合もあります。

最近では、「普段の生活で、ぜひ他人に関心や興味をいつも以上に持つように練習してください」と述べています。

そして、「いろいろな質問を、ある人に対して、どんどん出していく訓練をしてください」と提案しています。これは考えるだけで、実際にはしなくてもよいのです。

そのようにしていくと、自然と他者に対して「無条件の肯定的関心」や「積極的関心」を持つということが身についてくるようになるはずで、それが面談の時にも役立つと思えるからです。ぜひトライしてみてください。

次の練習問題2は、ここまでの復習となります。

練習問題2

先ほどの面談記録 (p95〜96、🔲 CC06〜🔲 CL17) について、以下の問いに
答えてください。

1 キャリアコンサルタントが行った見立ては、どのようなものでしたか。

〈解答欄〉

2 キャリアコンサルタントは、その見立てを検証するために、どのような質
問をしましたか。

〈解答欄〉

3 その質問によって、キャリアコンサルタントの見立ては、どう検証されま
したか。見立ては当たっていましたか。それとも違っていましたか。

〈解答欄〉

4 キャリアコンサルタントが「見立て」とその検証をする過程の中で、クライ
エントには、何らかの気づきや変化が生じましたか。また、生じたとしたら、そ
れはどのようなものでしたか。

〈解答欄〉

練習問題2 ⬛1   解答

①電車に詳しくて電車が好きな人材を鉄道会社は採用するはずという「思い込み」
が、あるのではないか。

②鉄道会社が、どのような人材を欲しているか、についての情報が不足していると
いう「職業理解の不足」があったのではないか。

練習問題2 ⬛2   解答

面接官の反応を聞いたり（📓CC07）、どのような人材が採用されると思っている
のかを確認したり（📓CC09）、また採用される基準については、先輩や学校側など
から情報を収集しているかどうか（📓CC10、11、12）を聞いている。

練習問題2 ⬛3   解答

電車に詳しくて電車が好きな人材を鉄道会社は採用するはずという考えが、クライ
エントには確かにあることがわかった（練習問題2⬛1解答の①の見立てについて）。

また、クライエントが、採用基準などについて、先輩や学校からの情報を詳しく収
集してきているわけでもなさそうだということがわかった（②の見立てについて）。

練習問題2 ⬛4   解答

もしも鉄道会社に再度応募することになった際には、なぜ落ちたのかについてしっ
かりと見つめていかないといけないという「気づき」がクライエントに生じた。

●キャリアコンサルタントの発言（質問）で展開はまったく違ってくる

　以上の解答は、あくまでも、📖 CC06〜CC17の会話における見立てと、そこから生じたクライエントの気づきについてのもので、この面談が望ましい正解というものではありません。前述したように見立ては、決して1つとは限らず、ほかにも考えられます。

　異なった他の「見立て」をベースにして面談を組み立てていくと、いったいどのような面談になるのかも確認しておいてほしいと思います。それが、次に掲載する記録（逐語録）です。

　ある時点（📖 CC06）でのキャリアコンサルタントの発言が異なれば、面談はまったく異なったものになっていくのです。つまり、面談には1つの正しい正解があるわけではなく、無数にバリエーションがあるのです。その辺りの感触を次からの面談記録（逐語録）で確認してください。

　また、📖 CC17以降、この先の面談がどのように展開していくのかについては、節を改めて解説します。

Ｂ　クライエントの主訴と、キャリアコンサルタントの見立て

　話を巻き戻して、📖 CC06の段階で、もしも〈ウ〉の質問から始まったとしたら、どのような展開になるかを見てみましょう。練習問題の形にしてありますので、トライしてみてください。

練習問題3

　次の逐語録（面談記録）を読んで、その後の質問に解答してください。p86〜87の 📖 CC01からつながっていますが、p95〜96の逐語録とは、CC06から異なった流れのものとなっています（赤色の顔でなく黒色の顔としています）。

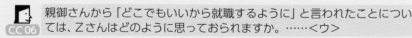

CC 06　親御さんから「どこでもいいから就職するように」と言われたことについては、Ｚさんはどのように思っておられますか。……<ウ>

CL 06　父親からなんですが、すごくきつい口調で「早く就職を決めろ」って言われました。

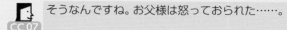

CC 07　そうなんですね。お父様は怒っておられた……。

CL 07 ええ、怒ってましたね。専門学校に行かせたんだから、ちゃんと就職を決めろ。どこでもいいから早く決めろって。

CC 08 どこでもいいから、早く決めろ、……ですか。

CL 08 鉄道会社に入りたいっていう希望は父親も知ってるはずなんですが、受からなかったら、さっさとあきらめて、何しろ早く決めろ、安心させろっていう感じですね。

CC 09 「安心させろ」というのは、どんなことなんですか。

CL 09 もしもどこにも就職が決まらなかったら大変だ、早く内定をとれということだと思います。

CC 10 お父さんは、Zさんに早く働いてほしいと思っている……。

CL 10 そう思ってるみたいです。

CC 11 Zさんとしては、そういったお父さんの気持ちをどのように思っているのですか。

CL 11 うちは自営業で、収入も安定しないところがあるから、早く自分が会社に入って安定した収入をもらうことが大事だって思ってるんです。

CC 12 Zさんとしてもそこは納得している……。

CL 12 ええ。前から言われてきたことですから。

CC 13 では、早くに就職を決めて、親御さんを安心させたい……。

CL 13 もちろん、できればそうしたいですよ……。

CC 14 お母さんは何か言っていますか。

CL 14 ええ。父とは違って、「自分の好きな道に進むのがいい」と言ってくれてます。でも、父親の考えに反対しようという気はないようです。

CC 15 お父さんには、これからも秋採用や2次募集を利用して、鉄道会社を受け続けるとは言い出しづらいということですか。

CL 15 うーん。またこっぴどく怒られそうな気がします。

CC 16 怒られるのは苦手ですか。

ええ。
CL 16

怒られるくらいなら、ほかの業界を受ける方がいい……と。
CC 17

うーん。そうですね……。
CL 17

やはり、鉄道会社に入りたいという思いはあきらめきれないですか。
CC 18

正直言って、あきらめきれてないです……。でも自信がないです。だから他の業界も受けたほうがいいかなぁと思うけど……。でも、どこでもいいというわけではないし……。
CL 18

どこでもいいというわけではない……。もしも鉄道業界ではない、他の業界を受けるとしたら、どこか気になる業界はありますか。
CC 19

うーん。すぐには思い浮かびません。
CL 19

逆に、この業界は気が進まないといった業界はありますか。
CC 20

そうですね。うーん、飲食とか小売とか……、あと営業職も……。
CL 20

飲食業界や小売業界には気が進まず、職種でいうと営業職が気が進まない。
CC 21

1 面談はまだ途中ですが、ここまでの逐語録からわかる、クライエントが訴えている問題は、どのようなことでしょうか。まとめてください。

〈解答欄〉

2 ここまでの面談から、あなたがキャリアコンサルタントとして考える、このクライエントの問題は、どのようなことでしょうか（「見立て」は何ですか）。まとめてください。

〈解答欄〉

練習問題3 **1**　　　　　　　　　　　　　　　　　　　　　　　　　　　解答

　鉄道会社に入って運転士になりたいと思ってきたが、不合格となってしまい、父親からは、どこでもいいから早く就職を決めろと強く言われている。鉄道業界をあきらめきれてはいないが、入れる自信もなく、どうしたらいいか悩んでいる。

練習問題3 **2**　　　　　　　　　　　　　　　　　　　　　　　　　　　解答

　①運転士になる夢を捨てられないが自信もなく、自分自身を見失っている。何が得意なのかなども把握できておらず、自己理解が進んでいない点に問題があると思われる。

　②父親の意向に影響を受けているが、母親も含めて家族内での話し合いが進んでいるようには感じられず、周囲とのコミュニケーション不足という問題があるように思われる。

●「主訴」と「見立て」を区別して把握する

　クライエントが訴えている問題については「主訴」という用語が使われることがあります。この「主訴」は厳密に言うと、面談の冒頭でクライエントが述べた話の内容とは若干違ってくる場合もあります。

　子どもの就職の話で相談にきた女性が、冒頭で話し始めたら、実はご自身の問題のほうが強く相談したい問題だったというような場合です。そこでは、子どもの就職の問題は「来談目的」と呼ばれ、「主訴」はご自身の問題ということになります。来談目的とは、クライエントが相談に来た理由となる問題という意味です。

　通常は、来談目的と主訴は、ほぼ重なっています。

　練習問題3**1**については、多くの人が、上記の解答例のような内容を書かれたのでは

ないでしょうか。

　主訴 (あるいは来談目的) は、クライエントが自ら語っている事柄ですので、比較的把握しやすいと言えます。

　それに対して、練習問題3 **2** の解答は千差万別になります。それは、クライエントが言葉に出して語ってくれていることではないからです。あくまでも**キャリアコンサルタントが考える、あるいは想像する見立てなわけですから、キャリアコンサルタントの数だけ見立てがあってよい**ということにもなります。

　よって、上記の解答は、あくまでも一例です。

　さて、皆さんはどのような見立てを、この逐語録からされたでしょうか。

　見立てをする作業は、慣れないとなかなか難しいことだと思います。しかし私たちは、日常生活でも、実はそれに近いことを行っています。

　例えば、なかなか思うように学校の成績があがらない子どもを見て、「この子には忍耐が足りない」とか、「この子はいつも何とかなると物事を甘く考えすぎている」とか、そんな見方をしていることはよくあります。そうした作業が見立てであると思えば、多くの人ができそうだと思えるのではないでしょうか。

　ただし、はじめてお会いしたクライエントと、少しの時間接しただけで見立てをするのですから、**しっかりした観察力は求められる**でしょう。

　私たちキャリアコンサルタントが見立てをするときに、その歩み出し (きっかけ) として使うことがある、4つのキーワード (視点) を次に述べてみます。

●「見立て」を4つの視点から考えはじめてみる

　クライエントを「見立て」るときの、発想のきっかけとして、次の4つの視点が語られることがあります。

> 「見立て」を考える際の歩み出しのための4つの視点
> 　1. 自己理解の不足
> 　2. 職業・仕事理解の不足
> 　3. 周囲とのコミュニケーションの不足
> 　4. 何らかの思い込み

1. 自己理解の不足

このクライエントは、**自分のことがよくわかっていないのではないか**という見立てです。例えば、「本当は何がしたいのかがよくわからない」「この先どのようなキャリア形成をしていったらよいのかがわからない」といった場合です。このようなクライエントは実際に多くいます。

練習問題3**2**の①の解答例では、そうした「見立て」がなされています。そのような見立てをしたのであれば、その後の面談は、Zさんが「本当は何がしたいのか」について自身で認識できるようになっていくことを支援していくという流れになります。

2. 職業・仕事理解の不足

このクライエントは、**職業や仕事について、いまひとつ理解が足りないのではないか**と見立てることです。

今回扱っているZさんの事例では、鉄道会社へ入りたいとの夢を語っているZさんですが、実際に鉄道会社での仕事がどのようなもので、そこではどのような人材が求められているのかという情報が不足しているようにも思われました。そのように見立てをするのが、この「職業・仕事理解の不足」です。

3. 周囲とのコミュニケーション不足

会社などの組織であれば、上司や同僚、部下、あるいは会社側（例えば人事部）との**話し合いが足りないのではないか**といった見立てをするということです。

練習問題3**2**の②の解答例でこの例が扱われています。「Zさんが今後どうしていくかを決める上で、父親の意向はかなり影響が大きいようだが、お父さんやお母さん（どちらかというと息子よりの意見をもっているようにも感じられる）とのコミュニケーションはそれほど取れているとは思えない。そこが、Zさんが意思決定をするにあたって問題となる」という見方も確かに成り立つと思われます。そこで、この3. のような見立てになったわけです。

4. 何らかの思い込み

様々なバリエーションが考えられますが、**クライエントがある考えに固執しているのではないか**といった見立てをするということです。

Zさんの例では、「電車のことをよく知っている人こそ鉄道会社に採用されるにふさわしいといった考えがあるようだが、もしかしたらそれはZさんの思い込みかもしれな

い」と考えるという見立てです。

4. の「思い込み」については、学科で勉強してきた論理療法や認知療法における知見が役立つ場合もあります。

論理療法を提唱したアルバート・エリスによれば、非論理的な信念（イラショナル・ビリーフ）として「ねばならない信念」「悲観的信念」「非難・自己卑下信念」「欲求不満低耐性信念（我慢できないとすぐに思ってしまう）」が挙げられています。

また、アーロン・ベックが発表した認知療法の中では、「認知の歪み」という言葉で下表のような例が挙げられます。これらは、「思い込み」と同様の内容と捉えることができます。つまり、思い込みは非常に多岐にわたる内容を含んでいると言えます。

認知療法における代表的な「認知の歪み」

選択的抽出	文脈の中から一部分だけ取り出し、状況全体の重要性を見失うこと。悪い側面だけ取り上げて考えてしまう。
恣意的推論	証拠がないにもかかわらず、否定的・悲観的な結論を出してしまうこと。
過度の一般化	一部分だけ取りあげ、すべての事柄にあてはめること。
拡大解釈や過小評価	失敗を拡大解釈したり、成功を過小評価すること。
自己関連づけ	わずかな情報を、自分に関連づけること。
分極化思考	白か黒か、良いか悪いか、両極端に考えること。

● 「見立て」は複合していたり誤りのこともある、あくまでクライエントに即して考える

「見立て」を考える際の４つの視点を述べましたが、これを金科玉条として、**どれかに無理矢理に当てはめようとするのはやめてください。**

４つの視点は、あくまでも「見立て」を考える際の、１つの目安として述べているだけです。

実際には、４つの視点のうち、２つ以上の視点が複合しているような場合もあるでしょう。Ｚさんの例では、「鉄道会社が求めている人材像についての情報を、Ｚさんが得ていないかもしれない」という職業・仕事理解の不足は、Ｚさんが思い込んでいる「鉄道会社は自分のような鉄道のことをよく知っている人材を採るに違いない」という

思い込みに端を発していることかもしれません。

　また、4つの視点のキーワードでは、クライエントの問題を把握しようとした際に、今ひとつしっくりこないということも往々にしてあると思います。

　単に「4つのうちのどれか」といった宝探し的な四肢択一で考えるのではなく、**あくまでもクライエントに即した形での見立てをしてほしい**と思います。したがって、練習問題3 **2** の解答については、皆さんが考えたどのような見立てであってもよいということになります。

●主訴と見立てを間違えないようにしよう

　「見立て」と、クライエントが自ら語っている「主訴」とは、取り違いを起こさないようにしてください。

　例えば、「このクライエントは、採用試験に受からずに自信をなくしている点が問題である」、あるいは「思いどおりに就職活動がうまくいかず、クライエントは自己効力感を低下させていることが問題である」と、練習問題3 **2** に解答した人がいるとします。

　この自信喪失や自己効力感の低下は、はたして見立てでしょうか。確かにクライエント自身が「自己効力感の低下」といった言葉を語っているわけではありませんが、これらはどれも**クライエントの現状を表現を変えて述べているだけで、すでに「クライエントが思っていること（わかっていること）である」**と言えます。

　したがって、「見立て」というよりは、「主訴」の一部と考えたほうがよいでしょう。

●「見立て」は検証を通じて面談を先に進め、クライエントに気づきをもたらす

　自信喪失や自己効力感の低下は見立てではない、という話をしましたが、それは以下に述べるような観点からも言うことができます。

　なぜ、見立てのことを何度も述べているかというと、それが面談を進めていく原動力になるからです。つまり、**見立てをしたことをベースとして、キャリアコンサルタントは、その先の面談を組み立てていくことが多い**のです。逆に言えば、**見立てがない面談は、迷走してしまう**ことにもなりかねないのです。

　見立ては、キャリアコンサルタント側が考えた仮説に過ぎませんから、当然、検証を

します。この検証作業は、その後の質問を生み出します。意図を持った質問や発言につながるのも、見立てがあってこそです。前に「意図を持った質問をしてください」と言いましたが、見立てをするということは、まさに意図を持った質問をすることにつながるのです。

見立てがベースにあると、面談に筋ができます。話があちこちに飛んでしまい、キャリアコンサルタントが何をやっているのかわからなくなるといったことが少なくなります。

と同時に、**見立てをベースとした質問をしていく中から、クライエントに何かを気づいてもらえる可能性も出てきます**。例えば、「自己理解の不足ではないか」という見立てから、いろいろな質問をしていくことを通じて、そのクライエントに今までは思ってもいなかった自己に対しての新たな認識が生まれてくるといった、気づきが生まれる可能性があるのです。

このような観点から見ると、検証するための質問が生まれないものや、そこからクライエントの気づきにもつながらないものは、見立てとは言えないということになります。

自信喪失や自己効力感の低下がもしも見立てだとするならば、そこからは検証のための質問が生まれるはずですし、気づきにつながる可能性が感じられるはずですが、どうでしょうか。

まず検証することは何になるでしょうか。本当に自信喪失しているかどうかを検証するということかもしれませんが、本人がすでに「自信がない」と語っているとしたら、検証は終了していると言えます。

例えば、先のZさんの「鉄道会社ではどのような人材を求めているのかという情報の収集が不足しているかもしれない」（職業・仕事理解の不足）という見立てであれば、本当にそうなのかどうかを検証する質問がありました。またそこからは、実際にはそうした情報を正確には得ていないという気づきが生まれる可能性がありました。

自信喪失を見立てとしたときには、そのようなことが想定できないように思われます。

C 「見立て」を原動力として面接を進める

　今までに掲示した逐語録には、まだその先があります。キャリアコンサルタントが、このクライエント（Zさん）への見立てを、「何が得意なのか等も把握できておらず、自己理解が進んでいない点に問題がある」（自己理解の不足）としたら、それより先の面談は、この見立てを原動力として進んでいきます。

　このクライエントには本当に「自己理解の不足」があるのか、それを検証していくようになります。また、そこから何らかの気づきをクライエントが得られるような面談になっていきます。

練習問題 4

次の逐語録（面談記録）を読んで、その後の問いに答えてください。

 CC 21 飲食業界や小売業界には気が進まず、職種でいうと営業職が気が進まない。

 CL 21 ええ。

CC 22 それは何か理由がありますか。

CL 22 そうですね。あまり人と直接に話をするのが、苦手というか……。

 CC 23 人と直接的に対面して話をするのが苦手なのですか。

 CL 23 はい。今までにそのような経験をしたことはあまりないし、そもそも鉄道会社に入って、運転士になるのが夢だったので……。

 CC 24 鉄道会社でも人と接する仕事は多いはずだとは思いますが……。

 CL 24 運転士になるには、コミュニケーション力はあまり必要ないんじゃないかと……。

CC 25 鉄道会社でも、最初から運転士になれるわけではないと思っていますが。

 CL 25 ええ、それは知っています。駅員や車掌になってから運転士になっていきます。

最初は駅員としての仕事もするのですね。

はい。

先ほどは、鉄道業界以外にはとくに考えている業界はないということでしたが、仕事としては、人と話すことが多くない仕事がいいということになりますか。

そうですね。

人と話すことが多くない仕事ということでイメージできるものはありますか。

機械を使う仕事とか……。

機械の操作をしたり、修理やメンテナンスをするような仕事ですか。

そうですね。

そうした機械を扱うようなこととの接点は、今までにもありましたか。

ええ。学校の授業の中で、電気工事や機械工学のことを習いましたが、そうした授業で機械を使いました。

そうした授業は、どうでしたか。楽しく感じられましたか。

マナー研修や語学の授業よりは楽しく感じられました。

そうなんですね……。Zさんがいま通っている専門学校では、就職先としては、皆が鉄道業界に進もうとしているのですか。

いいえ、「電子・電気科」というところなので、機械を作っている会社とか、通信会社、鉄道の部品メーカーなどを目指している人もいます。

Zさんとしては、今までにそうした進路はとくに考えたことはなかった……。

ええ、鉄道会社一本で考えてきましたから。

機械を作っている会社や部品メーカーなどからの求人の状況や、応募や就職のスケジュールはどうなっているんですか。大手鉄道会社では、秋採用や2次募集しか選択肢はもうないという話でしたが。

CL 34　スケジュールのことはよくは知らないですが、求人している企業数は、鉄道会社よりは断然多いです。

CC 35　Zさんとしては、そうした企業も就職先の候補として、選択肢に入れてみるということはどうですか。

CL 35　そうですね。早く就職先を決めないと父親も怒るでしょうし、そっちの方向も考えたほうがいいのかもしれませんね。

1 この面談記録の中で、キャリアコンサルタントが、クライエントに対して行った見立てを検証していると思われるところはどこですか。

どのような見立てに対して、どのような質問で検証をしようとしているかを解答してください。

〈解答欄〉

2 キャリアコンサルタントの見立てを検証するために発せられた質問によって、見立てはどう検証されましたか（見立ては当たっていましたか）。

〈解答欄〉

3 キャリアコンサルタントが見立てとその検証をする過程の中で、クライエントには、何らかの気づきや変化が生じましたか。また、それはどのようなものでしたか。

〈解答欄〉

練習問題4 1   解答

　クライエントは、何が得意なのかもわからず、自己理解が足りていないのではないかという見立てに沿って、まず気が進まない業界や職種について、その理由を聞いている。機械を扱う仕事については、楽しかったかどうかを聞くことで、自己理解を深めようとしている。

練習問題4 2   解答

　自己理解が足りていないのではという見立てについては、クライエントは人と接する仕事は苦手だという認識を語ってくれていて、不得意なことについては認識しているということがわかった。

練習問題4 3   解答

　「人と話すことが多くない仕事としては何をイメージするか」を聞くことで、「機械を使う仕事」という言葉を引き出すことができており、また「機械を使った経験は楽しく感じられた」との発言があるなど、自己理解が深まってきている。自分はその方面に向いているかもしれないという気づきも生じつつあるように思われる。

● 「見立て」をきっかけとして話を掘り下げていき、気づきに至る

　クライエントは何が得意で何が不得意なのかといった自己に対しての理解も不足しているのではないかという見立てを出発点として、質問がくり出されています。

　📙CC22で、なぜ飲食や小売業界、また営業職はイヤだと思っているのかの理由を聞き、「人と直接に話をするのが苦手」というクライエントの自己認識を引き出しています。

　そこで「でも鉄道会社に入れば、最初から運転士になれるわけではなく、人と接する仕事も多いのではないか」という疑問がキャリアコンサルタント側に生じ、それについての質問が📙CC24、25、26でなされています（📙CC26は確認のための繰り返し）。

　最初は駅員としての仕事などもするので、人と接するのが苦手では鉄道会社としても採用しづらいのではないかという矛盾点が見えてきましたが、キャリアコンサルタントはその点を、「なぜそのことに思い至らなかったのですか」といった形で深く追求す

ることはしていません。

　おそらくそう追求的に聞いていっても、🔲CL24のような応答が返ってくるだけと考えたのでしょう。しかし、🔲CC24〜26の発言の辺りで、鉄道会社に入れば最初から運転士になれるわけではなく、駅員の業務などもしなければいけないわけで、コミュニケーション力は必要という点をクライエントと一緒に確認したことによって、次の質問（🔲CC27）の伏線としているようにも思えます。

　🔲CC27は、「前は鉄道会社以外とくに考えている業界はないと言っていたが、人と話すことが多くない仕事がよいということになりますか」と一種のツッコミを入れることで、クライエントの肯定を引き出しています。

　これはクライエントの自己理解を進めている質問であると言えます。🔲CL26までのやりとりで、クライエントは鉄道会社でもコミュニケーションは必要ということを確認しており、もしかしたらその辺りに自分が落ちた理由があるかもしれないとうすうす気づき始めているかもしれないので、ここでは「そうですね」（🔲CL27）が、少しスムーズに出てくるようになっているとも感じられます。

　次の🔲CC28は、ずばり人と話すことが少ない仕事として何かイメージできるものはないかという質問ですが、幸いなことにクライエント自らの口から「機械を使う仕事」という言葉を引き出すことに成功しています。**このように、クライエントが何らかの気づきを得て、今までとは違う「変化」につながる言葉を自ら語ってくれる**ことは一つの理想形です。

●キャリアコンサルタントはクライエントと一緒になって考える

　もしも、そのようなクライエントからの発言が出てこなかった場合には、キャリアコンサルタント側としては、どうするでしょうか。

　一般論としては、**クライエントと一緒になって考えます。あたかもこのクライエントになったかのように、一体となって何がイメージできるかを考える時間があってよい**でしょう（そこでは沈黙の時間が流れることもあります）。クライエントが何か先に言い出すかもしれませんが、もしキャリアコンサルタント側でも、一緒に考えていた結果として何かに思い至れば、それを「○○などはどうですか」といった形でクライエントに伝えてみるということになります。

CC29〜31は、「機械を扱う仕事」について、今までに接点があったかどうか、また機械を扱う授業は楽しかったかどうかを聞いていますが、これも自己理解を深める意図を持った質問と言えます。

　「楽しく感じられた」のならば、もしかしたらその辺りに自分としては得意な（あるいは好きな）分野があるのではないかという気づきも得られたように思われます。

　CC32〜35のキャリアコンサルタントの発言は、CC35でクライエントに鉄道会社以外の企業も受けようと思うかどうかを質問するまでの前段階の質問です。

　鉄道会社ではない、機械を扱うような企業へ就職する人がどのくらいいて、また求人はどのくらいあるのかを客観的に聞くことで、どの程度就職の可能性があるのかを把握した上で、CC31の質問につなげています。CL35のようなクライエントからの発言は、キャリアコンサルタントが落とし所として想定していたことにかなり近い形だったのではないでしょうか。

　ここで見てきたのは、内容的には今までに述べてきたことと同じです。見立てをきっかけ（出発点）にして、クライエントの話を掘り下げていき、そこからクライエントが何らかの気づきに至れるようにサポートするというものです。

　ただし、p95のCC06から始める逐語記録と、p106のCC06から始まる逐語記録では、見立てが異なっていたので、その後の展開も異なり、また気づきも違うものになりました。その辺りに着目してください。

「見立て」をドライブにして話を掘り下げていき、そこからクライエントの方が何かに気づいてくださるなら、それが面談の成功！

チェック項目
問題の把握と話の掘り下げ

A クライエントの話を掘り下げる

□□□ クライエントの話を「掘り下げる」ことを意識した面談を心掛けており、まずはクライエントの話に沿う形で（事前に質問などを用意などしていない）面談をしようとしていますか。

□□□ 「掘り下げ」をしていくためには、クライエントに対して「無条件の肯定的関心」を抱くことが重要だということを理解しており、「ちょっと変だな」とか「話が矛盾しているのでは」などと、クライエントの話を聞いて思うことができますか。（「疑問」をもつことができますか）

□□□ 上記の「疑問」をベースとした意図をもった質問ができますか。

□□□ クライエントの問題を「見立て」、その見立てをベースとした謙虚な（命令や指示などにならないような丁寧な）質問ができますか。

B クライエントの主訴と、キャリアコンサルタントの見立て

□□□ クライエントが語る「主訴（来談目的）」とキャリアコンサルタントが考えた「見立て」を区別して捉えることができていますか。

□□□ 見立てる際の歩み出しとしての4つの視点を踏まえて、見立てをすることができますか。

C 「見立て」を原動力として面接を進める

□□□ 「見立て」はキャリアコンサルタントによって異なってくること、それによって面談の展開は違ったものになっていくことを理解していますか。

□□□ 「見立て」を原動力（きっかけ）として、意図をもった質問をしていき、面接を先に進めていくことができますか。

5 面談のクロージングに向けて

**合格への
オリエンテーション**

　本節では、ロールプレイ（面接）の終盤および終結時のことを扱います。

　実際の試験では、15分（技能士2級の場合には20分）という時間内には、終結までは行かない場合の方が多いようです。なぜなら、試験ではなく実地で行われているキャリアコンサルティングが、15〜20分程度で終わるということは稀だからです。

　しかし、本節で扱う内容は重要です。ここで扱う「要約」のスキルは、ぜひ身につけていただきたいものです。また、終結に向けてのイメージをキャリアコンサルタントが持てている場合の方が、面接自体も良いものとなる可能性が高いと言えます。さらに、面談終了後に行われる「口頭試問」では、「もしも時間がさらにあったならば、どのように展開しますか」という質問が出されることが多いので、そのための対策という現実的な必要性もあります。

　注意点として、本節で扱う「要約」や「目標の設定」、「方策の実行」などは、必ず試験時間内でしなければならないものとは考えないでください。終結に向けて面談を急ぐことが、面接自体を壊してしまうこともあるからです。

Ａ 目標の設定とシステマティック・アプローチ

　面談も終結に近づいてきた段階での逐語録を以下に掲示します。クライエントの問題の解決に向けて、何なりかの行動をクライエントが起こせるようになればよいと思われますが、果たしてそのようになっていくでしょうか。

　いつものように、練習問題の形式となっていますので、トライしてみてください。

練習問題 1

次の逐語録（面談記録）を読んで、その後の質問に解答してください。（面談は、前節の 🔲 CL35 (p117) から続いているものですので、その全体をみて解答してください。）

CC 36 先ほど、お母さんの話もちょっとでましたが、家の中で、Zさんの就職の話は、どのように話されているのですか。

CL 36 ただ父親が怒っている、ということですかね。

CC 37 お父さんとお母さんとZさんと3人で話す、といったことはない……。

CL 37 ええ。3人で話し合うといったことはないです。

CC 38 それは何か理由があるのですか。

CL 38 父親は自分の言いたい事だけを言う人ですから、母親も話してもしょうがないと思っているんじゃないですか。

CC 39 それはZさんも同じように思っている。

CL 39 はい、父親には何を言っても通じないんじゃないかと……。

CC 40 今回の就職の件でも、そうなんですか。

CL 40 そうですね。とくに話し合う、ってことはないです。ただ父親は早く就職先を決めろ、って怒ってるだけですから。

CC 41 するとZさんとしては、何しろ早く決めて、その結果だけを伝えようとしている……。そんな感じですか。

CL 41 そういうことになりますかね。

CC 42 でも、それだと、今日明日にすぐに就職が決まるというわけではないでしょうから、またいつ怒られるかわからない、ということにはなりませんか。

CL 42 えーー、そうですね。気が重いですね。

お父さんには、どこを受けてます、とか、今はこんな方針で考えています、とかいった経過だけでも報告していくということはどうですか。

 ええ、そうした方がいいかもしれないですね。

 お母さんに対してはどうですか。

 報告ならば、一緒にしてもいいかもしれないですね。

 どこを受けています、とか就職に向けての方針はこうです、というその内容については、どうですか。どんなことを報告できそうですか。

 そうですねぇ。求人数が多い、部品メーカーや機械メーカーにも広げて応募するつもり……って言えば父親も納得するかなあ……。

 鉄道会社の秋採用や2次募集のことはどうしますか。

 できれば受けたい、とは話したいんだけれど……。

 そうですね。何か引っかかることがありますか。

 まだ鉄道会社があきらめきれないのか、おまえは、とか言われて怒られるんじゃないかなあ、って思って……。

 ただ今度は、鉄道会社以外も視野に入れて、実際に応募する、あるいは既に応募している、ということも一緒に話すわけですよねぇ。

 そうですね。前よりも安心はするかもしれませんね。

1 上記の面談のなかで、今後クライエントが、どのような行動を起こしていくか、という点について、何なりかの進展があったでしょうか。その内容（クライエントが今後起こす行動）について、記述してください。

〈解答欄〉

2 前節の最後に示した逐語録（▣CC21〜▣CL35）(p115〜117) の面談のなかでも、上記の設問と同様に、今後クライエントが、どのような行動を起こしていくか、という点について、どのような進展があったでしょうか。その内容

1-5 面談のクロージングに向けて

（クライエントが今後起こす行動）について、記述してください。

〈解答欄〉

練習問題1 1　　　　　　　　　　　　　　　　　　　　　　　　　　解答

　鉄道会社以外への応募を含めて、現在こんな就職活動をしている、という話を親にしていくようにする。

練習問題1 2　　　　　　　　　　　　　　　　　　　　　　　　　　解答

　鉄道会社以外の企業、例えば機械を作っている会社や部品メーカー等も就職先候補として今後は考えていく。

●クライエントに行動の変容や認識の変化が起きることが大事

　解答例についての説明を行う前に、この ❏ CC36から ❏ CL48までの流れを一通り振り返ってみます。

　❏ CC36からの質問は、「父親の意向に影響を受けているが、母親も含めて家族内での話し合いが進んでいるようには感じられず、周囲とのコミュニケーション不足という問題があるように思われる」という「見立て」が出発点になっているものです。

　❏ CL42までの応答を見てくると、「見立て」はほぼ当たっていた、と言えそうです。キャリアコンサルタントが質問をしていくなかで、このクライエントの家庭の状況についての情報がいろいろとわかってきていますが、クライエントは両親とコミュニケーションをあまりとれていない、ということが発言からわかってきます。

　❏ CC43は、一種の「提案」となっています。面談の後半部分においては、「積極技法」と呼ばれる、こうした提案がキャリアコンサルタントからなされることもありますが、**理想的な形は、クライエント自らが、「そうしたい」という意思を表明してくれることです**。「積極技法」については、改めて後述します。

　この面談の一連の流れのなかで、気づきはクライエントに生じているのでしょうか。

125

クライエントは、「自分は父親や母親とうまいコミュニケーションは確かにとれていなかったな」とは気づかなかったかもしれません。

　しかし、そもそもなぜ「気づき」が重要かと言えば、**気づきによって、行動の変容や意識・認識の変化が起きる**からです。この面談では、そうした行動の変容が起きているのですから、「自分は両親とコミュニケーションが不足していた。反省しなくては。」などという、言葉に出して言える明示的な気づきは、とくになくてもよい、とも言えるのです。

　ここで見られる「行動の変容」とは、今までは、父から怒られるばかりで、これといった話もしていなかったのを、これからは、状況を伝え、コミュニケーションをとっていく、というように、クライエントの行動が変わっていくことです。

　あえて言えば、そのように行動が変わっていった背景には、「今までは怒られるだけで、こちらからコミュニケーションしていなかったな」というクライエントの（明示的に言葉に出されたものではないが）ある種の気づきがあったと言えます。そうした気づきによって、クライエントは納得し、行動を変えようと思うようになった、とも言えるのです。

●理想的な面談では「目標の設定」がなされる

　逐語録を通して親ともっとコミュニケーションをとっていくという、今後のクライエントの行動が見えてきています。

　これは言葉を換えれば、（少々おおげさな言い方かもしれませんが）「目標の設定」と言ってもよいものです。親との間でコミュニケーションの不足があるのではないか、という見立てから始まって、クライエントが目標（今後の行動）を決めるところまで面談が進んできた、と言えます。

　さかのぼりますが、前節の最後で示した逐語録（🔁CC21〜🔁CL35）でも、同様に「目標の設定」がなされていました。それは、練習問題1 **2** の解答例にあるように、鉄道会社以外の企業も応募先としてとらえていく、というものでした。

　このように、**面接の終盤では、「目標の設定」がされることが望ましい**面談のあり方です。

●「システマティック・アプローチ」の6段階

　「システマティック・アプローチ」という面談の流れを示す方法論があります。キャ

1-5 面談のクロージングに向けて

リアコンサルタントのなかには「私はシステマティック・アプローチに基づいて、いつもカウンセリングを行っています」という人もいます。よく使われているカウンセリングのやり方（流れ）です。

　次に示す図では、左側に記載のある縦の流れ（赤色の四角）が、「システマティック・アプローチ」です。カウンセリングの開始から始まって、ケースの終了まで、6段階の流れとなっています。

　これを、資格試験に即して考えてみると、実技の面接（ロールプレイ）試験で行うのは、2つ目の「問題の把握」や3つ目の「目標の設定」まで、あるいは4つ目の「方策の実行」までとなります。

▼「システマティック・アプローチ」の流れと「問題の把握」部分で行う事

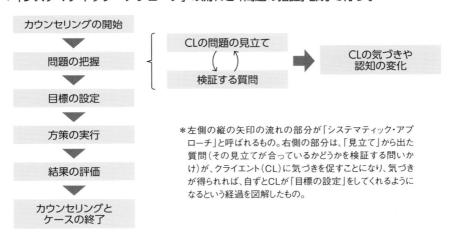

＊左側の縦の矢印の流れの部分が「システマティック・アプローチ」と呼ばれるもの。右側の部分は、「見立て」から出た質問（その見立てが合っているかどうかを検証する問いかけ）が、クライエント（CL）に気づきを促すことになり、気づきが得られれば、自ずとCLが「目標の設定」をしてくれるようになるという経過を図解したもの。

　面談のなかで、**クライエントと目標を共有するところまで行ければ、それが「目標の設定」**となります。その次の**「方策の実行」は、その目標の達成に向けて、クライエントがどのような方策を行うかを一緒に考える**という段階です。設定した目標を達成するための行動計画を作ることでもあります。実際の面談の場合には、この行動計画の策定が非常に重要な事柄となりますが、15分や20分の面談ロールプレイの試験時間内に、無理にそこまで行こうとする必要はないと思っています。

　方策を実際に実行してみたら、どうだったか、などについて再度面談をするのが「結

果の評価」となります。結果が思わしくないような場合には、再び「問題の把握」から「目標の設定」、「方策の実行」、「結果の評価」という流れを繰り返すこともありますが、クライエントの問題が解決すれば、そこで「カウンセリングとケースの終了」となります。

●面談を急いで、クライエントとの関係が崩れてしまってはいけない

試験時間15分（2級技能士試験ならば20分）のなかでは、「問題の把握」までしか行かず、「目標の設定」や「方策の実行」はできなかった、ということも往々にしてあります。しかし、それは仕方のない場合もあります。クライエントとの間でしっかりと関係構築を行い、じっくりとクライエントの話を聞いて、掘り下げる質問をしていたら、面接時間が終わってしまった、といった場合です。

「システマティック・アプローチ」でいえば、「問題の把握」の段階までしか行っていないわけですが、それでもキャリアコンサルタントとしての面談スキルは見極められましたので合格です、というパターンは実際のところ多いようです。心配は無用、と思ってください。

逆に**「目標の設定」や「方策の実行」まで急いで行こうとして、クライエントとの関係がぎくしゃくしてしまったりすることの方が危険**です。重要な関係構築（ラポール形成）が崩れてしまったのですから、そのことで不合格になる、というリスクが発生してしまうからです。試験時間内に「目標の設定」まで行かなければならない、と考えること自体がリスクであり、「型」に嵌めようとしている、とも言えます。そのような面談はしないようにして頂きたいと思います。

試験官が、着目しているのは、次のような点ではないか、と私は考えています。それは、受験者には、クライエントの問題を「見立てる」力があるかどうか、またそれを適切な質問をして検証できるかどうか、またそうした過程を通じて、クライエントが何なりかの気づきを得たり、あるいは考え方やものの捉え方に変化が生じるようになったかどうか、といった点です。もしも気づきや、意識・認知の変化がクライエントにあれば、そこから「目標の設定」が自然と可能になってくるに違いない、と私は考えています。

その辺については、先の「システマティック・アプローチ」の図のなかで、縦のラインとは別に、横に示しました。「問題の把握」の段階で行うべき事柄として「クライエントの問題の見立て」と「検証する質問」の繰り返しがあり、そこから「クライエントの気づきや認知の変化」が起きるので、「目標の設定」にも至れるようになる、という流れです。

●目標設定についての合意を取る

　練習問題に戻ってみましょう。クライエントに、幾つかの気づきが生じ、それを踏まえて、「こんなことをして行きましょう」という話も出てきていました。「目標の設定」まで段階が進展してきているわけです。

　そして、キャリアコンサルタントは、クライエントとの間で、その目標（今後の行動）についての合意を取ろうとしている、ということが読みとれたでしょうか。

　このキャリアコンサルタントは、あからさまに「両親に話すということ（目標）でよろしいですね」といった話し方や確認の仕方はしていません。しかし、例えば ⬛CC48 のように、「今度は、鉄道会社以外も視野に入れて、実際に応募する、あるいは既に応募している、ということも一緒に話すわけですよねぇ」と、**クライエントが今後行おうとしている行動（目標）を後押しするような発言をして、そうした目標設定についての合意が図られるように、もっていっています。**

B 「提案」などの積極技法の扱い

●提案的な発言は「方策」面でのポイントとなる

　クライエントが「両親に話す」という目標設定や「経過を伝えていくようにする」という具体的な方策に至るようになるプロセスでは、キャリアコンサルタントの ⬛CC43 の発言が、ポイントとなっています。ここでキャリアコンサルタントは、「お父さんには、どこを受けてます、とか、今はこんな方針で考えています、とかいった経過だけでも報告していくということはどうですか」と発言し、一種の「提案」をクライエントにしています。

　一般論としては、キャリアコンサルタントは、できる限り「提案」はしないということになっていますが、以下では、このようなキャリアコンサルタント側からの「提案」的な発言について、考えてみます。

●アイビイの「積極技法」における助言や意見

　本書で何度か引用しているアイビイの三角形（p29）では、中段より少し上に「積極技法」という表現が見られます。これは学科試験でも出題される内容で、下記の表に示される内容を指します。

▼表：積極技法の一覧表（および「対決」技法）

技法	定義	ねらい
指示	クライエントにどんな行動をとってほしいかを明確に示す	クライエントが課題を理解し、行動を確実にできるように助ける
論理的帰結	クライエントの行動で起こりうる結果を良否にかかわらず伝える	行動の結果を気づかせ将来に向けての選択につなげる
自己開示	カウンセラーの考えや感じ、個人的な経験などを伝える	クライエントの自己開示を促し、行動変容のためのよいモデルとなる
フィードバック	第三者がクライエントをどうみているかを伝える	クライエントの自己探求、自己吟味を促す
解釈	状況に対しての一つの観点を伝える	クライエントが別な観点や枠組みで考えることを促進する
積極的要約	カウンセラーの言った事や考えた事を要約して伝える	カウンセラーの発言にクライエントが協力したり、整理して頭に入れよく理解できるようになる
情報提供、助言、教示、意見、示唆	クライエントにカウンセラーの考えや情報を伝える	新しい助言や新しい情報に、クライエントの目を向けさせる
対決	クライエントの行動、思考、感情、意味における不一致、矛盾、葛藤を指摘する事（かかわり技法や積極技法との組み合わせで用いる）	矛盾の説明、またその解決策についてクライエントが意見を表明するのを促進させる

『マイクロカウンセリング』（アレン・アイビイ著）より

🔲CC43 でのキャリアコンサルタントの発言は、1行目の「指示」というほど強いものではありませんが、7行目にある「助言、教示、意見、示唆」にあてはまるものです。「提案」と言い換えてもよいでしょう。

アイビイが「積極技法」として挙げているものは、一覧表でもわかるように、複数の技法にわたっており、アイビイ自身も「積極技法だけで一冊の本になる」と述べているほどですので、ここでは詳しく説明しませんが、**積極技法で意図されているのは、「直接的にクライエントに影響を与える」こと**、と説明されます。

アイビイの三角形で「積極技法」よりも下に位置付けられている「基本的かかわり技法」が、「間接的にクライエントに影響を与えている」のに対して、積極技法は「直接的に」影響をクライエントに与えるものである、とされます。

アイビイは、「カウンセリングや面接は、人間が人間に影響を与える過程である」と明確に述べており、その影響が、直接的になっている場合が「積極技法」と名付けられているわけです。

確かに、「お父さんには……（中略）……経過だけでも報告していくということはどうですか」と謙虚な言い回しではありますが、キャリアコンサルタントの「意見」が述べられており、これは、「助言」や「教示」、「示唆」ともとれますので、「直接的に」クライエントに影響を与える発言と捉えられます。

●指示や命令は原則として行わない

15分や20分の面接ロールプレイ試験との関わりで語れば、できることならば、こうした「積極技法」は用いない方がよい、と一般的には言われています。

理由の一番目は、限られた面接時間内では、積極技法を使うような段階までは、行かないことが普通だから、というものです。アイビイの三角形で言えば「基本的なかかわり技法」までで十分であるということになります。

二番目の理由は、**クライエントに「指示」や「命令」をすることは一般的に強く戒められている**からです。カウンセラーやキャリアコンサルタントは、ロジャーズが述べた3原則を必ず学んでいます。そのなかの「受容」と「共感」を体現しようとすれば、そして「傾聴」の姿勢をとれば、そこには指示や命令といった対応は普通は出てこないはずだ、という理由からです。

よく語られる小咄があります。「企業の部長クラス経験者は、試験に受からない」というものです。企業内でマネージャークラスにあった方は、指示や命令を部下にしてきており、そうした姿勢が癖になってしまっていると、それを修正しない限り、面接試験には合格できない、という話です。これは一つの都市伝説でもありますが、説得力はあります。指示的な面談をついついしてしまい、何度も試験に合格できない、という方は、実際おられます。

●指示、命令的面談では、クライエントは納得しない

なぜ、指示・命令的な面談が良くないか、という点については、明確にその理由を述べることができます。

面接の意図が、クライエントに影響を与える事である、というアイビイの言説は、もちろんその通りですが、「影響」とは、クライエントが行動を変えたり、意識や認識

を変えることです。ではどうしたら、クライエントは、そのように行動や意識・認識を変えてくれるのでしょう。

これは私の個人的な体験ですが、実は私もカウンセリングを始めた初期の頃は、クライエントに「あなたはこうした方がいい、こうしなさい」といった発言をよくしていました。しかしほとんどの方が、その指示には従ってはくれませんでした。そうした失敗から学んだ点は、クライエント本人が納得して、「そうだ、自分はここを変えなければいけないんだ」と自身で思うようにならない限り、「クライエントが変わる」ことはない、という点です。

逆にクライエントが、本当に腑に落ちれば、クライエントは、放っておいても変わろうとするものです。そのことに気づいてからは、私も指示・命令的な面接は行わないようにして、**クライエントが自ら何らかの気づきを得て、自身で「変わらなければ」と思えるようにサポートする**にはどうしたらよいか、どのような質問をどのように組み立てたらよいか、ということに注力するようになりました。

では、なぜ CC43の積極技法は、許されるのでしょうか。もう少し詳しく見てみると、その直前の会話は以下のようになっています。

CL 40 　そうですね。とくに話し合う、ってことはないです。ただ父親は早く就職先を決めろ、って怒ってるだけですから。

CC 41 　するとZさんとしては、何しろ早く決めて、その結果だけを伝えようとしている……。そんな感じですか。

CL 41 　そういうことになりますかね。

CC 42 　でも、それだと、今日明日にすぐに就職が決まるというわけではないでしょうから、またいつ怒られるかわからない、ということにはなりませんか。

CL 42 　えーー、そうですね。気が重いですね。

●クライエント目線の提案ならば納得されやすい

自分の言いたいことだけを言う父親に対して、Zさんは早く就職を決めて、その結果だけを伝えようとしているようですが、それでは「すぐに就職が決まるというわけではないでしょうから、またいつ怒られるかわからない、ということにはなりませんか」（CC42）とキャリアコンサルタントが聞いて、Zさんは「えーー、そうですね。

気が重いですね。」（ CL42）と応答している、という流れです。

　そのようなやりとりがあり、クライエントも、「就職がいつ決まるかもわからないので、それまでは怒られ続けるのか、どうしよう」と思ってきている、そのような**クライエントの気持ちの流れに乗った形での**「提案」が CC43であったので、クライエントも素直に納得する、という形になっていったのではないでしょうか。

　蛇足ですが、 CC42のキャリアコンサルタントの言い方も、実は「積極技法」の一つとされています。積極技法の一覧表でみると、2行目になりますが、「論理的帰結」です。**「クライエントの行動で起こりうる結果を良否にかかわらず伝える」**というもので、そのねらいは、**「行動の結果を気づかせ将来に向けての選択につなげる」**ためです。まさに、そのような前段の流れがあったので、 CC43の「提案」がすんなりと受け入れられる素地ができていた、というわけです。

　まとめると、原則的には積極技法は、比較的高度なスキルとも言えるので、15分や20分の面談試験の中では、そこまでは求められていないと考えてけっこうです。今までの習慣（例えば会社内での役職等を通じての経験から生じるもの）から「指示・命令」的な面接になってしまう傾向がもしもあるのでしたら、それはぜひとも封印してください。

　しかしながら、キャリアコンサルタントが、あたかもクライエントになったかのように、**クライエントの立場になって、クライエントと同じ目線で、一緒に考え、共感もできて、そうしたクライエントとの関係のなかで、自然な面談の流れができており、その中で、「何々ということも考えてみたのですが、どう思われますか」といった謙虚な質問の形をとってなされる「提案」については、それがもしもクライエントに納得していただけるのであれば、許される範囲での積極技法の使用と言える**のではないでしょうか。

⬛ 面談内容を「要約」して次につなげる

練習問題**2**

1 先に掲示した面談は、(🔳CC48まで) は、だいぶ長くなっています。また いろいろな話も出てきており、少し整理する事が必要である、とも思われます。
　上記までの面談を、以下の解答欄の記載に続けて「要約」してください。

> 🔳CC49：Zさん、ここで今までの話を少しまとめさせてください。　　　　　〈解答欄〉

2 **1**の解答につづけて、今後この面談をどのように進めていくか、を話して ください。ここでもクライエントの方に話すという形での解答としてください。
　【ヒント】「要約」した内容についてクライエントからの確認が取れた後には、 「では次はこんな風にしていこうと思いますが、いかがですか」と、これから一 緒に話したり検討したりする予定のことを提案して、合意を取る、という形が あります。

> 🔳CC49 (つづき)：(要約内容に対してのクライエントの確認が取れたうえで)　　〈解答欄〉

キャリアコンサルティングについての一般的なやり方についての問題です。トライしてみてください。

以下の文章は、キャリアコンサルティングのやり方を述べたものです。正しいものを選択してください。

1. 面談の主導権はキャリアコンサルタントにあるのだから、相談者の座る位置を決めるのはキャリアコンサルタントである。
2. 相談者がリラックスして面談ができることを考えて、座る位置は相談者が決める方が望ましい。
3. キャリアコンサルタントは、面談において相談者に集中しなければならず、メモを取ることは禁じられている。
4. キャリアコンサルタントは、メモを取ることの許可を事前に相談者から得て、面接終了後に責任をもってメモを廃棄することも伝える。
5. 面談時間については、1時間とか45分といったように、あらかじめ相談者に伝えておくことが望ましい。
6. あらかじめ面談時間を決めることは不可能であるし、時間を伝えると相談者は面談が途中で終わるかもしれないと不安になるので、伝えない方がよい。
7. キャリアコンサルタントは面談の開始にあたり、「法律によって守秘義務が課せられている」ことを伝える。
8. キャリアコンサルタントの倫理規定には守秘義務があるので、そのことをとくに改まって相談者に伝える必要はない。
9. 面談は真剣なものだから、相談者とキャリアコンサルタントが正面に向かい合って座るのがよい。
10. 緊張を和らげるためには、90°法（上から見るとハの字形）が望ましい。

（解答）正しいもの→2.4.5.7.10.
　なお、面接ロールプレイ試験においては、守秘義務の件はすでに相談者に伝わっているという前提なので、とくに述べなくてもよいとされている。また、面談時間をとくに伝える必要もない。

練習問題2 **1** 解答

📄CC49：Zさん、ここで今までの話を少しまとめさせてください。Zさん、あなたは電車の運転士にあこがれて、鉄道関係に強い専門学校にも入学し、鉄道会社を受けたが採用されず、父親からはどこでもいいから早く就職を決めろ、と怒られ、どうしようかと思っておられる。いまは鉄道会社以外でも機械を扱うような仕事であれば受ける可能性もあると感じ始めており、それを両親にも話していこう、と考えておられる。

練習問題2 **2** 解答

📄CC49 (つづき)：(要約内容に対してのクライエントの確認が取れたうえで)では、Zさん、これからはZさんが本当に望む就職ができるように、現実的にどんな企業を受けたらいいのか、ということも含めて、さらに詳しく将来へ向けての具体的な計画をご一緒に検討していきたい、と考えているのですが、いかがですか。

●「要約」は長すぎず、簡潔で明瞭な言葉でクライエントに伝える

　もちろん、設問**1**、**2**とも、解答は一つではありません。また、上記の解答がベストというわけでもありません。ここでは、設問**1**で、まず「要約」の練習をしていただきました。

　「要約」をする際のチェックポイントですが、まず一点目は、長さです。「要約」というのですから、長すぎてはいけません。解答欄の大きさをはみ出るようでは長すぎます。長い要約をしてしまうと、クライエントのなかには「何で自分が話してきて、わかっていることをそんなにくどくど繰り返すんだ」と不満げに思う人も出てきます。

　したがって、要約は、途中段階では、あまり入れない方がよいのではないか、と私は思っています。今回の逐語録にあるように、**ある程度の分量を話してきたところで、要約を入れることが適切**である、と思っています。

　二点目は、キャリアコンサルタントとしてのあなたが**重要と思われる点が、簡潔**に言えているかどうかです。また、客観的に見て (聞いて) わかりにくい文章になっていないか、という点も重要です。文章で書けば推敲することもできますが、面談の時には流れのなかで、口頭で伝えるわけですから、一回限りの言葉となります。できるだけ、**誰が聞いてもわかりやすい言葉になるように**してください。

　三点目は、細かい話ですが、**「Aさん」という固有名詞や、「あなた」といった代名詞が使われている**か、という点です。アイビイはその著作のなかで、そうした方が明らかに効果的である、と述べていますが、そうすることで、クライエントの方に、より鮮明に当事者意識をもってもらえるからだろうと思われます。そしてクライエントが自身の内面を探っていって頂けるようになる可能性も高まると想像できます。

　しかし、この点は必ずそうしなければいけない、というものではありません。「あなた」と呼ぶことに関しては、アイビイの説が日本の文化のなかで、そのまま当てはまるだろうか、という問題もあります。

●「要約」の確認を取った後は、これから一緒に検討していくことの合意をとる

　もしも、キャリアコンサルタントが**「要約」をした内容について、クライエントから補足するような話が出てきたり、あるいは「それは違う」といったニュアンスのことが出てきたとしたら、それはとても大事な情報**だと思ってください。

　あなたの要約のスキルが至らなかった、というよりは、クライエントが、要約を聞いて、自身のことをもっと深く考えるようになることもあり、そうしたことから、追加情報が出てくる、こともあるのです。

　要約の内容を巡って、補足や修正が出たら、そこでは何度かのやりとりがあってもよいと思います。何度も述べますが、キャリアコンサルタントには、あたかもクライエントに成り代わったかのように、考え、感じられるようになる「共感的理解」が求められているのですから。

　そのようなやりとりがあったとしても、要約という作業が一段落したら、次には、この面談でこれから何をしようとしているのか、の確認が必要です。

　何を次から一緒に検討するのか、この面談をどのように進めていくのか、が明確になった方が、クライエントも安心して、今後の面談に臨んでいけると思うからです。

　解答例にあるように、次からはこんなことをやっていくつもりですがよろしいですか、といった内容のことをクライエントに対して聞いています。もちろん**押し付けるのではなく、合意を求め、そして確認できればよい**、というものです。

　ここで留意して頂きたい点は、クライエントが言葉では「はい」とか「いいです」と

か、応答してくれたとしても、もしかしたら何か不満や不安があるかもしれないということです。**クライエント側の反応は、言葉だけではなく、その表情やしぐさからも読み取りましょう**、ということは前にもお話ししてきたことですので、ここでもそうした「クライエント観察技法」をしっかりと使ってください。もし何なりかの懸念が、クライエントに見て取れるようでしたら、**「何か気になることがございますか？」**といったように聞いてください。このようにしていくことが、常に相手との関係を良好に保っていく（ラポール形成をしていく）方法となります。

　蛇足ですが、要約を入れた後には、次に何をするか、という点についての合意を必ずしなければならない、というわけではありません。そのようにした方が、クライエントも安心して、その後の面談に臨んでもらえるのではないか、ということで、例を挙げたに過ぎません。ここでも「型」に嵌めて考えないようにして頂ければと思います。

●「要約」や「合意」は面談の流れの中で適切に行う

　いま何をテーマにして話しているのかについて確認をしてみる、あるいはそれでよろしいですか、と合意を取ってみる事は、別に要約の後でなくても、行ってよいことです。**いま何をしているのかが明らかになれば、クライエントは安心し、一緒に考える、というスタンスも取りやすくなります**。面談の流れがすっきりとして、お互いに見えてくる、といったメリットもあるでしょう。

　しかしながら、ここでの注意は、そうした合意も、一回の面談のなかで、あまりたびたび行うと考えものだ、という点です。

　試験に即して言えば、そうした合意を面談の試験時間のなかで2回取ると合格する、といった指導を受けた、という方もおられましたが、そんなことはありません。「2回はクライエントを褒めなければ合格しない」といった言い方と同様で、型にはまった、誤った考え方といえるでしょう。あまり合意ばかり取っていては、かえってクライエントから不審がられることもあると思います。

　現実的には、面談のなかで、これから何をするか、という点についての合意をとらなくても、面談を先に進めていくことはできます。**話が複雑になってきて、流れがお互いに見えなくなってきているな、と感じたら、そこでは「要約」をしたり、また「今何を話**

しているか」や「これから何を話すか」についての合意を取ることが効果があると思われますが、それも試験について言えば、時間内に１回程度が妥当なのではないか、と思われます。

Ｄ 「方策の実行」と面談の終了

この事例における最後（最終部分）の逐語録は、以下に示すようなものとなっていきます。下記の最初の部分（ CC49、50）では、とくに、これから何をする、といった事についての合意はとらずに、面談を先に進めています。

練習問題 3

次の逐語録（面談記録）を読んで、その後の質問に解答してください。（面談は、今までに掲載してきたものの最終部分となります。）

CC 49 Ｚさん、ここで今までの話を少しまとめさせてください。
Ｚさん、あなたは、電車の運転士にあこがれて、鉄道関係に強い専門学校にも入学し、鉄道会社を受けたけれども採用されず、父親からはどこでもいいから早く就職を決めろ、と怒られ、どうしようかと思ってこられた。いまは鉄道会社以外でも機械や部品メーカー等、機械を扱うような仕事であれば受ける可能性もあると感じ始めており、それを両親にも話していこう、と考えておられる。それでよろしいですか。

CL 49 はい。

CC 50 では、一つ質問なのですが、まずＺさんは、ご自身で鉄道会社以外の就職応募先は、探せそうですか。

CL 50 そうですね。今までまったく鉄道会社以外の就職先は調べたことがないので、学校に張り出されている求人情報をまずは見てみたいと思っています。

CC 51 他には何か手だてがありますか。

CL 51 インターネットで調べたりはできると思います。

CC 52 どんなキーワードで検索してみようと思いますか。

CL 52 例えば「鉄道部品メーカー　求人」といった検索ですかね。

CC 53 そうですね。あとは、専門学校の事務所などでも情報が得られたり、また相談が出来るような方はいるんですよね。

CL 53 ええ、就職支援の職員の人がいますから、いろいろ聞いてみたり、相談してみることはできます。

CC 54 そうですか。いろいろと求人情報を入手する方法をお持ちですね。

CL 54 ええ、まあ。

CC 55 それで実際に応募という段取りになるのは、いつ頃を予定しますか。

CL 55 実際に企業の情報を見てみないと、まだ……。

CC 56 一方で、鉄道会社の秋採用情報や、2次募集情報も入手していくんですよね。

CL 56 そうですね。

CC 57 それで、ご両親には、どのように伝えていきますか。

CL 57 まずは早くに就職を決めるために機械メーカーや部品メーカーなどを受ける、と伝えて、鉄道会社でも採用枠があるようだったら、もう一度チャレンジする、と伝える、という感じですかね。

CC 58 それであれば、お父さんからも怒られないですか。

CL 58 そうですね。早く決めろ、とは言われるでしょうけれど、動いてるんですから怒られることはないと思います。

CC 59 わかりました。ぜひ頑張ってください。応援しています。他に何か不安に思っている事や、懸念している事などはないですか。

CL 59 だいぶすっきりした気がします。

CC 60 それはよかったです。では、もしまた何か問題が起きたり、どこを受けるかなどで悩んだりしたら、ご連絡ください。いつでもご相談にのります。今日はありがとうございました。

CL 60 ありがとうございました。

1 上記の面談のなかで、🚇CC50以降のキャリアコンサルタントの質問は、「システマティック・アプローチ」の流れの6つの段階 (p127を参照) のなかでは、どの段階のものだと考えられますか。

〈解答欄〉

2 上記の面談 (面談の最終部分) で、クライエントは、何を行うことになりましたか。箇条書きにして3〜4項目を列記してください。

〈解答欄〉

解答はすぐ下にありますが、まずは自力でトライしてください。

練習問題3 **1** 　　　　　　　　　　　　　　　　　　　　　　解答

「方策の実行」段階に対応する質問。

練習問題3 **2** 　　　　　　　　　　　　　　　　　　　　　　解答

○インターネットで検索したり、学校の事務所で情報収集したりして、鉄道会社以外の就職応募先を探す。

○鉄道会社の秋採用情報や2次募集情報も入手する。

○早く就職を決めるために鉄道会社以外のメーカー等も受けていること、また鉄道会社でも採用枠があるようなら再度チャレンジする、という意思を両親に伝える。

●「方策」もクライエント自身が決め、キャリアコンサルタントは後押し をする

　キャリアコンサルタントが、今までの面談の内容を「要約」し、鉄道会社以外の企業も受けることやそうした経緯を両親に話す、といった「目標」について確認をしたうえで、今後の実行計画を一緒に考えるという段階にきています。システマティック・アプローチの6段階の中では「方策の実行」という段階です。

　📱CC49や50では、「ではこれから、どのようにしていくかという実行計画をご一緒に考えていきましょう」といった発言をキャリアコンサルタントがしてもよかったでしょう。

　いずれにしても📱CC50以降は、目標を達成するための実行計画を、クライエントに考えてもらいたい、という意図でキャリアコンサルタントがいくつかの質問をしています。

　ここでも着目して頂きたいのは、キャリアコンサルタントが、「ではこのような実行計画で行きましょう」と提案や指示はしていない、という点です。当然ですが、どのように動いていくかという実行計画は、あくまでもクライエント自身が考えて決めていくものです。

　この段階におけるキャリアコンサルタントの役割は、**クライエントが決める行動内容やスケジュールを後押しする**というものです。

　もしもクライエントが考えあぐねているような場面が生じたら、一緒になって考え、時には「こんな事はどうでしょう」といった提案をキャリアコンサルタントがすることがあるかもしれません。そこでも重要なことは、**キャリアコンサルタントが、クライエントと同じように感じ、考えられるように「共感」できていること**です。共感的な理解ができていれば、クライエントとの間には信頼関係が構築されているでしょう。そうした信頼関係（ラポールの形成）があってこそ、キャリアコンサルタントが述べる発言が、クライエントにも受け入れてもらえます。

　この面談の例では、クライエントは、練習問題3❷の解答例にあるような行動を今後してみる、という行動計画が明確になりました。「方策」が見えてきたわけです。

　以上のような形で、この面談に一区切りがついた、ということになります。

　システマティック・アプローチでは、次の段階は「結果の評価」となりますが、それは何日か後に、再度面談の機会が設けられた際に、行われることとなります。方策が実

行されたかどうか、またその結果がどのようになったか等について、面談の場でクライエントから話を聞き、一緒にその後の対応を考えていくというフェーズです。

　この「結果の評価」は、面談ロールプレイ試験とはとくに関係ないように思われますが、もしも所定の試験時間がまだ残っているような場合には、次のような話を持ち出すということもありえます。

　「ここで話にでた事を実際に行ってみた結果については、もしよろしければ次回の面談の時に、ぜひお伝え頂けないでしょうか。いつでもお電話やメール等を頂ければ、次回の面談時間を調整させて頂きたいと思っておりますので、どうぞよろしくお願い致します。」

練習問題 4

　参考までに、第4節の初め (p95〜96) で途中になっていた、🎙 CC17以降の逐語録を以下に掲出します。(若干さかのぼって 🎙 CC16から表示)　最後に、復習の意味も込めて、次の質問にお答えください。

1 以下の面談のなかで、「目標」として設定されたものは何でしたか。

2 以下の面談のなかで、目標を達成するための「方策」としては何が語られましたか。

もしも秋採用や2次募集の枠がある程度ある、という事がわかり、また学校の先輩でもそうした採用枠で採用された先輩がいる、といった事がわかったとしたらどうですか。

143

そうですね。もう一度チャレンジしよう、という気持ちにはなりそうですね。

 そういうことになった場合には、どうしますか。今回の応募書類のことや、また面接時のことなどを、どなたかに話して相談してみる、ということを考えますか。

 そうですね。なぜ落ちたのかをしっかりと自分なりに、見つめてみないといけないとは思いますね。

 落ちた理由を自分なりに見つめてみる……。具体的にはどのようにされようと思いますか。

 ……先生と相談したり、ですかねぇ……？

 先生と相談される……、どんな風に相談されますか。

 うーーん。自分が何で落ちたのか……。

 何で落ちたのか、を先生に聞いてみる。

 そうですね。

 先生に聞いてみると、何か言ってもらえそうですか。

 ……ええ。落ちた理由を……。

 先生なりに考えた、Zさんが落ちた理由を言ってくれるかもしれない……。

 ええ。

 どうですか。先生はどんなことを言ってくれるか、何か想像がつきますか。

うーーん。それは先生の考えだから……。

 Zさんでは思いつかない何かを言ってくれるかもしれない、ということですか。

まあ……そうですね。

 先ほど大手鉄道会社に就職できた先輩の話題が出ましたが、そうした先輩達がなぜ入れたのか、合格したのかについての情報収集についてはどうですか。

CL 25 それも先生が何か言ってくれるかも。

CC 26 そうですね。先生はそうした先輩達の事もよく知っているわけですよね。

CL 26 ええ、たぶん。

CC 27 そもそも秋採用や2次募集の枠があるかどうか、についての情報収集はどうされますか。

CL 27 それは、学校の就職支援室に相談してみます。

CC 28 就職支援室には、そうした情報が集まっているのですね。

CL 28 そうだと思っています。

CC 29 いま言ってくださった、先生に相談したり、就職支援室で情報を集めたりする動きは、いつ頃されようと思われますか。

CL 29 そうですね。できるだけ早くにはしなくては、と思います。

CC 30 そうした動きをするにあたっては、とくに問題はないですか。……何か気になる事とかはありませんか。

CL 30 ……。

CC 31 先生には、どんな風に話をしていきますか。

CL 31 何で落ちたのか、を聞きたいんですが……。

CC 32 大手鉄道会社に何で自分が落ちてしまったのかをお聞きしたい、と先生にまずは伝える、ということですね。

CL 32 ええ。

CC 33 少し伝えにくいですか。

CL 33 いえ、そういうわけではないですが……何か……。

CC 34 先生に言い出しづらい何かがある……、例えば恥ずかしい、とか？

恥ずかしい、というよりか、ちょっと悔しい、というか……。
CL 34

悔しい……。
CC 35

正直、落ちるとは思っていなかったし……。
CL 35

落ちると思っていなかったのに、実際は落ちてしまったから、悔しい……
CC 36 と思っている……。それは誰かに対して悔しい、といったものですか。

うーーーん。受かった同級生に対して……かな？ それとも自分自身
CL 36 に対してかな？

同級生は受かったのに自分は受からない、同級生に負けた、から悔しい
CC 37 ……。あるいは自分自身に対して悔しい……。

やっぱり自分に対して悔しいのかなぁ。
CL 37

自分自身に対して悔しい……。
CC 38

ええ。不甲斐ない、っていうか……。
CL 38

不甲斐ない……。
CC 39

絶対受かると思っていたのに……。
CL 39

絶対受かると思っていたのに、実際には受かることができずに不甲斐な
CC 40 い、と思っている……。

ええ。
CL 40

そうなんですね。
CC 41

……。
CL 41

Zさん、不甲斐ない、自分に対して悔しい、という気持ちをどうされます
CC 42 か。

どうかする？
CL 42

そのお気持ちは、お気持ちとして、今後Zさんがどうしていくか……。
CC 43

CL 43 まぁ、受からなかったものは受からなかったんですから、何で落ちたのかを先生にも相談して、もしまたチャンスがあるなら、トライしてみるしかないな、とは思っていますよ。

 CC 44 そうですか。

 CL 44 ええ。

 CC 45 では、先ほどお話しいただけたように、できるだけ早くに先生に話をしに行ったり、就職支援室に情報を取りに行かれる、ということでよろしいですか。

 CL 45 はい。

 CC 46 それでは、またもし何かで先に進めない、などということがありましたら、いつでも相談に来てください。一緒に考えていきたいと思います。それに、ぜひ先生とお話をされた結果を伝えて頂きたいとも思うのですが。

 CL 46 そうですね。また相談に来るかもしれません。

 CC 47 はい。大歓迎です。

 CL 47 ありがとうございます。

 CC 48 では今日はこれで終わりにさせて頂きます。どうもありがとうございました。

 CL 48 ありがとうございました。

練習問題4 1　　　　　　　　　　　　　　　　　　　　　　　　　　　**解答**

　希望していた鉄道会社に落ちた理由をしっかりと把握したうえで、チャンスがあるなら再度、受験をしてみる。

練習問題4 2　　　　　　　　　　　　　　　　　　　　　　　　　　　**解答**

　先生に相談して、自分がなぜ合格できなかったのかについてのコミュニケーションを行う。

面接試験

○秋採用や2次募集の枠についての情報収集は、就職支援室に行って行う。

●クライエントが自身の言葉で目標を言ってくれれば面談は成功

キャリアコンサルタントは、 CC17で、「誰かに相談してみてはどうか」といった意味合いの質問を、「相談してみる、ということを考えますか」といった言い回しで謙虚にしていますが、その発言の意図は、前にも記した次のような見立てからでてきたものでしょう。

キャリアコンサルタントの「見立て」

> ＜Zさんは、電車の事をよく知っていて電車が好きな人材こそ、鉄道会社が求めている人材で、そうした人材が鉄道会社に入ることが当然だ、と考えているようだが、もしかしたらそうした考えは、Zさんが抱いている「思い込み」なのではないかしら。＞

だから、合格者がどのような人材なのか、どのようにすれば合格するのか、よくわかっている人に聞いてみることで、Zさんの思い込みが解消されるかもしれないし、そこから次のチャンスには合格できるかもしれない、といった芽が見えてくるかもしれない、といった意図が CC17にはあるようです。

それに対してクライエントは、「そうですね」と応じてくれて、「なぜ落ちたのかをしっかりと自分なりに、見つめてみないといけないとは思いますね。」とまで言ってくれている。これはクライエントが自ら語ってくれた目標とも言えます。このように、**クライエントが、自身の言葉で目標を口に出してくれれば、この面談は成功**、とも言えるでしょう。

●クライエントが「方策の実行」をできるかどうかを見極めサポートする

 CC18でキャリアコンサルタントは、「落ちた理由を自分なりに見つめてみる……」と、クライエントの発言を繰り返して、内容を反芻したうえで、では「具体的にはどのようにされようと思いますか」と、**今度は、その目標をクリアするための「方策」を聞き出そうとしています**。

その答えは、先生に聞いてみる、ということになるわけですが、その後、秋採用や2次募集の枠についての情報収集は、就職支援室で行う、という話になります。また一方で先生に聞いてみる、という方策に関しては、「先生に言い出しにくい」という、その方

策の実行に影が差すような話になっていきます。

　クライエントが、先生に話をする、という方策を自ら言い出してくれたのは良かったのですが、本当に話をうまくできて、Zさんが落ちた理由などについてコミュニケーションがとれるのか、については、キャリアコンサルタントとしては確認を取りたかった点です。具体的にどのように話をしますか、といった質問をしたり、また「先生に言い出しづらい何か」がありますか、といった質問もしています。

　そこでは「悔しい」とか「不甲斐ない」とかいった感情を表す言葉がクライエントから出てきたりして、それを掘り下げるような質問も続きますが、これは**「方策の実行」を支援する**という意味で必要度の高い部分だったでしょう。

　面談で、もしも方策の実行について、**大丈夫だろうか、と感じられるようなことがあれば、キャリアコンサルタントは、それを俎上にあげた方がよい**でしょう。そうしないと、Zさんは本当に先生に話をするかどうか、心もとない、ことになってしまうと思われるからです。

●2つに枝分かれした面談例も時間が長くなれば同じものになる

　この面談例については、🔲CC06から分岐（枝分かれ）した、🔲CC06〜🔲CL60と、一方、🔲CC06〜🔲CL48という2つの面談例をお示ししました。それはCC6の段階で、どのような質問を発するかということで、その後の展開が変わってくる、ということを見ていただきたかったからです。

　実際のキャリアコンサルティングでは、15分や20分の面談よりももっと時間が長いことが普通ですから、例えば🔲CC06〜🔲CL48の事例であれば、その後に家族（とくに父親）との関係についても話をする形になり、結局は🔲CC06〜🔲CL56で語られたことに近づいていく、という流れが出てくるでしょう。

　クライエントが、どうしようか、と悩んできたことについては、できるだけスッキリしてもらうことがキャリアコンサルタントに課せられた使命とも言えますので、時間の許す限り、**問題点を捉えて、一緒に感じ考えて、解決策を模索していくことが重要**です。お示しした2つの面談例について言えば、もしも時間がもう少し長ければ、この**2つの面談は、語られた順番こそ前後したかもしれませんが、ほぼ同じような面談になった**、とご理解いただければと思っています。

●理想的な面談の流れとは（まとめ）

最後に、まとめの意味も込めて、国家資格キャリアコンサルタントの面談試験における理想的な面談の流れ図を、下記に示します。

繰り返しになりますが、**この図はあくまでも理想形であり、この通りに行わないと不合格になるというものではありません。**

とくに最後の「3〜5分程度」のところで示した「要約」や「目標の設定」、「方策の実行」は、そこまで行かなくても大丈夫、と何度か述べてきました。この試験においては、**「掘り下げる質問」ができて、クライエントには「語りたいことを語ってもらう」ことができ、そこから何なりかの「気づき」をクライエントに得ていただければそれで充分、**と捉えて頂いてよいのです。

▼実技・面接試験における理想的な面談の流れ

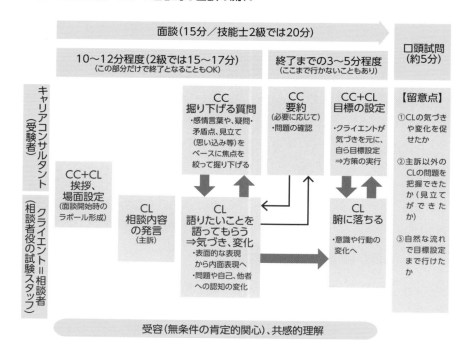

図の右には、約5分の「口頭試問」についても記載をしています。具体的な内容や留意点の詳細については、次節をご覧ください。

1

A 目標の設定とシステマティック・アプローチ

□□□ キャリアコンサルティングで大事なことは、クライエントに行動の変容や認識の変化が起きること。それを理解して、面談に臨むことができていますか。

□□□ システマティック・アプローチの流れを理解し、「目標の設定」や「方策の実行」の段階まで進めることが、面談の一般的な流れであることを理解できていますか。

□□□ 一方、限られた試験時間のなかでは、性急に「目標の設定」や「方策の実行」まで行こうとすることは、関係構築を崩す恐れがあるので、十分注意することを理解できていますか。

□□□ 目標の設定は、クライエントが気づきをベースとして、自身で語れるようになることが理想であり、目標設定に向けての適切な質問等をすることができていますか。

B 「提案」などの積極技法の扱い

□□□ クライエントに対して「提案」をするような積極技法は、クライエントとの関係構築が十分に出来ており、クライエント目線に立った時に用いて、初めて受け入れられるものであることを理解できていますか。

C 面談内容を「要約」して次につなげる

□□□ 長すぎず、簡潔・明瞭な言葉で、「要約」をクライエントに伝えることができますか。

D 「方策の実行」と面談の終了

□□□ 方策（実行計画）についても、クライエント自身が見出し、決められるようにサポートしていくことができますか。

6 「口頭試問」対策

合格への
オリエンテーション

　本節では、口頭試問を取り上げ、その対策を考えます。口頭試問に費やされる時間はおよそ5分です。面談が終わってすぐに実施されます。

　2名の試験官が質問を発しますが、内容はおおよそ決まっています。公開されていないので、時には違った質問が出るかもしれませんが、それは受験者が話したことについて、突っ込んだ質問が出るような場合でしょう。試験官から出る質問は、ほぼ決まっているとみてよいと思います。

　面談も口頭試問も、その採点は2名の試験官が独自に行います。審査項目は試験を実施する2つの団体で異なっていますが、本文で解説するように基本は同じです。どちらの団体で受験するかについては、第2章で扱う論述試験の設問の違いを考慮して決めるとよいでしょう。

Ａ 「口頭試問」の内容と面接試験の評価項目

　「口頭試問」で問われる質問は、以下のようなものと言われています。最近では5分で終わらせる関係で②と③が聞かれないことも多いようですが、④に適切に答えるためにも、②③について練習しておきましょう。

①いま行われた面談で、「できた点」、また「改善したい点」は何ですか？
②クライエントが訴えていた問題、悩みは何でしたか？
③キャリアコンサルタント側から見て、このクライエントの課題や問題点は何だと思いますか？
④もっと時間があったとしたら、この面談を、今後どのように展開しますか？
⑤資格を取得したら、どのように活用しますか？　またどのようなキャリアコンサルタントになっていきたいですか？

　この5つの質問について、以下に考えていきます。

　また、口頭試問も含めた実技における、面接試験の評価区分（評価項目）については、以下のように公表されています。

「態度」「展開」「自己評価」
　　―特定非営利活動法人キャリアコンサルティング協議会（CC協議会）

「主訴・問題の把握」「具体的展開」「傾聴」
　　―特定非営利活動法人日本キャリア開発協会（JCDA）

　国の指定する2つの試験団体が、異なった評価項目を発表しています。合格には、3つの評価区分の各々で「満点の40％以上の得点が必要」としている点は共通です。

●「態度」と「傾聴」― 2団体の評価の比較（1）

　CC協議会の掲げる「態度」は、とても広い意味で捉えられますが、JCDAの「傾聴」と重なる部分が大きいと思われます。**傾聴の姿勢ができていれば、クライエントとの関係構築（ラポールの形成）がしっかりとでき、態度もよかったと判断される**と考えられます。

　また、**態度はアイビイのマイクロ技法の三角形（p29）でもっとも底辺にある「かかわり行動」の4要素をベースとしたもの**と言えます。視線の位置や身体言語、言語追跡、声の質の4つをベースとして、それにクライエント観察技法や質問の仕方（開かれた質問、閉ざされた質問）、はげまし（うなずきや相槌など）の要素が複合したものが態度と呼べるものとなります。

　こうした要素が傾聴の姿勢を作り出していると言えますので、態度と傾聴は近いと考えられます。したがって、2つの団体で「態度」と「傾聴」と言葉は違いますが、ほぼ同じ意味と捉えてよいでしょう。

　なお「態度」は、試験部屋への入退室の際の態度や、口頭試問のときの態度も含まれるのではといった意見もありますが、そうした意味での態度がしっかりしていることは、そもそも受験生全般に当然備わっているべきものであり、とくに改めて評価項目に挙げるまでもないことでしょう。

●「展開」と「具体的展開」― 2団体の評価の比較（2）

　「展開」という評価項目は2団体に共通しています。JCDAでは「具体的」という説明が付いていますが、2団体とも同様の項目と考えてよいでしょう。

「展開」については、前節の最後に示した「理想的な面接の流れ図」にあるように、「目標の設定」や「方策の実行（実行計画の策定）」まで行ければ、それに越したことはありません。しかし、この試験で問われているのは、そこまで行けたかどうかではなく、面談を展開する力があるかどうかです。

つまり、**「目標設定」まで行かなくとも、「掘り下げる質問」ができているかどうかで、展開力は十分に測れる**のです。試験官はこの道のプロなのですから、おそらく10分もたたないうちに、受験者の展開力を評価できるでしょう。**目標まで行ったかどうかといった表面的、形式的な観点で展開力を測ってはいない**はずです。

今までに述べてきたことですが、「目標設定」まで行かなければ受からないと思うあまり、性急になりすぎてクライエントとの関係（ラポール形成）を壊さないように十分注意してください。

●「自己評価」と「主訴・問題の把握」— 2団体の評価の比較（3）

「自己評価」と「主訴・問題の把握」は、言葉を比べただけでは、一見まったく違う観点のもののように思われます。

CC協議会が表明している「自己評価」については、素直に考えれば、**行った面談の内容をしっかりと把握できており、それについて客観的な評価が下せているかどうか**を問うているように思われます。例えば「できた点」や「改善したい点」について、自身を客観的に振り返り、適切な内容が語られたかどうかが自己評価につながっているとも言えます。

あるいは、口頭試問の全体を通して「自己評価」が問われているという見方もあるかもしれません。そうした観点で口頭試問の質問リストを見てみると、②「クライエントが訴えていた問題は何か？」、③「キャリアコンサルタントがみたクライエントの問題は何か？」という問いが重要な要素となってくることに気づきます。

これらが5問のうちの2問を占めるわけですが、CC協議会では最後の質問（⑤「資格の活用イメージ」）はあまり聞かれないという話もありますので、全体で4問となったときには、半分は「問題の把握」となります。

つまり、「自己評価＝口頭試問での応答内容の評価」と仮に見た場合には、その大部分は①「問題の把握」ということになり、これはJCDAが表明している「主訴・問題の把握」とまさに重なります。

　なお、「主訴」はクライエントが主に訴えていることという意味ですから、2つ目に聞かれることの多い②「クライエントが訴えていた問題、悩みは何でしたか？」のことです。

　すると「主訴・問題の把握」のうちの「問題」は、③「キャリアコンサルタント側からみて、このクライエントの課題や問題点は何だと思いますか？」で聞かれる問題（点）を指しているのかもしれません。なお、この③の質問は、「見立て」を聞く質問と言われます。

　以上のように見てくると、2つの団体の面接に対しての評価項目は、一見すると異なっているものの、内容はほぼ重なっていると捉えることができます。

　本書では、そのような捉え方をベースにして、とくに面接試験においては「2つの団体でほとんど差異はないので対策も同様でよい」とのスタンスを取っています。

　国（厚生労働省）が「ワンテスト（同じ内容の1つの試験）である」と言っているものですので、皆さんもそう理解していただければと思っています。

　そもそも、**キャリアコンサルタントとしての技量を測るに際して、異なった基準があるわけではない**とお考えください。

　以降、口頭試問でよく聞かれる①～⑤の5つの質問について、1つずつ解説をしていきます。

B 「よくできた点」「改善したい点」は何か

●あくまでも事例に即して具体的に語る

　「よくできた点」と「改善したい点」についての一般的な注意は、直前に行った面談を踏まえた発言（応答）をするということです。

　私たちが行っている受験対策講座に来る人の中には、「当日はとてもあがってしまって、直前に行ったばかりの面談のことなどすっかり忘れてしまうので、事前に覚えていった答えをしたいと思っています」という人がいます。

　このような試験への臨み方は、心得として邪道であり、また仮にすらすらと答えられたとしても点数が上がるとは思えません。

　論述試験における採点の際の話ですが、10数名の受験者がある問いに対してまったく同じ解答をしたことがあったといいます。複数人が模範解答を事前に覚えてきたと思わざるを得ない事態です。同じ解答をした複数人は、おそらくカンニング行為に近いペナルティを科せられたのではないでしょうか。

　「模範解答」と呼ぶことがそもそも誤りですが、設問事例が違うのですから、汎用的な解答が通用すると思うことは大きな勘違いです。

　面接でも同様です。**どんな面接事例にも通用する、汎用的な模範解答はありません。直前に行われた面接の内容に沿った応答が求められている**のです。

　しかしながら、先の受験対策講座に来た人の言うこともよくわかります。試験当日は、やはり「あがる」人も多いので、最初の質問には答えづらい方もたくさんいるでしょう。

●あがってしまう人向けの対策

　「よかった点、改善したい点（悪かった点）」については、例えば次のような対策を持つことは許されるのではないでしょうか。

　それは、**自身がよく起こしやすい「よい点、悪い点」を基準にして答えるようにする**ことです。

　おそらく試験に臨む人の多くは、事前に何度か練習をしていると思います。そのときにクライアント役になった人から言われたこと、先輩や講師などから指摘されたこと、フィードバックされたことを自分なりに整理して、自分にはこうしたよい点や悪い点があるということを事前に把握しておきます。

　それをもとに、今終わった面談を振り返ります。そして、練習時にできていたよい点が面談でもできたと思えたら、それを「よくできた点」として述べます。逆に、悪い点が面談でも出てしまったのなら、それを「改善したい点」として言えばよいのです。

　もちろん当日は、練習ではよくできていたのに、うまくいかなかったということもあるでしょう。そうしたときのために、「よい点」は2～3つ用意していった方がよいかもしれません。逆に、普段はうまくいかないことが多いのに、よくできたといったこともあるかもしれませんので、「悪い点」も同様に複数準備しておくのもよいでしょう。

そして、以下が大事なのですが、用意していた内容を覚えていたかのように語るのでは、先に述べた轍を踏んでしまいます。そこに直前の面談での「具体的な」内容（事柄）を入れるようにします。

例えば、**「クライエントとの間での関係構築はできたと思います」と述べるだけでは、まるで暗記してきた文章そのままのようです。暗記しておいてもよいのですが、それに続けて、「なぜなら、クライエントさんは、○○○といったことまでお話ししてくださいましたから」**と、その理由を面談内容に即して語るのです。あるいは、「クライエントさんは、○○○といったことまでお話ししてくださいまして、クライエントとの関係構築は、できたと感じられたことがよかった点です」といった答え方をします。

くり返しますが、ベースとなる文章をそのまま述べるだけではいけません。あくまでも、**面談内容に即した具体的な事例を入れて、なぜできたと感じたのか、またできなかったと感じたのかを入れていく**ようにしてください。

●「できた点」の答え方、参考例

以下に「できた点」について口頭試問での発言の参考例を10例ほど記します。細かい言葉の言い回しですが、「よくできた」とか「とても良かった」といった断定的な言い方よりも、「できたと思います」とか「良かったのではないかと思っています」といった言い方が望ましいでしょう。

できた点（例）

1. クライエントの方の話をよく聞くことができたと思っています。それによって、○○○といったことまでお話しいただけたのではないかと考えております。

2. 面談の終わりまで、傾聴の姿勢を保つことができたと感じております。それによって、クライエントの方には、○○○や△△△のことについても、気持ちよくお話しいただけたように見えました。

3. クライエントの方に、最後までご自身の○○○分野での△△△について熱心に語っていただき、そのように話を引き出せたことが、よかった点ではないかと思っております。

4. このクライエントの方は、○○○といった考え方をする方だなと思いました。それは私の考えとは必ずしも近いものではありませんでしたが、できる限りこの方が考えるように、また感じるようにできたらと思い、そうした観点から、例えば△△△といった質問などもして、よりこの方と同じように考えられるようになりたいと対応したつもりです。そのように面談中に接することができたことが、よかった点であると思っております。

5. クライエントの方が話した「○○○」といった感情の言葉に注目することができ、そこを掘り下げて、例えば△△△のことなどもお聞きすることができた点はとてもよかったと思っております。

6. クライエントの方が繰り返して「○○○」と語っておられ、そのことをキーワードとして、いろいろとご質問させていただく中で、クライエントの方の中で、細かい気づきかもしれませんが、△△△といったことについてのご発言がありましたので、そのようにできたことは、よかったと考えております。

7. 終わり近くで、クライエントの方が「○○○に気づきました」と語ってくださいましたのでとても嬉しく感じましたが、その点がとてもよかった点だと思っています。

8. 話が複雑になってきて、少し整理をした方がよいかなと思われたときに、それまでの話を要約する形で、○○○のことについて整理することができました。また、それから後には、「△△△について一緒に考えましょう」と申し上げて、その確認もできましたので、そのように面談に流れを作り出すことができたことが、よかった点だと思っております。

9. クライエントの方が「これからは○○○をしていきます」といった内容のことをおっしゃってくださいました。そのように目標の設定ができたことが、よくできた点だと思っています。

10. 比較的スムーズに面談が進んでいき、クライエントの方もとてもよくご自身のことを把握しており、また内省もよくされる方でしたので、○○○といった気づきを元にして、△△△といった目標設定をしていただけ、また、次には具体的に何をするかという話にまで進むことができました。その点はよかったと思っております。

● 「改善したい点」の答え方、参考例

改善したい点 (例)

1. クライエントの方の話をよく聞くようにと努めましたが、途中○○○のことを語っていたときには、クライエントの方があまりしゃべらなくなってしまいました。こちらからも、どんな質問をしたらよいかわからなくなってしまい、面談がしばし途切れてしまったように感じました。今後は、もっとクライエントの方のことを知りたいといった積極的関心を持って、適切な質問ができるようになりたいと思っております。先ほどのときにも、△△△について、もっと掘り下げてお聞きできればよかったのではないかと思い起こしております。

2. 面談の途中の段階で、私の方から「○○○についてはどうですか」とお聞きしたのですが、クライエントの方がちょっと怪訝そうな顔をされたように感じました。突然話題を変えてしまったようで、その点を反省しております。クライエントの方は、そのときには△△△について熱心に語っておられたので、その点をもっと掘り下げてお聞きできればよかったのではないかと思っています。今後はクライエントの方をもっとよく観察して、クライエントの方が話されたいことを話していただけるようにしていきたいと思っています。

3. 私には自分の個人的な関心から、ついクライエントの方の主訴とは違う質問をしてしまうところがあるのですが、今回も私の好きな○○○の話が出てきたときにとても嬉しくなってしまい、私の方から△△△といった話まで持ち出してしまいました。お互い同じ趣味を持っているということで、ラポール形成には少しは役立ったかもしれませんが、あくまでもクライエントの方を主体にして考えるという基本を今後は忘れないようにしたいと改めて思っております。

4. クライエントの方は、○○○といった考え方をする方だなと思いました。それは私の考えとは必ずしも近いものではありませんでしたので、その点について、△△△といった形で、ついとがめるような言い方で自分の意見を述べてしまったと反省しております。クライエントの方には、その後もよくお話しいただけて大変感謝しておりますが、先ほど申し上げたような指示的ともとれる発言は、信頼関係を大きく崩しかねない発言であったと思っており、そうしたことが今後改善していきたい点です。

5. クライエントの方の置かれた状況をもっと知りたいと思って、いろいろと質問させていただきましたが、それがほとんど○○○といった事柄や出来事のこと

を聞くような内容であったと思っております。そのぶん、クライエントの方の気持ちや感情をお聞きするといったことができなかったと反省しております。今思い起こせば、例えば「△△△」といった気持ちが語られていたと思います。そうした点について、もっと掘り下げられるように、今後はしていきたいと思っています。

6. 今思い出せば、クライエントの方は繰り返して「○○○」と語っておられたと思います。そのことをキーとして掘り下げた質問ができればよかったのですが、同じような質問を何度かしてしまい、堂々巡りになってしまったところがありました。そこが改善したい点です。キーワードを起点にして、もっと掘り下げる質問ができれば、クライエントの方の中で、細かい気づきかもしれませんが、例えば△△△といったことなどについてお気づきいただけるようなことが可能性としてはあったのではないかなどと考えております。

7. 今回いろいろなことをお聞きできたのですが、○○○を聞いた後は、△△△を聞き、次は×××を聞くというように、こちらから聞きたいことを順番に聞いていき、時間が来てしまったように感じています。クライエントの方が何かに気づいたといった話にもなりませんでした。順番に項目を聞いていくような面談ではなく、キーとなることをもっと掘り下げたり、矛盾していると思われることについて聞いてみるなどして、クライエントの方に何なりかの気づきを得ていただけるようになれたらと思っております。

8. 話が複雑になってきたので、少し整理をした方がよいかなと思い、それまでの話を要約する形でとくに○○○のことについて整理しようとしたのですが、うまくまとめることができませんでした。それから後には、△△△について一緒に考えましょうと申し上げて、その確認もできましたので、そのように面談に流れを作り出すことができたのですが、要約のスキルについては、もっと習練して技量を上げていきたいと思っております。

9. 時間切れになってしまい、「目標の設定」までいけなかったことが残念で、今後は改善していきたい点です。○○○について掘り下げて聞いていたのですが、もう少しでクライエントの方には、例えば△△△といったような気づきを得ていただけたのではないかと思っています。より適切な、的を射た質問をできるようになり、できるだけ先に進められるよう、今後も練習を重ねていきたいと思っています。

10. ○○○といった気づきを元にして△△△といった目標設定をしていただけた

のですが、その目標達成のためにどのような行動計画を立てるか、といったところまではいけませんでした。今後は適切な質問をし、面談がより先に進むようにして、できれば「方策の実行」といった段階にまで行けるようにしていきたいと考えております。

上記はあくまでも参考例ですので、自分なりにアレンジして使えるところは取り入れてください。

○○○や△△△の部分が直前に終わった面談の内容に即して語られるのであれば、「この受験者は自身の行った面談について客観的に把握することができており、自己評価がしっかりとできている」と試験官から見られるでしょう。

一概には言えませんが、面談がうまくいかなかった場合でも、挽回できることがあるかもしれません。

うまくいかなかった点を、「改善したい点」の中でしっかりと述べることができれば、試験官は「面談中には確かにその点がうまくできていなかったが、それについては受験者自身も十分にわかっている。今後はそれを修正、改善していけるだけの素質と能力を、この受験者は持っているに違いない」と、好意的に評価してくれる可能性があります。

上記の「できた点」や「改善したい点」の参考例（各10個）は、このようにしたらよい面談になる、このようにしたらあまりよい面談にはならないという事例集としても使えると思います。自分の面談を振り返るときに、自己評価をする際の指標としても使ってみてください。

練習問題 1

あなた自身のことについて以下の問いに答えてください（解答例はありません）。

1 ご自身がキャリアコンサルタント役として面談をする際に、「できる点」は何でしょうか。ご自身が練習してきた面談を振り返り、先の10個の参考例も見ながら、その内容を記載してください（2～3個以上書きましょう）。

〈解答欄〉

2 ご自身がキャリアコンサルタント役として面談をする際に、「よくできない点 (改善したい点)」はどんな点でしょうか。ご自身が練習してきた面談を振り返って、その内容を記載してください。

〈解答欄〉

　ロジャーズの言う「自己一致」とは何か

　カウンセラーがカウンセリングをするにあたって必要とされる「中核三条件」として、ロジャーズは「受容・共感・一致」を掲げました。「受容」と「共感」については、本文で述べていますので、ここでは「一致」について少し考えてみます。

　「一致」とはロジャーズの用語で、「自己一致」のことです。自己一致とは次の上の図

のように、自己概念と体験がほぼ重なっていることを指します。

　一方、「自己不一致」とは次の下の図のように、自己概念と体験が重なっていないことです。例えば、入れると思っていた希望企業に採用されなかったという体験を、自分自身でそのまま受け入れることができなかったとき、その状態を自己不一致であると呼びます。自分はその企業に入れる力を持っているという「自己概念」と、実際には採用されなかったという「体験」が乖離（かいり）しているのです。

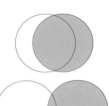

自己概念（白円）と体験（薄い赤円）が、ほぼ重なっている「自己一致」の状態

自己概念（白円）と体験（薄い赤円）が、ほとんど重なっていない「自己不一致」の状態

　多くの場合、私たちはつらい体験を否認したり、あるいは歪曲して捉えようとするものです。しかし、自己不一致の状態はその人にとって決してよい状態ではなく、現実への様々な不適応を引き起こすことにもなりかねません。そのような人が悩んでカウンセリングに来談されるとも言えます。

　一方、自己不一致の人を受け止めるカウンセラーは、自分自身が自己不一致の状態であってはいけません。**カウンセリングの場面においてカウンセラーは自己一致していることが必要**であると、ロジャーズは言います。

　自己一致は、「透明性」や「純粋性」、あるいは「真実性」といった言葉で表現されることもあります。それは**嘘や偽りがなく、「正直であること」**とも言えます。

　カウンセラーも人間ですので、例えば「このクライエントは嫌いだな」と思うこともあるでしょう。そう思った体験を「私はカウンセラー（キャリアコンサルタント）だ」という自己概念で変に押し込めようとしたり、見ないようにするのは正直とは言えません。

　その体験（感情）をありのままに受け入れて、湧いてきた感情を認めることが「自己一致」です。

　そうした感情をどう表現するのか、あるいは表現しないのかは、カウンセラー（キャリアコンサルタント）の「選択」です。難しい選択の場合もあります。続きは、次のコラムで紹介します。

⦿ クライエントの「主訴」は何か

　「クライエントが訴えていた問題や悩みは何でしたか？」という口頭試問での質問は、クライエントの「主訴（しゅそ）」を聞く質問とも言い換えられます。クライエントが一番訴えたいことが主訴です。

　主訴を聞く問いに対しての回答は、クライエントが語った内容をまとめるという作業です。そこで要求されるスキルは「要約」の力です。

　要約がしっかりとできるかどうかは、まずクライエントの話を正確に聞けていたかどうかにかかってきます。試験官は受験者が正確にクライエントの問題を把握できていたかどうかをチェックするはずですし、さらに、いかに簡潔にわかりやすく語れているかという点も見ています。

　今までに記載してきた逐語録を元にして、以下の練習問題に取り組んでください。

練習問題 2

1 これまでの逐語録（第4節の冒頭から始まる面談／CC06から2つに分岐していますが、そのどちらでも結構です）の中で、クライエントがもっとも訴えていた問題や悩みは何でしたか。クライエントの「主訴」を解答してください。

〈解答欄〉

1

面接試験

　電車の運転士にあこがれて、鉄道会社を受けたけれども採用されず、親からはどこでもよいから早く就職を決めろと怒られて、どうしようかと迷っている。

●クライエントが語った内容を、簡潔に要約する

　「主訴」を語るにあたっては、長くなり過ぎないようにしてください。そのためには、内容の重複は避けて、簡潔に述べます。また、長くなりすぎないよう、クライエントが語った細部（細かい話）は盛り込まずに、**大筋だけを要約して答える**ようにしてください。

　できればクライエントの語った言葉に忠実な方がよいのですが、適切な「言い換え」はあってもかまいません。ただし留意してほしいのは、「主訴」を述べるにあたっては、受験者（キャリアコンサルタント側）の**意見や見立ては入れない**ことです。あくまでもクライエントがしゃべったこと、もっとも訴えていたことを要約して、簡潔に述べることが基本です。

　お気づきの方もいると思いますが、「主訴」はほぼ面談の冒頭部分でクライエントが語ったことを要約したものになることが多いものです。本書での事例でいえば、1-4節の冒頭にある **CL05** までの内容だけで「主訴」をまとめることができています。

　クライエントが面談の始まりに語った内容はとても重要ですので、しっかりと把握するようにしてください。

D クライエントに対する「見立て」は何か

　「キャリアコンサルタント側から見て、このクライエントの課題や問題点は何だと思いますか？」という聞かれ方は、言い換えると、「クライエントに対して、あなたはどのような課題や問題点を見立てましたか？」ということです。

　ここで言う「見立て」とは、クライエントの話を聞いて、キャリアコンサルタントがどのように感じたか、**クライエントのどこに課題や問題点を見い出したか**ということです。

　「主訴」では、クライエントが自ら語っていることを述べたわけですが、それに対し

て、「見立て」では、クライアントが直接的には語っていないことを述べることとなります。

練習問題 **3**

これまでの逐語録（1-4節冒頭から始まる面談）について、次の問いに答えてください。

1 キャリアコンサルタント側からみて、このクライアントの課題や問題点は何だと思いますか。「見立て」を解答してください。1-4節冒頭（p86〜87）の🔲CC01〜🔲CL05、次はp95〜96の🔲CC06〜🔲CL17、その次は1-5節のp143〜147で🔲CL48まで続く逐語録において、あなたがキャリアコンサルタントであったとして答えてください。

〈解答欄〉

2 キャリアコンサルタント側からみて、このクライアントの課題や問題点は何だと思いますか。「見立て」を解答してください。1-4節冒頭（p86〜87）の🔲CC01〜🔲CL05、次はp106〜108の🔲CC06〜🔲CC21、その次はp115〜117の🔲CC21〜🔲CL35、その次は1-5節のp123〜124の🔲CC36〜🔲CL48、その次はp139〜140の🔲CC49〜🔲CL60まで続く逐語録において、あなたがキャリアコンサルタントであったとして答えてください。

〈解答欄〉

練習問題3 1 　　　　　　　　　　　　　　　　　　　　**解答**

　このクライエントには、自分は電車のことをよく知っているので、当然鉄道会社に採用されるはずだという「思い込み」があり、また鉄道会社ではどのような人材が求められているのかという情報収集が十分にされておらず、鉄道会社に勤めるということに関しての「職業理解の不足」があるのではないかと思われました。

練習問題3 2 　　　　　　　　　　　　　　　　　　　　**解答**

　このクライエントは、何が得意で何が不得意なのかや、鉄道会社以外にも向いている仕事があるかもしれないという観点での「自己理解が進んでいない」という問題点があるように思われました。また、父親との関係では、怒られることを恐れているだけで、しっかりと語り合えていないという「コミュニケーション不足」があるように思われました。

●「見立て」の根拠も語るようにし、断定的な言い方はしない

　「見立て」は、実技・論述試験においても問われる重要事項です。

　これまで述べたように「見立て」は、これによって面談を先に進めていくことができますし、またクライエントに気づきを得てもらうための契機（きっかけ）ともなります。

　口頭試問で見立てを語るときの注意事項は、**断定的な言い方をしない**ようにすると

いうことです。見立ては、あくまでもキャリアコンサルタントが立てた仮説です。間違っているかもしれません。したがって、語り口の**語尾は「～と思われます」とか、「～と考えました」などの表現とすることが望ましいといえます**。

「見立て」を考える際は、1つの出発点として、**①自己理解の不足、②職業理解の不足、③コミュニケーションの不足、④思い込み**を考えることを提案しました。

しかし、例えば「コミュニケーションが不足していると思いました」というだけでは説得力がありません。**なぜ「コミュニケーション不足」であると考えたのかという見立ての根拠や理由を語る**ことで、はじめて試験官にも納得してもらえる返答になると考えてください。

E 今後の展開について

「もっと時間があったとしたら、この面談を今後どのように展開しますか？」という質問については、**実際に行われた面談がどこまで進んだかによって、語る内容は違ってきます**。

「目標の設定」という段階までいっていない場合は、今後どのような目標が語られる可能性があるのかについての目途を語れるのが理想的でしょう。

「目標の設定」までいけた場合は、その目標を達成するための「方策」を、今後は一緒に考えていきたいという話をすることになります。

もし方策まで進んだ場合は、そもそも「もっと時間があったとしたら」という聞かれ方は試験官からされないかもしれません、今後の展開は「次回の面談の際に、方策がどのように実行され結果がどうだったのかをお聞きして、何か課題が生じたのであれば、それについて一緒に考えていくこととなると思います」といった返答になります。

ただ**多くの場合、試験の面談時間内では「目標の設定」までいかない**のではないでしょうか。

したがって、以下の練習問題では、途中で時間切れになってしまった場合を想定した答え方を考えてください。

練習問題 **4**

これまでの逐語録 (p95～96) 🗒CL17までについて、もっと時間があったとしたら、面談を今後どのように展開しますか?

〈解答欄〉

練習問題 **4**   解答

　クライエントと合意できる目標を設定し、その後は目標を達成するための行動計画を一緒に考えていきたいと思います。具体的には、鉄道会社ではどのような人材が求められているのかをしっかりと把握し、再度鉄道会社にトライするように目標設定することなどを想定しています。

●事例に即して具体的に語り、実行計画まで述べられればベター

　上記の解答例では、目標がこうしたものになる (だろう) というところまでしか語られていませんが、**その後の方策 (実行計画) にまで言及した方がよい**ようにも思えます。

　例えば、上記に続けて次のようなことを語っていきます。

> 「そうした目標設定になるかどうかはわかりませんが、仮にそうなった場合には、次には目標達成のための行動計画を一緒に考えていきます。例えば先生や先輩、学校側から情報を集めるようにするとか、先生とはもっとよくコミュニケーションして、落ちた理由を先生と検討してみるとか、そうしたことが想定されま

す。そうした行動をいつまでにどのように行っていくかを決めていければと思っています」

　システマティック・アプローチの説明で述べた、「目標の設定」→「方策の実行（行動計画を立てる）」という流れを押さえていれば、こうした今後の展開が容易にイメージできるのではないでしょうか。

　ここで注意してほしいのは、この**事例に即した具体的な内容を語る**ということです。ただ「今後は目標を設定し、その後実行計画も一緒に考えていきます」と抽象的に語るのでは、どう展開していくのかが伝わりません。

　語ったような展開に本当になるかどうかは、クライエントがどう反応するかによりますので、予想はつきません。しかし、**面談の今後に道筋を立てているか否かという点が評価のポイント**になってきます。

　今後の展開の道筋を「仮にこう考えている」というだけなので、先の例にあるように、「そうした目標設定になるかどうかはわかりませんが、仮にそうなった場合には……」といった表現を心がけるのがよいでしょう。

F 資格の活用イメージ

　「資格を取得したら、どのように活用しますか？」という質問は必ず聞かれるとは限りません。とくにCC協議会の試験ではほとんど質問されないとも言われています。

　しかし、この問いについては、面談試験の内容とは関係なく事前に考えておくことができますし、また現実的にとても重要な事柄ですので、試験に出る出ないにかかわらず、ぜひ考えておいてください。

練習問題 5

　あなたは、キャリアコンサルタントの資格を取得したら、それをどのように活用しますか？

〈解答欄〉

練習問題 5 　　　　　　　　　　　　　　　　　　　　　　　　　　 一つの解答イメージ

　私は、現在、IT企業の人事部に勤めていますが、最近はメンタルヘルス面で悩んでいる社員も多く、それが社内でも問題になっています。できることなら、資格を活かす形で、社内に「キャリア相談室」的なものを設置できるように、会社側に働きかけていきたいと考えています。国家資格を取得したということで、人事部の中でも部長、課長をはじめ、私の提案に耳を傾けてくださる人が増えたらいいなと考えています。

　もちろん上記の解答例は一例にすぎませんので、ご自身で考えてみてください。

　上記は、企業内にいるキャリアコンサルタントをイメージしたもので、分野としては「企業領域」のものでした。以下、あくまでも参考として、「教育領域」「需給調整領域（人材関連ビジネスやハローワーク、職業訓練分野など）」に加えて、「企業領域」でも社外から企業等に関わる社外キャリアコンサルタントの事例を挙げます。

　皆さんが、どのような領域におられるのか、あるいは今後どのような領域で活躍されようとしているのかによりますが、事例も参考にして、**それぞれ独自の自分らしい活躍のイメージを描いていただければ**と思います。

●教育領域における資格活用イメージ

　子どもが通っていた学校では保護者会に関わり、以前から教育に関心をもってきました。現在は企業に勤めていますが、資格を取得した後は、できれば大学や専門学校などのキャリアセンターに勤めたいと考えています。企業に入ってもすぐにやめ

てしまう新入社員が多い中で、本当に自分に合った企業を見つけて、長く働けるように学生たちを支援できるようになりたいと考えています。また、より若い高校生、中学生に対してのキャリア教育にも関心があるので、そちらでも資格を活かした活動ができないかと思案しています。

●需給調整領域における資格活用イメージ

人材紹介会社や派遣会社など、人材系の企業で働きたいと考えています。私自身が転職を考えたときに、紹介エージェントのキャリアコンサルタントの方がとても親身なって、次の転職先を考えてくれました。そのように他人に喜ばれる仕事をしていきたいと思うようになりました。資格を取得した後にも、最新の仕事や各業界の情報に常に敏感になり、転職を考えている人たちに対して適切な情報提供やアドバイスができるようになっていきたいと考えています。

●企業領域における資格活用イメージ

資格取得後は、今までに培ってきた経験と知識をベースとして、企業に対してのコンサル業務や、従業員向けの研修などをやっていきたいと思っています。「セルフ・キャリアドック」という制度がありますが、従業員と定期的にキャリアコンサルティングを行いつつ、並行して研修やワークショップも実施し、従業員が組織の中で幸せに働けるようになっていくための制度だと思っています。そうした制度をもっと企業や団体、とくに地場の中小企業向けに広めていきたいし、そうした活動を通じて地域も元気にできたらいいなと考えています。

「資格を取得したらどのように活用しますか？」は、口頭試問で質問されない場合も多いとも言われます。しかし、試験に出ないとしても、ぜひ考えてほしい事柄です。

私たちキャリアコンサルタントは、クライエントのキャリアプランを支援する仕事でもあります。その本人のキャリアイメージが明確でないというのはどうでしょう。「私たちの最初のクライエントは自分自身である」という言い方もあるくらいですので、ぜひご自身の将来像を語れるようになっておいてください。

面接試験

1

　　もしもクライエントがすごく嫌な人だったら……

　ロールプレイ試験の際に、どのようなクライエント役にあたるかについては、よく話題になります。「あまりしゃべってくれない人だった」とか、「すごく感じのよい人だった」とか、そのような話です。

　中には受験者側で「このクライエント役の人は、私ちょっと苦手かも」と思うような場合もあるのではないでしょうか。実際、試験が始まる前から、「私の苦手な中高年の男性には決して当たりませんように……」と祈っている人もいるくらいです。

　試験のときでも、また実際のキャリアコンサルティングの場面においてもそうですが、すべてのクライエントに対して好感が持てるわけではありません。私たちキャリアコンサルタントも人間ですから、感情をもっています。

　例えば「何だこの人は。いろいろと企業の求人情報に難癖をつけて、結局どこも受けようとしないんじゃないのか……」と、その人のことが嫌になってしまうといったことなどもあります。試験のときであれば、**「ちょっとこのクライエント役の人、私は好きになれないかも」といった感情がわいてくることも自然にあることでしょう。**

　p162～163のコラムでは、ロジャーズの「自己一致」について述べました。カウンセラーは「自分に正直であれ」と言うことです。「この人（クライエント）は好きになれない」といった感情についても、押し殺そうとしたり、抑圧したりすることはよくないことになります。あるがままに、そのような感情が湧き上がっていることを認め、そのような感情を持った自分自身をまずは受け入れるという姿勢が必要ということになるのでしょう。

　どうでしょう。そこまではよいでしょうか？　一応、頭では理解できますよね。

　ではその先はどうしたらよいのでしょう。「この人は嫌だな」と思ったら、それは相手にも伝わることが多いのです。すると相手（クライエント）とのリレーション（関係構築）がうまくとれなくなることもあるでしょう。ラポール形成もできなくなるわけで、これは大きな問題です。

　私がそのようなときにとる方法は、その**感情を質問に変えていく**ことです。

　「嫌だ」と思った感情はなぜ生まれたのか、自身の中にそれを見ていくと、例えば「うじうじして決断ができない人だから」といった理由が見えてきます。それを「なぜこの人はそうなのだろう」という疑問に変えて、その部分を掘り下げていくためのきっかけにするという方法です。

その人に対して「共感的な理解」を進めるための"とっかかり"にします。**クライエントに対して抱いた感情やある種の違和感が、面談を進めていくための推進力になる**場合もあるということです。

しかし、漠然と「中高年男性はイヤ」と思っているような人の場合には、その方法は当てはまらないかもしれません。そのような場合には、**なぜある属性の人に対して、特定の感情が湧いてくるのかについて、自己を見つめ直し、自己理解を深めておく必要**があるでしょう。

それは日頃から行っておくべきことのように思われます。キャリアコンサルタント自身に、自己を内省する力が求められています。

---

column **キャリアコンサルティング（面談）についてのプチ問題②**

以下の文章は、キャリアコンサルティングのやり方を述べたものです。正しいものを選択してください。

1. 「悩んでいる」と話し、とても落ち込んでいる相談者に対しては、「悩んでいるのは、あなただけではない」と言って励ます。
2. 「悩んでいる」と話し、とても落ち込んでいる相談者に対しては、その内容を具体的に聞いていったり、気持ちや感情を繰り返したりして寄り沿うようにする。
3. 相談者の主訴をキャリアコンサルタントが共有することによって、相談者はキャリアコンサルタントに対して信頼感、安心感をもつ。
4. 相談者の主訴はキャリアコンサルタント自身の主訴ではないため、キャリアコンサルタントは客観的に扱うという視点でみていく。
5. カウンセリングにおける「繰り返し」では、相談者の話をできるだけ記憶して、そのまま正確に伝え返すことが重要である。
6. 「繰り返し」とは、キャリアコンサルタントが「あなたの話をこのように理解しましたが、私の理解に間違いないでしょうか」といったように、ポイントを復唱することである。
7. 面談の過程で相談者が沈黙するときは、相談者が面談への抵抗や拒否を感じているときであるため、即座に面談を中止する方がよい。
8. 沈黙には何らかの意味がある。とくに相談者が考えている場合、内省している場合などは、再び話し始めるまで待つことが望ましい。
9. 「あいづちをうつ」とは、「うむ、うむ」「なるほど、そうですか」など、相談者の話に合わせて、受け答えすることである。
10. キャリアコンサルタントが「うなずく」「あいづちをうつ」ということと、相談者の話に共感することとは、全く別なことである。

（解答）正しいもの→2.3.6.8.9

チェック項目
「口頭試問」対策

A 「口頭試問」の内容と面接試験の評価項目

□□□　自身が受験する団体の面接試験の評価項目について理解できていますか。

B よく「できた点」・「改善したい点」は何か

□□□　口頭試問は、行った面談に即した形で行い、面談で出た具体的な内容を盛り込んだうえで、「できた点」や「改善したい点」を述べることができますか。

C クライエントの「主訴」は何か

□□□　クライエントが語った内容を簡潔に要約して、「主訴」を述べることができますか。

D クライエントに対する「見立て」は何か

□□□　「見立て」を、・自己理解の不足・職業理解の不足・コミュニケーションの不足・思い込み、などをきっかけとして考え、面談の事例に即して、断定的な言い方ではなく言うことができますか。

E 今後の展開について

□□□　今後、どのように面談を進めていきたいか、について面談の事例に即した形で語ることができ、目標の設定や、方策の実行（行動計画づくり）まで具体的なイメージとして語ることができますか。

F 資格の活用イメージ

□□□　キャリアコンサルタントの国家資格をどのように活用していくか、についてイメージが明確になっていますか。

7 ロールプレイ実例に よる試験対策

合格への オリエンテーション

　本節では、ロールプレイの実例（逐語録）を収録し、そこに解説を加えたり、また「練習問題」を組み込んだりして、実践的な試験対策が行えるようにしました。ケース（事例）は3つ用意しました。とくにケース2と3は、私たち一般社団法人地域連携プラットフォームが行っている「受験対策講座」の中で、国家資格の実技試験を受験される方が実際に行ったロールプレイの記録を用いています。逐語録の右側には講師からのコメントを掲載しています。CCの発言が適切だと思われるときは○、そうでないときは×、その中間のときは△を付けています。

　掘り下げが不足していたり、何度も同じような話をしてしまって堂々巡り的となっている、といったあまり好ましくない事例です。しかし、比較的多くの初心者が陥りやすいパターンとも言えます。その意味では学習していただける点が多いケース事例です。

A 「繰り返し」と「整理」をして「気づき」へ導く（ケース1）

　キャリアコンサルティングの中で、クライエントに過去を振り返っていただくという場面はよくあります。

　たとえば、ある「転機」に直面して、どうしようかと悩んで来られたクライエントに、その転機を乗り越えるためのキャリアコンサルティングを行うといったシチュエーションです。

　キャリアコンサルタントは、クライエントの発言を繰り返し、ときには整理をしていくといったプロセスを通じて、クライエントに今の問題（悩み）の解決につながる何らかの「気づき」を得ていただくようにします。その実例をまずは読んでみてください。

　これはうまくその流れが作り出せた面談といえます。参考にしてください。

人生の中で、もっとも印象に残っている転機は何でしたか？

←今の問題の解決につなげるために、過去を振り返っていただくことがあります。

 8年間務めた会社を辞めたことです。

 そうなんですね。もう少し詳しくお聞かせください。

 自己啓発セミナーに出て、自分は何がやりたいのかと自問自答したことがきっかけでした。

 自分がやりたいことは何なのかとお考えになって、それで会社を辞めようと考えた……。

←繰り返しですが、まったく同じ言い方ではなく、少し言い換えています。まずはこうした繰り返しが自然にできるようになってください。

 はい、そうです。自分がやりたいことは、今会社でやっている仕事ではなく、人に何かを教えるといった教育関係の仕事だと……。

 教育関係の仕事がやりたいことだとわかったということですね？

←「教育関係の仕事」という最もキーとなる言葉を繰り返しています。

そうです。でも、そうわかってからも、実際に会社を辞めるという決定をするまでには迷いました。

どんなふうに迷い、悩まれたのですか？

←「迷う」という言葉は感情や気持ちを表す言葉ですので、必ず取り上げて繰り返します。

 そのとき会社でやっていたシンクタンク業務に対して、とくにこれといった不満はなかったですし、辞めて独立するといったことを考えていたのですが、経済的には不安でした。

経済的な不安を感じておられた……。

←ここでは「経済的な不安」がキーワードですね。

ええ、毎月給料が出なくなるわけですし、若者向けのコーチング的なことを始めようとしていたのですが、顧客がつくかどうかわかりませんでしたし……。

 コーチングの顧客が取れるかどうかが不安だったのですね？

←単純な繰り返しですが、少し言い換えてわかりやすくしています。

 そうです。

それでどうされたのですか？

 インターネットを使った集客の方法などを勉強しました。

CC 09 そうなんですね。この転機は、環境の変化がきっかけで仕方なく変わらざるを得なかったというものではなく、ご自身で決断されようとしたものですからね。その意味では、そのタイミングや時期を自ら図って、独立に向けてしっかりと準備をされたということですね。

←ここは、ある種の「解釈」をしているとも言えます。今の転機をどう乗り越えられるかという、主訴につながる話になるように発言しています。

CL 09 ええ、独立しようと漠然と考え始めたときから、実際に独立の意思決定をするまでには1年半くらいあったと思います。

CC 10 そうですか。それで実際に独立しようとしたときのお気持ちはどんなものでしたか?

CL 10 まだ不安はもちろん残っていましたが、何とかなるさといった気持ちが強かったです。

CC 11 何とかなるさというお気持ちからは、とても肯定的に人生を捉えているという感じがしますね。

←CCの解釈あるいは感想ですが、これも主訴の解決につながる発言ともいえます。

CL 11 そうですね。そのあたりは肯定的というか、楽天的、脳天気というか……。まあそんなもんですよ。

CC 12 楽天的あるいは脳天気ですか……。先ほど出てきた経済的な不安については、集客方法などを勉強して準備されていたということで、クリアになったとお考えになったのですか?

←クライアントの言葉を繰り返した上で、以前にクライアントが語った話に言及しています。

CL 12 1年半の間に資金を貯めましたし、人脈づくりもして、実際何人かからは出資も募ることができるようになりました。

CC 13 そうなんですね。経済的な支援や人のサポートもあり、とても準備周到というようにも思いますが、他にも何かこの転機にあたって行ったことはありますか?

←「準備周到」というクライアントが言っていない言葉を使っていますが、とくに違和感は持たれない範囲での言い回しになっています。また、かつての転機に、他にはどんなことを行っていたのかという点をもっと引き出そうとしています。これも主訴の解決につながることを意図したものと言えます。

CL 13 そうですね……。県に創業支援センターというところがあるのですが、そこに行っていろいろと情報を収集したり、補助金のことを教えてもらったりしました。

CC 14 そうですか。独立にあたっては、補助金も受けられたのですね?

CL 14 ええ、それはありがたかったです。申請にあたっては、センターさんの助言も受けて、起業にあたっての行動計画を立てたのですが、それがすごく自分の頭を整理することにもつながりましたし、また起業するという決断を後押ししてくれたという側面もありました。

CC 15 起業という決断、意思決定をするまでの過程をいろいろお話いただき、大変ありがとうございます。この一連の転機への対処を振り返っていただいて、何かお感じになっていることはありますか?

←ここまでの流れをCCがまとめた上で、クライアントに何らかの気づきが起きないかという意図での質問をして、この面談をリードしています。

CL 15 そうですねぇ。自分で言うのも何ですが、わりとよく動いたなと思っています。最初は独立、起業とかいってもとても漠然としたものだったのですが、周囲の人に話したり、また創業支援センターのキャリアコンサルタントの人ともコミュニケーションしている中から、だんだんその気になってきたという感じでしたね。

 CC 16 そうですか。転機にあたっては、ご自身でよく動いた、また周りの人とのコミュニケーションも気持ちを固めるのにすごく役立ったということですね？

←繰り返しというよりは、話を整理し、また確認をしています。

 CL 16 ええ、「自分はこういうことで独立するんだ」ということを、友人や異業種交流会で知り合った人たちによく話していましたね。それで後には引けなくなったというか、自分でも決意ができましたね。

 CC 17 そうなんですねぇ。決意ができたんですね。

←ここでは単に相づちを打って繰り返しているだけですが、クライエントがさらに話してくれるようになることはよくあります。

 CL 17 その気になってきた、つまり目標が明確になったということで、何をしなければいけないかが自分でも見えるようになって、それが自然と動きにつながったように思います。

 CC 18 そうですか。目標が明確になると力が出る、動きも早くなるということでしょうか？

←少し言い換えて整理しています。

 CL 18 はい、そういうところはとてもあると思います。そういえば、とくに転機と言うほどでもない、人生の他の場面でも、そんなことを感じることがあるなと気づきました。

←クライエント本人が「気づき」を語っています。

 CC 19 「これをやりたい」「やらなくちゃいけない」というように、目標が明確になれば、すごい力が出せて、物事を早くに進めていける。そういうことですかね。

←まとめて、確認をしています。

 CL 19 そうですね。今まであまりはっきりと意識したことがなかったですが、確かにそういうところはあると思います。

 CC 20 本日は、転機に直面してお悩みになっているということで相談に来られたわけですが、かつての転機のときのご自身の対応を振り返ってみていかがでしたでしょうか。何か今のお悩みに通じるところはありましたか？

 CL 20 そうですね……。いま自分が何が一番やりたいのか、大事だと思っているのかをもう一度考えて、自分なりに目標といえるものを明確にすることが大事かなと思いました。

─面談の本筋から外れないように、主訴をもう一度一緒に確認できるようにしています。そして、今まで過去の転機を振返ってきて気づいたことが、今の転機にどうつながるかについて問い掛けをしています。ここでも「答えはクライエント自身が持っている」という前提に立ち、できるだけクライエントに語ってもらうようにしています。

ご自身の目標を明確にするということですね。

CC 21

 はい、そうです。

CL 21

では、その点について、これからご一緒に考えていきましょう。

CC 22

（以下、省略）

B 掘り下げ不足な面談にならないために（ケース2）

　以下の逐語録（面談記録）における、CL（クライエント）△△さんは、35歳男性。四年制大学（経済学部）卒業後、製造業の会計課に12年勤務。4月から人事課に異動となることが決まった、というもので、面談時期は2月頃の設定です。

　逐語録の途中には練習問題1から練習問題6まで、練習問題も組み込まれています。ぜひ挑戦してみてください。

本書で取りあげたケース状況設定は、国家資格の上位資格と位置づけられている2級技能士の試験課題からとりました。国家資格の面接では試験当日に課題がわかりますが、2級では事前に5つの課題事例が示されます。課題がわからなくてもとくにおそれる必要はありません。平常心でロールプレイに臨んでください。

CC 01 △△さん、よくおいでくださいました。キャリアコンサルタントの〇〇と申します。私達には守秘義務があり、ここでお話しいただく内容は、他に漏れることはございませんので、どうぞご安心してお話しください。

←実際のキャリアコンサルティングの場では、最初に守秘義務の件を語ることが普通です。しかし試験においては、守秘義務の件を必ず話さなければならないということではないようです。述べなくても減点されることはないとお考えください。

CL 01 よろしくお願いします。

CC 02 △△さん、今日はどのような事でお見えになりましたか。

CL 02 今の会社に12年勤めていて、ずっと会計の仕事を担当してきましたが、来年度の4月から人事部に移り、そのときから課長というポジションに昇進します。中間管理職という立場なんですけれども、部下ができて、指導するということになりました。でも、自信が持てなくなっているんです。

CC 03 自信が持てない？

←〇 CLの発言の中で、気持ちや感情が表れている部分を取り出して繰り返しています。

CL 03 はい。これからどうしようかなとちょっと今悩んでいるところなんです。

CC 04 そうでしたか。今お話を伺っていますと、異動があり、それにプラスして昇進もなさったということで、それはとてもすばらしい。大変おめでとうございます。……しかしその昇進が悩ましいところでもあったのですか？

←✕ 「すばらしい」や「おめでとう」の褒め言葉には注意が必要です。とくに「おめでとう」は本人がそう思っていない場合もありますので要注意です。CCの素直な感情のあらわれで自然に口に出る褒め言葉ならばよいですが、「褒めないと合格しない」からといった理由で取って付けたように言う場合はNGです。

CL 04 そうですね。その昇進が決まったのは去年の10月なんですけれど、それを会計課長から言われた時はうれしかったんですけれども、そのときから、人事の仕事っていうものをまあ観察はしてきたつもりですけれど、非常に大変だなあという気持ちで……。部下が30名ぐらいになるんですが、その人たちを束ねていくということにちょっと自信がなくて……。そもそも4月からですから、まだ2か月ぐらいあるんですけれども、ちょっと心の準備といいますか、できないなあと思ってしまって……。

CC 05 そういうところで非常に不安を持っていらっしゃるんですね？

←△ 「そういうところで」が△。「もう少し丁寧に繰り返しをした方が、しっかりお聞きしています、ということがCLに伝わると思われます。

CL 05 そうですね、はい。

CC 06 なるほど。これまでずっと会計のお仕事をされていたということで、人事に関するお仕事はまったくの初めてでいらっしゃるわけですか？

CL 06 そうですね。全然違う部署でフロアも違う状況で、人事に携わる人たちもほぼほぼ知らない人ばっかりなので……。

CC 07 そうですか。そうなると人事の部署を観察なさったといういうか、ちょっと見にいかれたということですけれども、どなたかの指導といいますか、どなたかがこういうお話をしてくださりながらの観察という感じなんですか？

CL 07 そうですね。人事には知人がいたものですから、ちょっとその人に人事の若手社員と関わる機会をつくっていただいて、いろいろ話し合いをしていたんですけれど。人事の仕事が非常に大変で細かくて仕事内容が非常に多岐にわたるので、上司になる私自身が覚えなければいけないことが非常に多いし、重たい感じがしました。責任感も非常に……。社員の評価をするわけですから、非常に難しいなあと思っています。私に務まるのかなあと……。

CC 08 △△さんの仕事は多岐にわたるということですけれども、そういったところでの不安が大きいという感じですか？

CL 08 そうですね。やはり仕事内容ですかね。人間関係もなくはないですかね、知らない人が多いので、それがちょっと不安な部分もありますね。

CC 09 今までのご経験として会計の中では、どなたかグループの長というか、後輩を育てるだとか、部下の面倒を見るとか指示を出すとか、そういったような業務はおありでしたか？

CL 09 はい。30歳になったときに主任という立場に立ちました。

CC 10 そうなんですか。

CL 10 ええ。新入社員とか採用3年目ぐらいの者を教育する立場にはあったんですけど、肩書がついていなかったので、それでちょっと気楽な部分もあったんです。

CC 11 なるほど。じゃあまったくそういった人を指導するとか面倒を見るというような仕事に携わったことがないわけでもないんですね？

CL 11 わけではないですけど。

CC 12 20人、30人の多くの部下のみなさんを束ねていくということに非常に不安感が大きいということですね？

← △「そうなると」が何を言っているのかよくわからない。
全般的にもう少し簡潔に、わかりやすい表現を心掛けていただきたいです。たとえば「先ほど、人事の仕事を観察されてこられた、とお話しされましたが、具体的にはどのように観察されたのですか？」など。

← △「細かく多岐にわたる仕事を覚えなければならないと思っておられる…？」といったように、もう少し丁寧な繰り返しが必要です。

← ✕ CCから話題を出してしまっています。前の質問で仕事内容について質問をし始めたのであれば、それをもっと掘り下げていく方がよかったでしょう。

CL 12 これまでは主任という立場で、3人ぐらいをOJTという形でちょっと面倒を見るというぐらいだったので、そんなに考えることもなかったんですけれども。

CC 13 今回の異動に関してはフォローしてくださるような上司の方だとか、周りのサポートはどんな感じですか？

CL 13 そうですね。人事課の係長が私の大学の後輩にも当たるんですが、あまり関わったことがないんですが、同じ大学ということもあるので、補佐してくれるんじゃないか、という気持ちもあります。課長補佐というポジションはないので、係長の彼がちょっと助けてくれるかなというのと、あとは部長がいますので、部長が「おれが面倒を見るから」と言ってはくれているんですけど、ただどうなんでしょうねえ、という気持ちもちょっとあるんです。

CC 14 部長さんとあとの若い方がサポートしてくださる体制は十分整っているということで、みなさんとのお話、コミュニケーションとかはどういった感じで、今のところはとっていらっしゃるんですか？

CL 14 いえ、まだ全然とっていないですね。その大学の後輩も、なんとなく前から聞いて「彼、後輩らしいよ」っていうぐらいなんで。ほとんど会話もなかったものですから。

CC 15 そうですか。では今度は新しく同じチームのお仕事をされる方たちとのコミュニケーションっていうのは、まだ考えていないんでしょうか？

CL 15 そうですね。改まってコミュニケーションの機会を設ける、といったようなことはとくに予定していませんね。

CC 16 新しいお仕事に関しては、いろんな内容が多岐にわたるというところで、今のところどういったご準備をされているんですか？

CL 16 ちょっと探りを入れている、ということもあるんですけど……。

CC 17 引き継ぎとかもきっとおおありでしょうし……。

CL 17 そうですね。会計課の方でも引き継ぎを今やっていたりするもんですから。

CC 18 忙しいですね、今は。

✕ ここでも話題をCCから出していますが、CLの話を掘り下げるという方向もあったと思われます。周りのサポートで解決していけるのではないかというCC目線で解決を急ぐような面も感じられ、あまり適切ではありません。

⇒ **練習問題 1**
「掘り下げる質問」としては、例えばどのような質問をしますか。

△ もう少し整理してわかりやすい言い方にしたほうがよいでしょう。

✕ 前言を受け取って伝え返すのではなく、新しい話題を始めようとしています。

⇒ **練習問題2**
伝え返す（繰り返す）形での応答をしてください。

183

CL 18 不安ばっかりが募っていて、準備が足りていないかなという気もするんですけど。

 CC 19 引き継ぎのタイミングですから、あれもやりこれもやりで非常にお忙しい期間をお過ごしでいらっしゃると思うんですけど。ご準備として少しずつ何かできることって、今のところどうでしょう？　おありですか？

← ✕ CL16でCLは「(準備としては、)探りを入れている」といった発言をしています。それを無視した形で、新たに「準備として何ができるか」といった質問をしているのは、好ましくありません。

CL 19 ありますかね。

 CC 20 どうでしょうか？

CL 20 そうですねえ。共通の知人を通してちょっと紹介してもらったってさっき言ったんですけど、もうちょっと係長や部長と、何か話ができるような機会があればいいなとは思っているんですけれども。

 CC 21 そうですね。そういった方たちのお話を伺うだけでも、準備そのものにはならないかもしれませんけど、それで、少しは状況が変わることになるかもしれないですよね。

← △ 前言でCLが言ってくれた今後の行動(目標)を後押しするという意図はいいと思いますが、CCの意見を言う形となってしまっています。

⇒ **練習問題3**
より適切なCCの発言を考えてください。

CL 21 そうですね。ちょっとじゃあ連絡をとってみたいと思いますけど。

 CC 22 人事は本当にお忙しいですからね。いろいろできることから着手していただいて、周りの方のお話を伺うというのは非常によいことだと思います。

CL 22 そうですかね。

 CC 23 どうですか、そういったタイミングとかは？

← ◯ いつ行うか、という点を聞くことで、目標の達成を後押ししようとしている点は評価できます。

CL 23 そうですね。ちょっと変わった人が多いって聞いたことがあります。それもちょっとなんか……。その部長と係長はそうでもないのかもしれないですけど、なんか……。

 CC 24 変わった人が多いっていうお話自体は、どなたから具体的にお話を伺ったんですか？

← ✕ ここでも前言を伝え返すことが必要ではないでしょうか。

⇒ **練習問題4**
より適切なCCの発言を考えてください。

CL 24 噂です。

 CC 25 噂ですか？

CL 25 勘違いかもしれないですけれども。部長は変わった人じゃないかという噂もあるんです。非常に厳しいとい

う噂があって、ミスを非常についてくるとかいうのがあって。

 CC 26 ええ？

CL 26 ミスをついてくるんです。

CC 27 ミスをついてくるんですね。そういった噂のおありになる部長さんでいらっしゃるということですね。

CL 27 だから飲みに誘おうと思っても「情報を伺いたいんですけど」って言っても、「そんなのは自分で後で4月になって身につければいいんだ」って言われそうな気もしますし……。ちょっとそこで二の足を踏んでる部分も、あるんです。

CC 28 普段はどのように会計のお仕事をされているんですか？その部署の中での上司の方とか、周りの方との接し方というか、どういった感じでやっていますか？

⇒ **練習問題5**
このCCの発言についてコメントしてください。またそのコメントを踏まえて、適切なCCの発言を考えてください。

CL 28 入社以来同じ会計課ですので、ある程度さっき言った主任という立場なので、もう認めてもらっているし、自分の行動っていうのがそんなに不自然だとも思われていませんし、溶け込んでいると思いますね。けっこう信頼もされていると自分では思っているんですけれども。

CC 29 やはりそうですね。長い期間会計の部署でずっとやっていらっしゃったということで、新しいところ、新しい部署に初めて異動されるということで、いろいろと気持ちも安定しないような部分もおありになるかもしれないですね。

← 「やはりそうですね。」という言い方は、「そうなんですね」という相槌とは違い、CCの見解や感想が滲んでいるように思えます。こうした見解等を出す必要はないと思われます。またこのCC29の発言全体の意図もよくわかりません。

CL 29 そうですね。

CC 30 新しい環境はどうですか？

CL 30 ちょっと新しい環境に行ったこともありませんし、今度の部長みたいな一風変わった人もその会計課にはいなかったので、その辺の怖さみたいなものもちょっとあるのかなって思っています。

CC 31 実際にお話しされたことはおありなんですか、その部長さんと？

CL 31 部長とはないですね。

CC 32 ないんですね？

 CL 32 はい。

 CC 33 周りからのお話を伺っていると、そういった人であるらしいというイメージを持っていらっしゃるんですか？

CL 33 はい。

 CC 34 実際に話してみて、またいろんなお考えが変わるかもしれないですね。

CL 34 部長からは、助けてやるぞって言われたんですが、ちゃんとしっかりと話をしたわけではないんです。私との話ではいい人だったという印象なんですけど、周りの情報からでは、なんというか……。変な話が聞こえてくるんですよ。

 CC 35 そうですね。実際に知っている部分と周りから聞く噂といいますか、そういったイメージのギャップがあるのですね。お話しする機会をぜひ持っていただけると少しは楽になるんじゃないかなと思うんですけど、どうですか？

⇒ **練習問題6**
このCCの発言についてコメントしてください。また、そのコメントを踏まえて、適切なCCの発言を考えてください。

 CL 35 そうですね。じゃあちょっと考えてみたいと思います。

（修了、所要時間12分）

練習問題1　　　　　　　　　　　　　　　　　　　　　　　　　　　　　　　　**解答例**

CC13 : 部下をOJTで面倒をみていた時には、例えばどのような点に気をつけておられましたか。

●掘り下げの基本はクライエントが話したことについて質問していくこと

「掘り下げ」をする際の基本は、**クライエントが語った内容をベースとして質問をしていく**、ということです。前言（CL12）では、部下3名くらいをOJTで面倒を見ていた、という事が語られていたわけですので、それをベースとした質問が、オーソドックスな掘り下げのパターンです。

解答例をみてみます。CC13の質問は、部下の面倒を、具体的には、どのようにみていたか、を詳しく聞いていく質問となっています。クライエントはCL12の時点で、「今

までたいした指導はしてこなかったので、新たに課長となって指導的な立場になる自信が自分にはない」といった発言をしてきています。しかし**本当にそうなのか**。人数は少ないとはいえ、指導（OJTによる面倒）はしてきている。もっとその点を詳しくお聞きしていくことで、実は「指導したことは今までにもあった」という事に自ら気づくこともあるかもしれない。そうした質問になっています。クライエントの**発言に対して、決して離れた質問とはなっていない**という点に注目してください。

●質問の裏に「意図」や「見立て」があればさらに良い

　さらに言えば、キャリアコンサルタント側に**「意図」があれば、とてもいい「掘り下げ」質問**となります。解答例でいえば、「指導経験はまったくないわけではない」ということに気づいてもらえたらよい、という意図です。また、どのような点に気をつけていたかを聞くことで、「指導する」ということについての捉え方についても何なりかの気づきを得てもらえるのではないかという意図です。

　一方、そうした意図の背景には、「見立て」もあると言えます。「この方は、課長という役職についたならば今までとはかなり違った指導をするようにしなければならない、と大上段に構えてしまうようなところがあるが、それは**思い込みにすぎないのではないか**……。また課長という役職の仕事についての認識が十分でないという**職業理解の不足もあるのではないか**……」といった見立てです。

●素朴な疑問や「矛盾しているかも」で掘り下げはできる

　解説の文章にすると、上記のような「意図」や「見立て」についての話になるのですが、面談をしている時に、そんな事まで思い至らない、という方もいるでしょう。

　そうした方には、「意図」や「見立て」など考えずとも、**素朴な疑問からだけで「掘り下げ」質問はできる**、と申し上げています。この事例でいえば、「今までにも指導の経験はあったんじゃないか。もっとそこの内容をお聞きしてみよう」といった、素朴な疑問でいいのです。あるいは、「なんだ、指導する自信がない、と言っていたけれど、経験はあるんじゃないか。**矛盾してるんじゃないの**」という素朴な疑問です。

　そうした疑問をもって頂く事で、「掘り下げ」ができるようになってきます。

CC17：ちょっと探りをいれておられる……？

●新しい質問を考えるのではなく、繰り返してクライエントとの関係を作っていく

CL16の「ちょっと探りをいれている、ということもあるんですけど……」というクライエントの発言に続けて、「引き継ぎとかもきっとおありでしょうし……」（CC17）と応答するのは、いただけません（よくありません）。

そもそも、なぜクライエントが発言した事柄と、まったく違う話を持ち出そうとするのでしょうか。明確な意図があればまだしもですが、そうでないなら、新しい話題を考えることの方が、前言を繰り返すよりも、よっぽど難しくありませんか？

キャリアコンサルタントは、クライエントが話したい事を、気持ちよくお話し頂くようにした方が、クライエントとの関係もいい形で保てます。**クライエントの発言を伝え返す（繰り返す）ことによって、クライエントに「私はあなたの話をしっかりとお聞きしています」というメッセージを伝える事も容易になります。**

それに、この事例で言えば、「ちょっと探りをいれている」なんて、いったい何のことだろう、と素朴な疑問を抱きませんか？

それをお聞きしていく、それこそ**身を乗り出して、ぜひとも聞きたい、という姿勢で、**解答例にあるように「ちょっと探りをいれておられる……？」と、ちょっと**最後の語尾を上げるように、また、ゆっくりと噛み締めるように発言**すれば、相手の話をよくお聞きして、また相手に強い関心を抱いているということが正確に伝わるのではないでしょうか。

伝え返し、なのですから、キャリアコンサルタント側は、頭をフル回転させて、次の質問はどうしよう、などと考える必要もないのです。時には**キーとなる単語だけを、取り出して短く繰り返してもいい**のです。

難しく考えずに、CLの発言を繰り返して、"しっかりお聞きしている"ということが伝わるようにしましょう。

CC22：「連絡をとってみる」というのは、具体的にどのようなことをイメージしていますか。

●キャリアコンサルタントが思い込み発言をしてはいけない

「人事は本当にお忙しいですからね。いろいろできることから着手していただいて、周りの方のお話を伺うというのは非常によいことだと思います」（CC22）のなかの、まず最初の「人事は本当にお忙しいですからね」は、**あまりいい発言ではありません。理由は、キャリアコンサルタントの見解が述べられているから**です。「人事は本当にお忙しいですからね」くらいの発言であれば、それは見解というほどでもなく、単なる挨拶程度のものだ、と思われる方もいるでしょう。たしかに、日常会話ではそうかもしれません。しかし、キャリアコンサルタントを目指す方には、一つ一つの発言により気を付けて頂きたいと願っています。

　クライエントがもしも「人事は忙しい」と発言したのであれば、「人事は忙しいとお思いなのですね」と応答するのが、キャリアコンサルタントです。キャリアコンサルタントから「人事は本当にお忙しいですからね」ということはありえない、と私は思っています。それは、たまたまそのキャリアコンサルタントが自らの経験の中で、忙しい人事での体験をしてきたからでしょうか。あるいはそうした見聞をしてきたからでしょうか。それにしても、そのこと（人事は忙しい）は自明のことですか？

　クライエントの発言をしっかりと受け止めて、そこに矛盾点や疑問点を見出して、クライエントの話を掘り下げていくのが、私たちの仕事なのですから、こちら（キャリアコンサルタント）側が、何なりかの思い込みをもってはいけません。もしクライエントが「人事は忙しい」と発言したとしたら、私はまずそれはなぜなのか、と質問してみたくなりますが、その背景には「このクライエントは人事は忙しい、という思い込みをもっているのではないか」という見立てをするからです。キャリアコンサルタント側がある種の思い込み発言を自らしてしまってはいけません。些細な話と思われた方もいるかもしれませんが、そうした細かな言葉遣いの中にも、私たちの姿勢（スタンス）が現れてしまうことがあるので注意喚起を致しました。

●キャリアコンサルタントは意見表明をしない

　さて、CC22の最後の一文「周りの方のお話を伺うというのは非常によいことだと思います」も問題です。この発言は、キャリアコンサルタントの意見表明となっているの

ですが、普通は、そうした**意見表明をキャリアコンサルタントは行わない**、と思ってください。

　あえて好意的にとらえれば、クライエントが発言した「じゃあ連絡をとってみたい（周りの人と話してみる）」という解決策（方策、目標）を後押ししよう、という意図の発言ともとれます。しかし、そうした意図は、他の方法（発言）でも充たされると考えられます。

　例えば、解答例がそうです。「連絡をとってみる」というクライエントの発言をそのまま繰り返して、その具体的な内容をお聞きしようとしています。そのことによって、具体的にどのようなアクションを起こそうとしているのか、をクライエント自身に語って頂こうという意図の質問となっているわけです。

　そもそも、**クライエントが自らの言葉で語った方策でないと、それは絵に描いた餅のようになってしまう**ことが多いものです。

　いくらキャリアコンサルタントが客観的にみてすばらしいと思える方策を語ったとしても、それを、クライエント自身が、自ら腑に落ちた内容としなければ、決して現実に実行されるようにはならないのではないでしょうか。

●クライエント自らが方策を語り、実行できるように後押しする

　以上のような話は、CL20からCC21にかけての発言の流れでも、まったく同様のことが言えます。

　「もうちょっと係長や部長と、何か話ができるような機会があればいいなとは思っている」というCL20の発言を受けた、CC21の「そうですね。そういった方たちのお話を伺うだけでも、準備そのものにはならないかもしれませんけど、それで、少しは状況が変わることになるかもしれないですよね」は、CC22と同様に、キャリアコンサルタントの意見表明となってしまっています。

　CC22でキャリアコンサルタントが語ったような内容の話を、**クライエント自らが語ってくれるようになったらいい**、というのが私の方針です。**クライエントが、どうしたら自身の言葉で「○○を実行したら状況が変わるかもしれない」と語ってくれるようになるのか、そう考えて、質問をしていけるのが、キャリアコンサルタントとしてのスキル（技能）**である、と言えます。

　例えば、具体的にどのようにしていくのか（どのように人事部長などに連絡をとっていくのか）が明確になってくれば、面談がそこまで進んだ時点で「そのようにすると、

何か状況が変わると思われますか？」と質問をすれば、「状況が変わるかもしれない」と、クライエントが発言してくれるようになるかもしれないのです。

　蛇足ですが、もしもクライエントが「状況が変わるかもしれない」と発言してくれたとしたら、「どのように変わる、とお考えですか」と掘り下げて質問していきます。そのようにして、クライエント自らが、少し前に自身が語った**「方策」の意味や効果を見つけ出し、実際に、その方策をやってみよう、という気持ちがさらに強くなっていく**のです。そのようにクライエントの行動を後押しするのも、私たちキャリアコンサルタントの仕事です。

練習問題**4**　　　　　　　　　　　　　　　　　　　　　　　　　　　解答例

CC24：「変わった人が多い」と言われた、その「変わった」というのは、どんなことを指すのですか。

●キャリアコンサルタントの個人的興味からの質問はNG

　ここでも原則は、前の発言から、質問や発言を行う、ということです。前のクライエントの発言は「そうですね。ちょっと変わった人が多いって聞いたことがあります。それもちょっとなんか……。その部長と係長はそうでもないのかもしれないですけど、なんか……」(CL23) です。この発言には、部長たちと話をしてみるという方策に対しての逡巡 (どうしようか、という思い) が見て取れます。

　そのような思いは、方策の実行に向けては、マイナスの要素とも言えますから、その点を聞いていくようにします。そこには実行に向けての障害をできるだけ小さくしようという意図があるわけです。具体的には解答例にあるように「変わった人」というのはどういう人なのか、を聞いていくという質問となります。ところが、CC24の「変わった人が多いっていうお話自体は、どなたから具体的にお話を伺ったんですか？」には、そのような意図があまり感じられません。あえて言えば、その話 (噂) の出所を明らかにして、根も葉もない話だということをクライエントにも納得してもらいたい、という意図でしょうか。

　もしかしたら、話 (噂) の出所を聞く質問は、**キャリアコンサルタント側の個人的な興味から出た質問かも**しれません。もちろんそうした個人的興味の質問を全面的に否定するものではありませんが、方策をどうクライエントに実行に移していってもらおうか、という段階に入ってきている、ということを考えれば、**遠回りな (的外れな) 質問**で

ある、とも言えるでしょう。

面接試験

●方策実行を妨げる障害は取り除けるようにしていく

　キャリアコンサルタントは、CL23に表れているようなクライエントの逡巡の姿勢なども、しっかりと見てとらなければいけないでしょう。方策（この場合であれば部長や係長と話をすること）の実行について、何らかの障害物となる話が出て来ているのですから、そこは**丁寧に話をお聞きして障害は取り除けるようにし**、方策の実行を後押しできるように関わるのが、キャリアコンサルタントです。

　実際に面談がどう進んだかを見てみると、キャリアコンサルタントが解答例にあるような質問をしていないにもかかわらず、部長がどう変わっているのか、という話をクライエントは自ら語り始めてくれています。それはCLが語りたかったことだったからだと見て取ることができます。CL25で語られているのは、「部長は非常に厳しくて、ミスを非常についてくる」という話です。キャリアコンサルタントは引き続いて、できるだけ方策の実行を妨げる事柄がなくなるようにしていくのが常道です。

練習問題5 解答例

＜CC28へのコメント＞

・クライエントの語った発言（CL27）に応答するのではなく、あたかもその発言を無視するかのように、新しい話題として会計課での仕事についての質問を投げかけており、その点に問題がある。
・クライエントの話をしっかりと聞いている、という姿勢が伝わらないと、クライエントとの関係構築が崩れてしまう恐れが高い。

＜適切なキャリアコンサルタントの発言例＞

　CC28：「情報を伺いたいんです」と言っても、異動してからでよいと言われかねないので、躊躇している……。

●新しい話題を持ち出さなくても、クライエントに「内省」を促すことはできる

　上記解答のキャリアコンサルタントの発言例は、若干言い回しは変わっていますが、

ほぼクライエントの前言を繰り返している応答です。**ゆっくりと繰り返すことで、クライエントに再度その内容を噛みしめてもらうといった意図をもったキャリアコンサルタントの発言**です。

　新しい話題を持ち出さなくても、クライエントの話を繰り返すだけで、クライエントが話を進めてくれることはあります。

　この例で言えば、たとえば次のように展開（クライエントが発言）していくこともあるのではないでしょうか。

CL28 ： ええ、何しろ変わった人という噂もあるくらいですから……、ちょっと話しづらいですね。ただ部長からは、助けてやるぞって言われたこともあるんです。ちゃんと話をしたわけではないんですが、私との話ではいい人だったという印象もあるんです。

　この発言は、その後CL34で、実際にクライエントが語り出す話なのですが、**話題をそらさずに、クライエントの発言に丁寧に対応していく形で応答していくと、クライエント自身が、自身の発言自体を再度噛みしめて（少し大げさな言い方を使えば、振り返りや「内省」をして、「本当にそうかな？」と思い始め）、他の情報も話し出してきてくれることもある**わけです。

練習問題❻　　　　　　　　　　　　　　　　　　　　　　**解答例**

＜CC35へのコメント＞

　発言の後半部分でCCは、この面談を「まとめる」ことを急いでいるのか、「お話しする機会をぜひ持ってください」と聞こえる「CCからの提案」をしているが、できれば、クライエント自らが「部長と話をする機会を持ってみよう」と思えるようになるように、CCは発言を工夫することが望ましい。

＜適切なキャリアコンサルタントの発言例＞

　CC35 ： ご自身の体験と噂ではギャップがあるんですね。では△△さんとしては、部長に対して「いい人だった」という印象を持っておられるのですね。

●意図をもってクライエントの前言の一部を繰り返すことが大事

上記解答のキャリアコンサルタントの発言例も、クライエントの前言 (の一部) を繰り返す形のものです。「繰り返し」をすることが大事という原則はここでも同じなのですが、どこを取り出して繰り返すかが重要となります。

どこを繰り返すかということを通じて、キャリアコンサルタントはこの面談をリードしていくことができます。

また、**どこを取り出すかは、キャリアコンサルタント側の「意図」で決まってきます。**

解答例における、キャリアコンサルタント側の「意図」は、クライエント自身に「部長と話をする機会を持ってみよう」と思ってもらえるようにするというものでしょう。

そのためには、噂とは違って「△△さんは部長にいい印象を持っているのですね」という点を取り出して、そこにクライエントの意識が向くようにしているわけです。

もしキャリアコンサルタントが解答例のように発言をしたら、どのように展開していくかをシミュレーションしてみましょう。

 CC 35 ご自身の体験と噂ではギャップがあるんですね。では、△△さんとしては、部長に対して「いい人だった」という印象を持っておられるのですね。

 CL 35 ええ。

 CC 36 だとすると、噂にあるように、部長はちょっと変わった人なので「情報を伺いたい」と言っても拒否されるようなことはなくて、「助けてやるぞ、何でも相談に来い」といった反応をしてくれる可能性もあるかもしれない……。

 CL 36 そうですね。その可能性も確かにありますね。

 CC 37 いま△△さんは、異動する先の情報をいろいろと収集されたいと思っておられるわけですが、もしも部長とコミュニケーションができるのであれば、それに越したことはないわけですよね。

 CL 37 ええ、その通りです。

 CC 38 どうですか。これからどのような動きをしていこうと思われますか。

 CL 38 そうですね。噂は噂として、当たって砕けろというか、部長からは「助けてやるぞ」と言われたこともあるので、勇気をもって部長に話をしてみようかな、と思い出してきました。

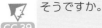 そうですか。

 ええ。そうでないと何しろ先には進まないようにも思えますものね。

そうですね。

……。

いかがですか。勇気をもって部長にコミュニケーションを取ってごらんになるということですが、いつ頃、どのように話を持ちかけてみますか。

そうですね。そうと決まれば早い方がいいと思いますので、来週にでも部長にアポイントメントを取ってみたいと思います。

 アポイントメントはどのようにとられますか。

電話をしてみようと思います。

 電話をしてどのようにお話しされますか。

4月からお世話になる件について、事前にご相談したいこともあるので、少しの時間でけっこうなのでお時間を頂けませんか、といった話をすると思います。

 そうですか。それはすばらしいですね。

勇気を出して電話してみます。

もしよろしければ、その結果については、私にもお知らせいただけないでしょうか。そこでまたお悩みなどが起きましたら、いつでもご相談に乗らせていただきますので、ぜひまたお話をしに来てください。本日は大変ありがとうございました。

こちらこそありがとうございました。

面接試験

1

C 堂々巡り的な面談にならないために（ケース3）

以下の逐語録（面談記録）における、CL（クライエント）□□さんは、52歳男性。四年制大学（法学部）卒業後、スポーツ用品を販売する企業に就職して約30年。店長経験が長い方です。

逐語録の中には、練習問題1から練習問題4までが組み込まれています。今までの学びの集大成として取り組んでみてください。

CC 01 ○○と申します。よろしくお願いいたします。

CL 01 □□と申します。初めまして。よろしくお願いします。

CC 02 イスの位置はそれでよろしいですか？

○ イスの位置など、クライエントとの位置関係の調整については、クライエントにお聞きして、よい形を決めてもらうようにします。実際の面談においても面談の初めに行うことですので、試験でも行った方がよいと言われています。

CL 02 はい、大丈夫です。

CC 03 では本日のご相談内容を教えていただけないでしょうか？

CL 03 今の会社に勤めてもう30年ぐらいになるんですが、最近は会社内の制度もいろいろと変わり、例えば人事評価の制度も変わりまして、ちょっとそういったところで、年齢も年齢ですし、この先どうするかということで非常に悩んでおります。

CC 04 悩んでいらっしゃるんですね。具体的にどのように悩んでいらっしゃるんですか？

△ もう少し丁寧に繰り返しをした方がよいでしょう。例えば「人事評価制度も変わり、年齢のこともあり、この先どうしていったらいいか悩んでおられるのですね。具体的にはどのように悩んでいらっしゃるんですか？」など。

CL 04 スポーツ用品の小売をする企業で、全国に何店舗もある企業で働いているんですが、この30年で7つの店舗を移りました。今は7店舗目の責任者として店長をしているのですが、さっきお話したようにいろんな制度が変わってきていて、給与面だとか待遇面も以前とはたいへん違ってしまって、そういったところがだいぶやりづらくなっているんです。

CC 05 やりづらくなっているというお話ですが、具体的にはどのように人事制度が変わったんですか？

○ 状況を詳しくお聞きするという段階は必要なので、こうした質問は適切です。

CL 05 今までは、私は比較的早く昇格して26歳ぐらいから店長をやってきたんですけれども、今はこの歳になっても昇進・昇格ということになりません。あとは給与面なんかもだいぶ下がってきているんです。

1

面接試験

CC 06 下がってきているんですか？

CL 06 はい。

CC 07 どれくらいですか？　かなり下がってしまっているんですか？

CL 07 ええ。自分の基準の中では、だいぶ下がっているなっていう、そういう感覚です。実際のところ、年齢が50歳を過ぎてから下がってきているんですよ。よく世間でも言われている役職定年とか、それと何か関連があるのかわかりませんが……。もちろんスポーツ用品に対してのニーズが年々低下してきていて売り上げが減ってきているっていう、そういう背景もあるというのはわかるんですが、歳とると給料が下がっていくみたいなイメージで……。歳をとると待遇が悪くなってくるのは、世間的には一般的なことなんですかねぇ？

△ CLとの人間関係が十分にとれていないと、あけすけすぎる質問なので、CLは気を悪くしたり、答えてくれないこともあるかもしれません。「ご自身としてはかなり厳しいなと思うくらい、下がっているのですか？」など、質問の仕方に留意しましょう。

CC 08 そのことに関しては、どのような思いですか？

CL 08 新しく店長になる部下たちの教育も含めて、いろいろと会社のために貢献しているんですけれども、なかなかそれに見合った評価もしていただけないものですから、その意味では納得がいかないんです。

△ 「そのことに関して」は、大まかすぎる質問。文脈の中でこのCLは話を続けてくれていますが、何のことを聞かれたのかわからなくなる場合もあるように思われます。「そのこと」ではなく、「待遇が悪くなってきていることについては」といった言い方が適切でしょう。一方で、「どう感じていますか？」「どんなお気持ちですか？」といった問い掛けにもっていっている点は評価できます。

CC 09 納得がいかないということですか？

CL 09 そうですね。

CC 10 では、具体的にはどのようなことを期待されているというか……、納得がいかれるということはどういうことでいらっしゃいますか？

CL 10 やっぱり一番は今までよりもお給料が下がっていくということが、どうしても納得がいかないですね。

CC 11 他にはおありになりますか？

△ 「他に」という聞き方が絶対にダメというわけではありませんが、話をそらさずに深掘りする（掘り下げる）質問のほうが適切です。

⇒ **練習問題1**
「掘り下げる質問」としては、例えばどのような質問をしますか。

CL 11 給与的にも納得がいかないし、家族のことでも困っているんです。今ちょうど2人の子供がいまして、20歳、17歳でまだこれから大学やら高校でお金も必要になってくるし、女房との話の中でもこういうふうに店長をずっと頑張っているのに、なかなかえらくもなれないし、お給料も下がるというのはどうなんだろう、と言われます。非常にかっこ悪いですし……。

CC 12 かっこ悪いというのは？

なんか体裁が悪いと言いますか。

 それは世間と言うか？

 いえ、もちろんそれは社内でもそうですけど、やはり家庭の中でも嫁さんに対して、少なくなってくるというのはちょっとばつが悪いということです。

 奥さんは何か具体的におっしゃったんですか？

 あんまり強くは言ってこないですけれども、お金が家庭にかかり始めていて、また、そのままお給料は全部オープンにして渡しておりますので、給料が下がりつつあるということを妻もわかっているんです。下がっていく理由というのを言わなくてはいけないとも思うのですが、うまく説明ができていないですね。

 ご説明はできていないんですね。給与以外に関してのご不満は何かおありになりますか？

 そうですね。不満というか、もう53歳になりますし、将来は田舎のほうに、老後というとちょっと先の話になるかもしれませんが、老後は田舎のほうで過ごしたいなと。そうするとちょっともう転機なのかなと言いますか。

 年齢的に転機ですか？

 そうですね。そういった転機、転職なども考えないことはないんですが……。ずーっと30年間も一つの会社しか見てきませんでしたので、お金のことも重要なのですが……、ここでまた新しい仕事ということを意識しちゃうと、まあ自信がないと言いますか、すごく不安にもなるんです。

転職という言葉も出ましたが、具体的にどういった仕事を？

仕事も見つけづらいでしょうし、でもますます今動かなければ、もし転職を考えるということになると、もう今の歳でも厳しくなっていると思うので、その辺が問題ですねぇ。今の仕事を、条件が悪くなっていても、なんとか我慢してやっていくべきなのか……。実は、田舎の実家のほうで、おふくろがもう一人になってしまって、歳もとっていますから、面倒をみなければいけない。そんなことも考えるといいタイミングなのかな。移らなきゃいけない。移ってもいいのかなってい

△ 「ばつが悪い」という感情の言葉を繰り返して、その感情について内省してもらう（ご自身に振り返っていただく）といった方向で応答するほうが適切です。

✕ 「他にありませんか？」という質問になっており、適切ではありません。掘り下げることができずに、いろいろな話題が出てきて、話が取り散らかっていく可能性が高くなっています。
次のCLの発言をみると、実家に帰るといった新しい話も引き出されているので、結果オーライではないかという見方もできますが、CLの気持ちを掘り下げていくなかで、CLが話題にしたければ必ず実家の話は出てくるはずですし、このCC15の発言が良かったというわけではないと考えられます。

う……。仕事を変えてもいいのかなっていうのが出てきてはいますね。

CC 18 ちょっと思われているということですか？

CL 18 そうですね。まだぼんやりとですけど。

CC 19 ぼんやりと。

CL 19 はい。

CC 20 もし人事制度の変更がなかったとしたら、今の状況はどうですか？

CL 20 そうですね。特に評価制度の変更がなくて、仮にえらくならなかったとしても、店長から上に昇格しなくても、お給料だけでも維持できていれば、仕事の内容とかはもう30年もやってきたので、あんまり不満と言いますか、もう慣れていますのでね。楽と言うか気持ちの上で仕事の内容は楽ですからね。

CC 21 楽とおっしゃったのは、慣れているからということですか？

CL 21 慣れですね。もう7店舗目をやっていますから、どういうふうに進めていけばいいか、店舗の課題だとか、問題もよくわかっているし、そういった意味では自分も会社の中では必要とされているはずとは思うんですよね。

CC 22 でもそういうことが、待遇面には表れてないんですね。

CL 22 そうですね。そういう自分の思っていることと評価が逆に進んでいるので、それがちょっとどうしたものかなという……。

CC 23 今はお気持ちの中で問題となっているのは給与面だけですか？

CL 23 そうですね。一番はやっぱり……。

CC 24 人事制度が変更になったことで問題だと感じているのは主に給与面だけですか？

CL 24 そうですね。給与面と、まあ、やはり昇格の道筋からもちょっと外れているというか……。

CC 25 それは人事が変わったからですか？

△ かなり長いクライエントの発言に対してどう応対していくかは難しい課題ですが、CC18よりは、もう少し丁寧に繰り返した方がよいでしょう。例えば「ご実家のお母さまの件もあり、転職を真剣に考え始めてもいるということですか?」など。「真剣に」という言葉を足して、あえてその真剣度を問うてみるといったこともあってもよいかもしれません。

△ 「今の状況はどうですか」といった聞き方は、その意図が伝わらないのではないでしょうか。質問の意図がはっきりと伝わるような質問をしてください。例えば「……今のお気持ちはどうですか? 転職をお考えになりますか?」など。

✕ この辺りになると、何度も同じような質問を繰り返してしまっています。いわゆる「堂々巡り」状態です。このCLは、まだ新しい情報を語ってくれていますから救われますが、中にはラポールが崩れて不機嫌になったり、黙ってしまうCLもいるかもしれません。

CL 25 そうですね。もう年齢的なものだと思うんですよね。

CC 26 若い子にチャンスを与えるということですか？

CL 26 そうですね。けっこう店舗も増えてきているし、そういった意味ではある意味、店長として任されているというか、複数の店舗を見たりもしていますから。

CC 27 兼務されているんですか？

CL 27 そうですね。

CC 28 具体的にどのような兼務というか管理をされているわけですか？

CL 28 まあ自分自身の管轄の店舗が数店舗ありますので、新しくなった店長の教育も含めて、問題点を指摘したりとか、経験というかノウハウもいろいろと伝えていく。そうした教育もやっています。

CC 29 転職も視野に入れておられるということですが、具体的にいろいろお考えになってはいらっしゃるんですか？

CL 29 それはちょっとどうなんですかね。まだ何か活動としてはまったくしていないです。

CC 30 できればそのイメージというか、ご希望っていうのは？

CL 30 もちろん、こういう仕事と同じような形で向こうの実家のほうに行けて、仕事があるのであれば、多少お給料が今と同じか今みたいにしたかったんですけど、それよりもちょっと下がっていても、先を考えたら移ってもいいのかなっていう。そのぐらいまだぼんやりとしている感じです。具体的には動いていませんし、求職活動だとか、もちろん会社の中ではこれはまったく話はしていませんので。

CC 31 ご家族にはお話しされているんですか？

CL 31 家族にも話していません。

CC 32 ああそうなんですか。

✕ CLの状況をさらに詳しくお聞きする（情報収集する）という点では意味のある質問ですが、話がどんどん主訴を解決するという本題からはそれていってしまっています。

✕ CC17から転職の話題を扱っていますが、この辺りも「堂々巡り」的な面談となってしまっています。CC29は、CC17とほぼ同じ質問のように思えます。

練習問題2
転職の話題については「堂々巡り」となってしまっています。CCのどの発言をどのように変えていったら良かったと思いますか。CCの発言を遡っていただいてけっこうですので、どの発言をどう変えたら良かったかを示してください。

✕ 話題となっている話を深めることができずに、行きあたりばったり的に家族のことを持ち出してきているように思われます。妻のことはCL14で出てきており、ここでも「堂々巡り」的な印象の面談となってしまっています。家族のことはCC15で掘り下げることができたと考えられます。

女房にもそういう話はしていませんので。とにかくやっぱりお給料が下がっているっていうことに対してはちょっと気を使ってくれているのか、あまりそういうことは彼女のほうからは言ってきませんね。ただ何となく感じますけどね。
CL 32

 ただ実家に帰るとなると、かなり生活がご家族も変わると思うんですが。
CC 33

 そうですね。いろんな意味で本当に私だけが単身で行ってしまうのか、そういった家族の話を本当に、転職ということをすると決めれば、しっかりと調整していかないとだめですよね。
CL 33

 迷っていらっしゃるんですね、今は。
CC 34

 そうですね。
CL 34

 ご自身としては、今はどっちのお気持ちが強いのですか？
CC 35

△ 「どっちのお気持ち」という言い方が、いま一つ明確ではないように感じられます。一度整理・要約してお聞きするというやり方もあったと思います。ただ、面談が先に進み出している点は評価できます。

 そうですね。できればこの会社で制度が変わるまではそんなに不満はなかったので、会社の人事なりと話し合いをして、もし何か譲歩案や折衷案みたいなものが出てくれば、今のままのほうがいいとは思いますね。私の実家に帰るといっても、かなり困難な道が待っているように思いますから。
CL 35

 ああなるほど。そうなんですね。
CC 36

✕ 「相づち」だけよりも繰り返しがあった方が、お聞きしているという感じがクライエントに伝わると思えます。例えば「会社との間で"譲歩案"が話し合われるということですか？」など。

 そういった意味では、できたら今の会社に残る方がいいかも……。変えるとなるとやっぱり勇気がいりますからね。
CL 36

 そうですね。例えば今、折衷案とおっしゃったんですが、その折衷案をご自分で希望を伝えるとか、そういう場というか、機会というか、雰囲気はありますか？
CC 37

 なかなかそうした話は言い出すことができないですね。性格的にも……。なんか今までずっと会社の方針に従ってきちゃったので……。不満を会社に伝えるタイミングだとか、希望を言うだとか、そうしたことは過去にしたことがありませんので。
CL 37

 △ CLなりの会社に対しての気持ちが示されたという捉え方を前提として、「では会社側に、ご自身の希望を伝えられますか」という方策の実行を支援する段階に移行した質問とみることができます。ただし、そのCLの気持ちや意思を再度確認するというステップがさらにあった方が良かったと思います。

 そうなんですか。社内にはそういう手段というか、例えば……。
CC 38

 今まで周りの同僚でも聞いたことがないですね。
CL 38

面接試験

1

CC 39 周りの方も、会社側にご自身の希望を伝えるということはしてきていないんですか？

CL 39 ええ。あんまりそういう話もしたことはないんですけど。

CC 40 そういう話はしたこと自体もないんですか？

CL 40 ないですね。私ももちろんないですし。周りでもあまりそういう評価に対して、申し入れをしたりだとかっていうことは、ちょっと聞いたことがないですね。

CC 41 それは評価というよりも一種の希望だと思うんですけれども、そういうことを伝えるというか、申告するといった制度なりはないですか？

〇 主訴の解決に向けての質問だと思われますので、「制度はないですか」といった事柄のことを聞いていますが、適切だと思います。

CL 41 公のものはないです。

CC 42 公のものはないんですね。

CL 42 例えばそういう個人の希望というか、意見というか、そういうことを聞いてくれる場面を会社が設けてくれるということはないですね。

CC 43 そうなんですね。

CL 43 ええ。

CC 44 そういった仕組みや制度はないというお話なのですけど、例えばそういうことをつくることはいかがですか？

〇 CLとの間で十分にラポール形成ができていると思われる場合には、このような提案を行うことも可能だと思います。

CL 44 私のほうからですか？

CC 45 はい、積極的に。

CL 45 確かにベテランの域になっていますし、もしそういう、私以外にもおそらく持っている人間もいるかもしれないですから、まあ状況によっては会社に対して申し入れをしていくっていうことも考えられなくはないですけど、ちょっと勇気がいります。

CC 46 勇気がいる？

CL 46 はい。そういう気がしますけれど。

かなり勇気がいりますか？
CC 47

 そうですねえ。ますますなんかちょっと条件が。まわりの状況がわからないものですから……。
CL 47

 かえって悪い印象を与えてしまうということですか？
CC 48

 ええ……。私の給料も下がっているわけですが、もっと下がっている人もいるかもしれないですし、もしかしたら下がっている中でも私の状況がいい方なのかもしれないので……。
CL 48

 その点については、周りの同僚、同年代の同期の人たちに状況を尋ねるとか……、そういうことはできるんですか？
CC 49

 そうですねぇ……。仲のいい連中はいますから。それぞれの評価については、今まではタブーというか、給料のことなども話したり聞いたりしたことはないので、できれば避けたいんですけど、私の希望はこの会社にこれから60歳までいて、また雇用の延長とかもありますので、その後もいられればとは思っていることなので……。
CL 49

 できればそうされたいんですね？
CC 50

 ええ。
CL 50

 今までお話を伺っていると、迷われている原因は経済的なことだと思われるんですが、それを解決していくために会社に働きかけるという選択肢もご検討いただきました。仲のいい同僚とも情報交換して、会社に対して意見や希望を伝えられるようにしていくという……
CC 51

（15分経過のため、ここで終了）

↑ ○ CLが語ったことを繰り返しているわけではないですが、文脈として十分に通じる問い掛けであり、CCの素直な感想から発している質問でもありますので、とくに問題ないと思います。

✕ 前言（CL49）の後半部分のCLの「この会社に残りたい」という希望を捉えてのCCの発言と読み取れますが、ここでは「CLが会社に希望を言い出せるか」という点（方策の実行）を扱っている場面なので、その点をさらに詰めていくことが必要でしょう。

⇒ 練習問題3
CC50では、どのように応答したらよいと思いますか。またその後の展開はどうしますか。面談のクロージング場面、とくに「目標の設定」や「方策の実行」の支援の場面における対応を意識して考えてみてください。

⇒ 練習問題4
このCCの面談全体を振り返り、良い点、改善した方がよい点について、コメントをしてみてください。

1 面接試験

1

面接試験

CC11：給料が下がっていくということが、もっとも納得がいかない点なのですね。

●できる限り「他に何かありませんか？」的な質問はしないようにする

「他〔ほか〕に何かありませんか？」といった質問は、よく受験者の方が使うことのある言い回しです。必ずしも100％良くないということはないのですが、**話を掘り下げていくという観点から見ると、適切でない**場合もあります。

今回の事例で言えば、CL11では家庭での話が出てきます。そのこと自体は、このクライエントのことをもっとよく知るという点でむしろ良かったとも言えます。「給料が下がった」ということを巡っての話にもなっていますし、語られた内容も結果的には納得がいかないことをさらに深めた形となっています。結果オーライです。

しかし可能性としては、話がそれていってしまう恐れもあります。「他には？」という言い方をしたことで、まったく新しい話題がクライエントから語り出されてしまうこともありうるのです。

そうなってしまうと、時には**収拾がつかなくなっていく恐れ**もあります。クライエントからいろいろな話が語られてしまって、**面談の焦点が絞れなくなってしまい**、結局何についての面談であったのか、よくわからなくなってしまったということにもなりかねないのです。

私が実際の面談の場面で「他には」といった言い回しをあえてするのは、クライエントの方の問題解決の目途が立って面談が最終段階に入った時点です。面談の時間がまだ残っている際には、「他にも何か気になることがおありになりますか？」といった形で質問をします。クライエントから提示された一つの問題に目途がたったので、「他にはありませんか？」とお聞きした、ということです。

「他には」といった言い回しは、**話を深める（掘り下げる）という観点から見ると、逆効果となってしまう**こともあるという点を知っていただければと思います。

●繰り返してクライエントが黙ってしまったら、気持ちをお聞きするのが定石

掘り下げる、深めるための質問は、第一にはクライエントがすでに述べている内容を繰り返すことです。上記の解答例はその典型といえます。前言を繰り返しています。ク

ライエントが「やっぱり一番は」と言われていたのを「もっとも」と言い換えたりはしていますが、ほぼ繰り返しているだけです。

　このように**繰り返した場合、クライエントはその内容をさらに語ってくれる場合が多い**と言えます。キャリアコンサルタントの共感の姿勢（あなたのことをもっとよく理解したいですという姿勢・態度）が、声のトーンなどから伝わることで、クライエントはさらに話をしたいと思うようになるからです。

　クライエントが黙ってしまったりした場合は、キャリアコンサルタント側から話を継いでいくことになります。

CC11（つづき）：給料が下がっていくことについては、どんなお気持ちをお持ちなのですか？

　例えば、上記のような言い方で話をつなげていきます。ここでもまったく違った話題を持ち出すことはよくありません。掘り下げるという観点から言えば、クライエントのお気持ち（感情）を丁寧にお聞きしていくという方向に進んでいくのが、一つの定石と言えます。

練習問題2　　　　　　　　　　　　　　　　　　　　　　　　　　**解答例**

＜「堂々巡り」にならないために＞

案1

CC15：ご説明はできていないんですね。給料が下がるということは、「かっこ悪い」とか「ばつが悪い」ということ以上に、実際のところかなりのダメージになりますか？

●原則は話をそらさないこと。クライエントが語った内容を深めていく

　CC15では、「給与以外に関してのご不満は何かおありになりますか？」とキャリアコンサルタントが問い掛けていますが、これは「他に何かありませんか？」型の質問となってしまっています。

　もちろん、この質問をすることによって、郷里の状況についての新しい情報が得られたということがあります。それはそれでよかったという判断もありますが、話が「あれもこれも」という形で分散していってしまうというデメリットがあります。

　簡単な模式図として、話を深めていくというイメージをまずは以下の図のように示してみました。表面的な話から、**徐々に内容が深掘りされていき、そのことを通じて、クライエントに気づきが生まれてくるといったイメージ**です。気づきが生まれれば、そこからクライエントが自身で目標を設定したり、ある意思決定を下すことができるようになり、それを支援するというフェーズに行けるようになります。そして、その次に来るフェーズは、その目標や決定した事柄を具現化していくためにはどうするのかという、「方策の実行」を支援するということになるわけです。

▼面接で「深掘り」ができているときの模式図

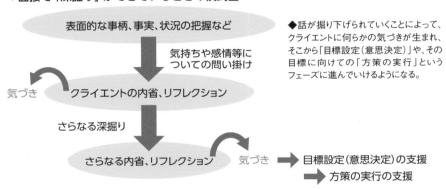

◆話が掘り下げられていくことによって、クライエントに何らかの気づきが生まれ、そこから「目標設定（意思決定）」や、その目標に向けての「方策の実行」というフェーズに進んでいけるようになる。

　一方、深掘りができないときのイメージは以下のようになります。「いろいろな話をお聞きできているのですが、どれもあまり深掘りができず、あれもこれもお聞きしましたが、結局、何についての面談だったのかがよくわかりませんでした」といった形で終わってしまうといったものです。

▼図：「深掘り」ができていないときの模式図（一例）

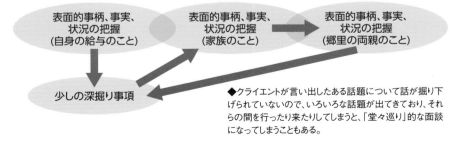

◆クライエントが言い出したある話題について話が掘り下げられていないので、いろいろな話題が出てきており、それらの間を行ったり来たりしてしまうと、「堂々巡り」的な面談になってしまうこともある。

話題があちらに飛んだりこちらに飛んだりするので、こちらでは**同じような話をもう一度してしまったりして、「堂々巡り」的になってしまう**こともあるわけです。

●クライエントの気持ちや感情を丁寧にお聞きするという形での深掘りの展開

解答例の 案1 で示したキャリアコンサルタントの応答は、クライエントの給料のことについて、さらに深めていこうという応答の一例です。

「給与以外に関してのご不満は何かおありになりますか？」といった「他に何かありませんか？」型の質問はせずに、給料のことについてさらに情報をとろうとしています。

以下に 案2 も示します。

案2

CC15：ご説明はできていないんですね。「かっこ悪い」とか「ばつが悪い」とおっしゃっていましたが、そのお気持ちは、奥様に対してのお気持ちということですか？

この 案2 も、決して話を別のところに持っていこうとはしていません。あくまでも給料が減っていることについての話をしています。 案2 は、お気持ちについての話をしている点が 案1 とは少し違っています。「奥様に対しての気持ちですか？」と問いかけていますが、クライエント自身の気持ちについてお話しいただけるのではないかといった期待をこめて、キャリアコンサルタントは質問をしています。

案1 についても 案2 についても、どのような反応がクライエントから返ってくるかは予想がつきませんが、深掘りをしているという方向性はあります。

深掘りをする際には、**クライエントの気持ちや感情について、さらに丁寧にお聞きしていくことで、面談を進めていける**場合が多くあります。

この"気持ちや感情をお聞きするという形での深掘り"が良い点は、そこから**クライエントに気づきが生まれてくる確率が高いから**です。

案2 のように問いかけたときの、その先の展開を少し想像（シミュレーション）してみましょう。

CC 15 ご説明はできていないんですね。「かっこ悪い」とか「ばつが悪い」とおっしゃっていましたが、そのお気持ちは、奥様に対しての気持ちということですか？

CL 15 そうですね。まずは妻に対しての「ばつの悪さ」です。でもそれは自分自身に対しての不甲斐なさというか、あるいは悔しさのようなものかもしれませんね。

CC 16 ご自身に対しての「不甲斐なさ」あるいは「悔しさ」ですか……。

CL 16 そうですね。

CC 17 その「悔しさ」というのは、やはりご自身に対してですか。それともご自身を評価してくれない会社に対してのものでしょうか？

CL 17 そうですねぇ……。会社に対して悔しいといった気持ちも確かにありますね。

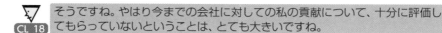
CC 18 会社に対して悔しいと思われるということは、ご自身の実力やこれまでの会社への貢献などを会社が評価してくれていないということに対しての不満が背景にあるという理解でよろしいですか？

CL 18 そうですね。やはり今までの会社に対しての私の貢献について、十分に評価してもらっていないということは、とても大きいですね。

CC 19 そうしたお気持ちを、会社のなかでどなたかにお話になったことなどはありますか？

CL 19 いえ、とくにないです。

CC 20 それは何か理由があるのでしょうか？

CL 20 なかなかそうした話は言い出すことができないですね。性格的にも……。なんか今までずっと会社の方針に従ってきてしまったので……。不満を会社に伝えるタイミングだとか、希望を言うだとか、そうしたことは過去にしたことがありませんので。

　上記の最後の展開で、最後のクライエントの発言は、実際の逐語録（面談記録）のCL37と同じものです。その後の展開は、CC38以降の面談記録のように流れていくと思っていただいてもよいかもしれません。

　つまり、「堂々巡り」的にならなければ、CL37の発言は上記のシミュレーションにおけるCL20で導き出されたかもしれないわけで、10数回分のCCとCLのやりとりは省略することができたかもしれないということです。

CC50：今お話しいただいたように、この会社に60歳やその先の雇用延長のときまでお勤めになりたいというご希望を前提とすれば、本日問題としてだいぶお話しいただいている給料のことについては、何らかの形で会社側とコミュニケーションをとらなければ先に進まないとも思えるのですが、その点については再度いかがですか？

● **話のフェーズや流れ（筋）を常に意識し、面談クロージング場面での対応を考える**

　逐語録（面談記録）にあるCC50の「できればそうされたいんですね？」は、**大変安易な応対に思えます。**少し長かったクライエントの前言（CL49）を受けて、最後のあたりを繰り返しただけとも思えます。

　前言の後半最後にクライエントは「私の希望はこの会社にこれから60歳までいて、また雇用の延長とかもありますので、その後もいられればとは思っていることなので……」と語ります。それを受けて「できればそうされたいんですね？」と聞いているのでしょうが、このCC50のフェーズは、CL37あたりからずっと「どのようにして会社側とコミュニケーションをとっていけるか」ということについて語ってきているフェーズです。その流れからみたら、クライエントの勤め続けたいという希望を取り上げて繰り返すのは、話の流れを遮り、また話を遡ってしまうことにもなります。

　ここでは、あくまでも「どうしたら会社側とコミュニケーションを取れるようになるか」という点に絞って、**その流れ（方策の実行を支援するというフェーズでの流れ）をさらに先に進めていけるようにすることが大事**だと思われます。

　解答例では、クライエントの希望を繰り返してはいますが、それは前提であり、再度、会社側とどのようにコミュニケーションが取れるかようになるかという点に**話の筋をしっかりと戻そうとしています。**

　面談が現時点でどのようなフェーズ（段階）にあり、そこで重要な意図は何なのかをわかっているということはとても大事です。

　この場合であれば、それは面談がクロージングに近づいてきており、方策の実行を支援するといった場面であるということです。解答例にあるように、話を戻したとき、その先がどのように展開されていくのかを、以下に想像（シミュレーション）してみましょう。

CC 50 今お話しいただいたように、この会社に60歳やその先の雇用延長のときまでお勤めになりたいというご希望を前提とすれば、本日問題としてだいぶお話し頂いている給料のことについては、何らかの形で会社側とコミュニケーションをとらなければ先に進まないとも思えるのですが、その点については再度いかがですか？

CL 51 ええ、そうですね。それは理解しているつもりです。

CC 51 しかし前例もないし、そのような希望や不満を会社にぶつけると、逆にもっと評価が下がってしまうということを恐れているのですね。

CL 51 そうですね……。

CC 52 先ほど出てきました同僚の方々とまずは情報交換をしてみて、そこで得られた情報をもとにすれば、どうしたらいいかについての方向性が何か見えてくるということはありませんか？

CL 52 そうですね。仲のいい連中とざっくばらんに話してみた上で作戦を練ってみるということですよね？

CC 53 そうですね。今まではあまり給料のことなどお話したことはないのでしょうが、そこは今おっしゃってくださったように「ざっくばらんに」情報の交換をしていただき、そこから会社側に対して、どう働き掛けたらいいかを検討していただくということです。

CL 53 そうですね。いずれにしても、何らかの行動を起こさないと、自分の中で不満だけが溜まっていくだけですからねぇ。

CC 54 その通りだと思います。不満を溜め続けるのではなく、何らかの行動に出るということですよね。

CL 54 わかりました。同僚とコミュニケーションするということは、比較的ハードルが低いことですので、まずはやってみたいと思います。

CC 55 そうですか。それはすばらしいですね。ぜひ頑張ってください。

練習問題**4**

1

面接試験

＜この面談での良かった点＞

・しっかりとクライエントの話を傾聴するという姿勢が保てていた。クライエントが
　語ったことに対して、繰り返しや相づちが自然にできていた。
・それによって、クライエントはいろいろな情報を提供してくれていた。

＜この面談を通じて改善したい点＞

・途中、堂々巡り的になってしまう箇所があり、適切な質問ができなかった。
・クロージングの場面では、話の筋が見えなくなってしまうことがあり、方策の実行
　の支援をクライエントに促すことができなくなってしまった。

試験の平均得点
（直近3回分、「実技（論述、面接）」と「学科」）

　「実技」試験における合格基準は、論述試験で40％以上（50点満点中20点以上）、面接試験では各評価区分（下記の3項目）のいずれの区分でも40％以上の点数を取った上で、論述・面接を合わせた点数が、150点満点中90点以上となる必要があります。

　面接試験の評価区分は、CC協議会が「態度」「展開」「自己評価」、またJCDAでは「主訴・問題の把握」「具体的展開」「傾聴」となっていますが、合計点が100点となる、その点数配分の内訳は公表されていません。

　各項目ごとに、60％以上の得点であった場合には「A」、40％以上60％未満の得点であった場合には「B」、また40％未満の得点の場合には「C」という判定がつき、「C」がある場合には不合格となります。「結果通知書」では、3つの評価区分それぞれの点数（素点）は示されませんが、3つを合わせた点数は表示されます。

　平均点をみると、2つの団体で行われている試験で、大きな違いはありません。論述では30〜33点、面接では60〜61点が、だいたいどの回でもおおよその平均点となっているようです。

　なお、「学科」試験は、100点満点中、70点以上で合格となります。

CC協議会（キャリアコンサルティング協議会）

	実技	論述	面接	学科
	（150点満点）	（50点満点）	（100点満点）	（100点満点）
第22回試験	92.1	33.1	59.9	77.6
第23回試験	91.6	32.0	60.7	77.6
第24回試験	91.9	32.6	60.6	68.9

JCDA（日本キャリア開発協会）

	実技	論述	面接	学科
	（150点満点）	（50点満点）	（100点満点）	（100点満点）
第22回試験	91.9	32.8	60.5	77.8
第23回試験	91.8	32.4	60.8	76.9
第24回試験	92.0	33.0	60.6	68.6

第2章

論述試験

　論述試験は面接試験の記述版といえます。本章では論述試験について、どのようなことが求められ、どのような対策が必要かについて解説します。短時間で合格ラインに到達できるよう、練習問題を通して解答のコツとノウハウを身に付けていきます。2-1節は「CC協議会」対策編、2-2節は「JCDA」対策編としています。

　また本章では、出題の形式と設問のフレームワークを提示することで、理解の促進を図っています。CC協議会では「設問1〜4」、JCDAでは「問い1〜4」の各質問の内容と意図、および解答のポイントについて解説します。これによって、どのように解答すればよいのか、どのような対策を立てればよいかを理解することができるでしょう。

1 論述（CC協議会対策）

**合格への
オリエンテーション**

　論述問題は自分自身で問題を考え、練習をすることが大切です。面接試験の応答はその場で行う必要がありますが、論述試験の応答は考える時間があります。事例記録の読み込みの中でCCの受け止め方、問題の見立て方、今後の働きかけの知識やスキルが問われます。また、問題の意図を十分理解し、解答欄に適切に記述できるよう、文章力を身に付ける必要があります。本節では、CC協議会向けの練習問題を検討し、解答のコツを身に付けます。まず、練習問題について、自分自身で解答を作成してください。論述問題は解答が一つではありませんが、一つの解答例を示しますので、ご自分の解答と比較し、参考にしてください。

A キャリアコンサルティングのプロセスに沿って考える

　論述試験は実技試験の一つであり、事例記録による面接試験です。したがって、キャリアコンサルティングのプロセスを踏まえて考える必要があります。

　キャリアコンサルティングのプロセスと4つの設問の関係は次ページの通りです。図を見ながら各設問がどの場面に当てはまるのかを確認してください。各設問はp219の解答用紙見本を参照してください。

1. 設問1

　相談者（以下「CL」）がこの面談で相談したいこと、CLが強く訴えていること（主訴）を把握し、それを含めた相談内容を記述します。

2. 設問2

　キャリアコンサルタント（以下「CC」）がCLの話を傾聴しながら、ある目的や意図をもって質問をする場面です。

3. 設問3

　問題の把握でCLの強く訴えていること（主訴）を把握し、CCから見たCLの問題点（見立て）を考える場面です。

4. 設問4

　問題の把握を踏まえて、今後の方針に基づき目標設定を行う意思決定のフェーズです。目標を設定した後、どのような働きかけをするか、具体的な方策を検討します。

▼キャリアコンサルティングのプロセスと４つの設問の関係

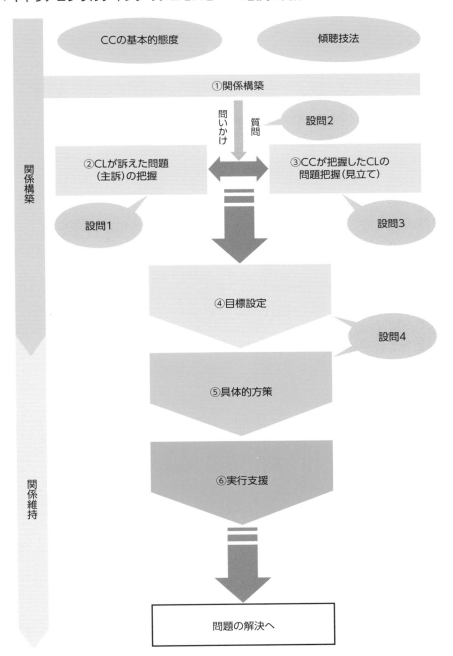

2

論述試験

B 設問の全体フレームを理解する

　設問の形式は毎年決まっていますので、スムーズな解答ができるよう、設問のフレームに慣れておきましょう。p218の図を見ながら、事例記録の流れと設問との関連を理解します。

1. 相談者情報

　相談者プロフィール：性別・年齢・学歴・職歴・現状等が記載されており、相談者のプロフィールの概要を把握できます。

　家族構成：家族状況の把握

　面接日時：来談の時期や来談の意思を把握

2. 相談の概要

　(略A) と記載され、空白となっています。設問1の回答内容となる部分で、相談者が面談で相談したい内容を記述します。

3. 相談者が話した内容

（カッコ内はキャリアコンサルタントの発言）

　最初は相談者が相談内容や現在の状況を話すことから始まり、それを受けて受容応答によるCCの問いかけ、または質問があり、それに相談者が答える形で4つの応答が展開されます。この中でCCは、相談者の主訴やCCから見た相談者の問題を把握することになります。そして、それをもとに今後の方針を考えます。

4. 所感 (キャリアコンサルタントの見立てと今後の方針)

　事例記録の所感欄に記載する内容は【下線B】における質問の意図およびCCの見立てと今後の方針です。したがって、設問1から設問4までのすべての内容を含むことになります。

　事例記録の構成と設問は上記の通りですが、設問1から設問4の解答は、3.相談者が話した内容をキャリアコンサルティングのプロセスに沿って考えます。設問の内容を整理すると、以下のようになります。

設問1：相談者が相談したい問題（主訴）

設問2：応答場面でCCが発言した質問の意図を問う問題

設問3：CCが見立てた相談者の問題とその根拠を問う問題

設問4：設問1および設問3を踏まえた今後の方針（目標設定と今後の働きかけ）
　　　　を問う問題

まずはp219の解答用紙見本を見ながら、上記設問を確認してください。

2

論述試験

> **論述をマスターする手順**
> 1. キャリアコンサルティングのプロセス
>   に沿って考える
> 2. 設問の全体フレームを理解する
> 3. 各設問に対する解答のポイントとコツ
>   を習得する
> 4. 練習問題で自分のスタイルをつかむ

▼論述問題のフレーム（CC協議会）

　一つの事例において作成途中の事例記録を提示し、その中の記述項目は、相談者情報、相談の概要、相談者の話した内容および所感となっています。そのうち、相談の概要欄は（略A）、所感欄は【下線B】における質問の意図は（以下略）として空欄となっています。（略A）は設問1、【下線B】は設問2で問われる内容となります。また、相談者の話した内容欄はCLの発言から始まり、以下CCとCLの応答内容が記載されています。

<事例記録フレーム>

> 1. 相談者情報:性別・年齢・学歴・職歴・家族構成・面談日時

> 2. 相談の概要:（略A）

> 3. 相談者の話した内容　　カッコ内はキャリアコンサルタントの発言

> 4. 所感(キャリアコンサルタントの見立てと今後の方針)
> ・【下線部B】を質問した意図は(以下略)
> 　　　(以下略)

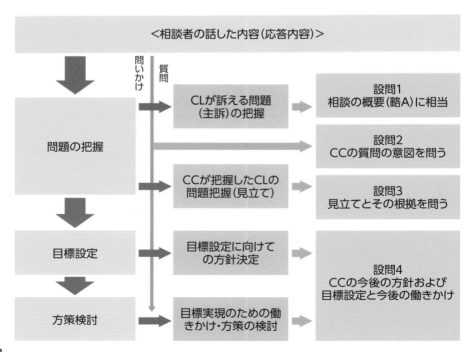

▼CC協議会　解答用紙見本

【設問1】事例記録の中の「相談の概要」（略A）の記載に相当する、相談者がこの面談で相談したいことは何か。面談記録を手掛かりに記述せよ。

_____

_____

【設問2】事例記録の下線Bについて、この事例を担当したキャリアコンサルタントがどのような意図で質問を行ったと考えるかを記述せよ。

_____

_____

【設問3】あなたが考える相談者の問題（①）とその根拠（②）について、相談者の言動を通じて、具体的に記述せよ。

①問題

_____

_____

②その根拠

_____

_____

_____

【設問4】設問3で答えた内容を踏まえ、今後あなたがこのケースを担当するとしたら、どのような方針でキャリアコンサルティングを進めていくか記述せよ。

_____

_____

_____

_____

_____

C 各設問に対する解答のポイントとコツを修得する

①設問1 (10点)

1. この問題は相談者がこの面談で相談したいこと、いわゆるCLの「主訴」を含めた相談内容を問う問題です。

2. 事例記録では「相談の概要」(略A) に相当するものです。

3. 主訴はいつ、どこから把握するのかがポイントとなりますが、一般的にCLが最初の段階で自身の状況を話す中で語られます。

4. ここでは、相談者の話した内容の最初の発言、および次のCCとの応答の中で確認することができます。

5. 文章表現は、相談に至った経緯や感情も含めて簡潔に表現します。

6. 解答欄の行数は2行なので、70〜80文字程度の記述になります。

②設問2 (10点)

1. 事例記録の中でCCが発した【下線B】の質問の意図を問う問題です。

2. CCは面談の中でCLに様々な質問や問いかけを行いますが、質問や問いかけには、必ず何らかの目的や意図があります。

3. 質問にはCLの話の曖昧で漠然としているところを正しく理解するための明確化の機能や、CCが傾聴しながら現実吟味の中でCLの自己理解の深化を促す機能があります。

4. 本設問の記述は所感 (キャリアコンサルタントの見立てと今後の方針) の中にあることから、「質問の意図」は見立てとの関連を理解する必要があります。

5. 質問の意図は、CCの見立てがベースにある場合は、断定的な表現でなく、「……と思われる」「……と考えられる」などの表現がよいでしょう。

③設問3 (20点) 2×10点

1. この問題は、いわゆるCCから見たCLの問題点の「見立て」といわれるものです。CLの悩みや不安、戸惑いなどの根本原因になっている問題点であり、CL自身も気づいていないことが多いと思われます。

2. CCからの「見立て」はあくまで仮説ですが、深く洞察することが重要です。この見立てがCLの気づきを促すことにもなります。

3. 「見立て」はいろいろな観点があり、CCによって様々な見方ができます。した

がって、一つに断定できません。解答するに当たっては、いくつかのカテゴリーで考えるとわかりやすいと思われます。

＜見立てのカテゴリー＞

・自己理解の不足　・仕事理解の不足　・コミュニケーションの不足
・思い込み　・情報不足　・キャリアプラン、ライフプランの検討不足　など

4. ①問題（見立て）と②その根拠を分けて記述します。①問題（見立て）は、上記カテゴリーを参考に設問2の質問の意図も含めて1〜3つを選択し、各カテゴリーの内容をある程度、具体的に記述します。たとえば、自己理解の不足であれば、能力なのか、価値観なのか、環境なのかなどを記述し、仕事理解の不足ならば、人事制度や組織の理解不足なのか、仕事内容の理解不足なのか、働き方の理解不足なのかなどを記述してください。②その根拠は、相談者の言動をできるだけ使用し、具体的な言葉で説明します。

5. 解答欄は、①が2行なので60〜80文字程度、②は3行なので90〜120文字程度となります。

6. 「見立て」は仮説ですので、記述は断定的表現を避けて、「……と思われます」「……と考えられます」などの表現にしましょう。

④設問4（10点）

1. 設問3の見立てを踏まえて、今後のCCの進め方の方針を問う問題です。

2. 方針の記述内容は、CLに対する今後の基本方針、および目標設定と具体的方策です。

3. 具体的な目標設定と方策については本来CL主体で行うのですが、ここではCCの方針による目標設定と方策を検討することになります。

4. 設問1の主訴と設問3の見立てを踏まえた問題解決のための目標設定と方策を検討し、CLが受け入れやすいものにすることが大切です。

5. 提案内容は短期的なものから長期的なものまで、具体的なものから広がりのある柔軟なものまでありますが、設問3と整合性のある記述をしてください。

6. 内容はCLへの働きかけなので、関係の維持やCLの自律的支援の観点からCLの気持ちに寄り添い、方策の実現性を考慮して、CLと一緒に目標や計画を設定していく姿勢が大切です。

7. 記述方法は文章形式でも箇条書き形式でも構いません。

8. 解答欄は6行あるので180〜200文字程度の記述となります。

練習問題 1

問題　次の【事例記録】を読み、以下の設問に答えなさい。解答は解答用紙の設問ごとに記述すること。

【事例記録】

＊キャリアコンサルタントが今後の研鑽に生かすための、作成途中の事例記録

1. 相談者情報：

Aさん、男性、52歳。四年制大学の経済学部を卒業後、事務機器メーカーに入社して30年経過。現在、課長職。

家族構成：妻（専業主婦）、長男（高校3年生）、長女（高校1年生）

面接日時：2021年4月末、本人の希望で来談（初回面談）

2. 相談の概要：

（略A）

3. 相談者の話した内容（カッコ内はキャリアコンサルタントの発言）

会社の業績見通しが悪化して、45歳以上の社員を対象に希望退職の募集が始まり、先日社員面談が行われました。同時に組織改革も発表され、部課長制を廃止してチーム制に移行するとのこと。現在、支店の保守サービス部門の課長職をしていますが、面談では希望退職の強い要請も感じられました。将来を考えると不安な気持ちで、どうしたらよいかわかりません。

（将来の不安もあり、早期退職に応募し退職するのか、このまま会社に残るのか迷われているのですね）

はい、会社は今回の組織改革で部課長制を全て廃止し、チーム制に移行します。私がこのまま会社に残った場合は、課長職から外れて担当職になる可能性が大きいと思われます。それに伴って収入もだいぶん減るし、先が見えているので、思い切って早期退職に応募しようかとも思うのですが。次の仕事が見つかるのか、収入がどうなるのか心配だし、どうしたらよいものかと。

（会社に残っても先は見えているので、早期退職に応募しようとも思うけれど、次の仕事と収入のことが心配なのですね）

今辞めると割増退職金はもらえますが、この年齢で次の希望する仕事が見

つかるのか、もし見つかったとしても、ある程度の収入が確保できるかどう
か、大変不安です。

（年齢のこともあり、次の仕事のことや、そこでの収入のことを考えると不安
なんですね）

　はい、今まで転職の経験も一度もないし、特別の資格や才能があるわけで
もないので、自分にどんな仕事ができるのか。今までの仕事の経験を活かせ
る仕事が見つかるのかなあ。子どもはまだ高校生だし、まだこれから先が長
いので、収入のことも気になります。50歳過ぎから体力の衰えをすごく感
じるようになりました。これから新しい仕事をする場合、体力的なことも気
になります。

（そうですか。今後のお仕事を考える上でほかに気になることはありますか）

【下線B】

　実は今回の件は、まだ家族には一切話していません。まだどうなるかわか
らないし。話せば、妻は反対するに決まっていますので、話しづらいことも
あります。息子は大学受験を控えているので、あまり心配をかけたくないの
です。仕事は今まで一つの会社に30年いて、それなりにやりがいを感じて
やって来ましたので、やはりやりがいの感じられる仕事に就きたいです。自
分に何ができるかわかりませんが、まだ先が長いですし、何でもよいという
わけにはいかないので……。

（以下略）

4. 所感（キャリアコンサルタントの見立てと今後の方針）

・【下線B】を質問した意図は、（以下略）

（以下略）

設問1　事例記録の中の「相談の概要」（略A）の記載に相当する、相談者がこの
　　　　面談で相談したいことは何か。面談記録を手掛かりに記述せよ。（10点）

_____

_____

　希望退職の募集が始まり、今の会社に残るか、退職するか迷っている。どちらにしても収入や次の仕事の不安があり、これからどのようにしたらよいのか相談したい。

●解答のコツとノウハウ

　設問1は、相談者がこの面談で相談したいこと、いわゆるCLの「主訴」を含めた相談内容を問う問題です。

1. 事例記録では「相談の概要」(略A) に相当するものです。
2. 主訴を含めた相談内容は一般的にCLが最初の段階で自身の状況を話す中で語られます。
3. 設問1の場合は、相談者の話した内容の最初の発言、および次のCCとの応答の中で確認することができます。
4. 希望退職の募集の件、会社に残るのか退職するかの迷い、そして今後の収入と次の仕事の不安が語られています。
5. 解答欄は2行です。2行にちょうど収まるぐらいの文章が理想なので、70〜80文字程度でまとめるとよいでしょう (解答例78文字)。

---

column　　よくある質問①

Q：主訴を表現する言葉は、CLの言葉をそのまま使った方がよいですか？

A：感情表現が含まれている場合は、微妙に差異が生じることが多いので、できるだけCLの表現をそのまま使う方が無難です。ただし、それ以上に的確な感情表現の言葉があれば、別の言葉でも構いません。

Q：主訴以外の内容をどこまで書けばよいのでしょうか？

A：70〜80文字以内の字数にまとめる必要がありますので、相談したい内容が的確に伝わるように、CLが強く訴えている事柄を要約して記入してください。

2

論述試験

設問2　事例記録の下線Bについて、この事例を担当したキャリアコンサルタントがどのような意図で質問を行ったと考えるかを記述せよ。（10点）

_____

_____

練習問題1	設問2	解答例

　相談者には仕事、収入、体力などの不安以外に、他の観点からの気がかりなことがあるのではないかと推察し、相談者の抱える問題を明確化するために質問したと思われる。

●解答のコツとノウハウ

　設問2は、事例記録の中でCCが発した【下線B】の質問の意図を問う問題です。

1. CCは面談の中でCLに様々な質問や問いかけを行いますが、質問や問いかけには、必ず何らかの目的や意図があります。
2. 質問には、CLの話の曖昧で漠然としているところを正しく理解するための明確化の機能や、CCが傾聴しながら現実吟味の中でCLの自己理解の深化を促す機能があります。
3. 本設問の記述は所感（キャリアコンサルタントの見立てと今後の方針）の中での記述であることから、「質問の意図」は見立てとの関連で理解する必要があります。
4. 設問2での相談者が不安な事柄をいろいろ述べているが、CCは別の観点からの見立て、つまり家族や妻との関係、仕事の内容等を明確化する質問をしたと思われる。
5. 質問の意図は、CCの見立てがベースにある場合は、断定的な表現でなく、「……と思われる」「……と考えられる」などの表現がよいでしょう。
6. 解答欄は2行です。2行にちょうど収まるぐらいの文章が理想なので、70〜80文字程度でまとめるとよいでしょう（解答例77文字）。

設問3　あなたが考える相談者の問題（①）とその根拠（②）について、相談者の言動を通じて、具体的に記述せよ。(10点×2)

①問題

_____

_____

②その根拠

_____

_____

_____

練習問題1　設問3　　　　　　　　　　　　　　　　　　　　解答例

①問題：変化や転機への準備ができておらず、自身の職務能力について自己理解の不足があると思われる。また、家族とのコミュニケーション不足や思い込みも見受けられる。

②その根拠：希望退職の募集があり、今後どうしたらよいか戸惑っている。今までの経験を今後の仕事にどのように活かせるのかわからず、新たな仕事への自信が持てない状況にある。また、妻には希望退職の件を話していないし、反対されると決めつけている。

●解答のコツとノウハウ

　設問3は、CCとしてCLを洞察し、問題の見立てができるかどうかを問う問題です。

1. この問題は、いわゆるCCから見たCLの問題の「見立て」といわれるものです。CLの訴えていること（悩み、不安、戸惑いなど）の根本原因になっている問題であり、CL自身が気づいていないことが多いと思われます。
2. この事例で、会社に残るか、早期退職に踏み切るかの迷いや不安の根本原因を考える手掛かりとして、次のようないくつかの見立てのカテゴリーがあります。

> ・自己理解の不足　・仕事理解の不足
>
> ・コミュニケーションの不足　・思い込み
>
> ・情報不足　・キャリアプラン、ライフプランの検討
>
> ・変化への準備不足　など

3. 見立てはいろいろな観点から複数考えられますが、CCが強く思う問題を2～3選んで、その根拠を示して記述します。

4. このCLは1つの会社に30年間勤務し、状況変化への対応準備ができていないため、戸惑いがあります。自己の能力についての検証もしていないために、何ができるかもわからない状態にあり、能力への自己理解不足があると思われます。また、妻は反対するに決まっているとの思い込みや、コミュニケーション不足も考えられます。他にもいろいろ考えられますが、ここでは3つのカテゴリーから検討しました。

5. 解答欄は①は2行に、②は3行にちょうど収まるぐらいの文章が理想なので、①は60～80文字程度、②は90～120文字程度でまとめるとよいでしょう（解答例①75文字、②112文字）。

---

column　　よくある質問②

Q：どのように「見立て」をしたらよいのかわかりません。

A：相談者の話した内容を現実吟味しながら、見立てのカテゴリーに照らして読んでいくと、CLの主訴の原因がどこにあるのか漠然と見えてきます。その中で見立ての根拠を伴う思いや感情のキーワードがあります。それを考え問題を整理します。根拠を示して記述することがポイントです。

Q：解答を記入するとき、どれくらいの文字数になるのかわからないので、一度下書きをした方がよいのでしょうか？

A：時間的余裕はあまりないと思いますので、記述の骨子を頭に浮かべながら文章作成の過程で調整できるよう練習した方がよいと思います。CLが強く訴えている事柄を要約して記述してください。

主訴・問題点を的確に捉えることが展開の基礎となります。CLの発言内容を吟味し、何が問題かをご自身で考えてみましょう。

2

論述試験

相談者情報	Aさん、男性、52歳 四年制大学（経済学部）を卒業後、事務機器メーカーに入社して、30年経過 現在、課長職 家族構成：妻（専業主婦）、長男（高校3年生）、長女（高校1年生） 面接日時：2021年4月末　本人の希望で来談（初回面談）

（事例記録でのCL発言要旨）

・45歳以上対象の希望退職の募集開始で社員面談実施
・組織改革で部課長制からチーム制へ移行予定
・支店の保守サービス部門の課長職
・会社から希望退職の強い要請
・将来を考えたら不安でどうしたらよいかわからない

・会社に残った場合、課長職から担当職になる可能性が大きい
・収入も減るし、先が見えている
・思い切って早期退職をしようと思うが、不安がある
・次の仕事が見つかるのか、収入がどうなるのか心配

・今やめると割増退職金がもらえるが、この年齢で仕事が見つかるか不安
・見つかったとしても収入が確保できるか不安
・今まで転職の経験もなく、特別の資格や才能がない
・自分にどんな仕事ができるか、今までの経験が活かせる仕事が見つかるかわからない
・子供は高校生でまだ先が長く、収入が気になる
・50歳を過ぎて体力の衰えを感じる

・家族にはまだどうなるかわからないので一切話していない
・妻には反対されるに決まっているので話しづらい
・息子は大学受験を控えているので、心配をかけたくない
・仕事は今まで一つの会社に30年いて、やりがいも感じてやってきた
・次の仕事はなんでもよいわけにはいかない
・やりがいの感じられる仕事につきたい

設問4　設問3で答えた内容を踏まえ、今後あなたがこのケースを担当すると
　　　　したら、どのような方針でキャリアコンサルティングを進めていくか
　　　　記述せよ。(10点)

_____

_____

_____

_____

_____

_____

練習問題❶　　設問4　　　　　　　　　　　　　　　　　　　　解答例

　相談者の不安と戸惑いの気持ちに寄り添い、30年間の努力をねぎらいながら、自律的に最適な意思決定ができるよう支援する。まず、キャリアの棚卸しをし、職務能力を中心に自己理解を促進する。また、収入問題や子供の教育問題は意思決定の大切な要素なので、家族との話し合いを促進する。その上で、マネープラン、キャリアプランを含め、会社を退職する場合と残る場合の比較検討ができるように支援する。

●解答のコツとノウハウ

　設問3の見立てを踏まえて、今後のCCの進め方の方針を問う問題です。

1. 方針の記述内容はCLに対する基本方針、及び目標設定と具体的方策です。
2. 具体的な目標設定と方策については本来CL主体で行うのですが、ここではCCの方針による目標設定と方策を検討することになります。
3. 設問1の主訴と設問3の見立てを踏まえた、問題解決のための目標設定と方策を検討し、CLが受け入れやすいものにすることが大切です。
4. 提案内容は短期的なものから長期的なものまで、具体的なものから広がりのある柔軟なものまでありますが、設問3と整合性のある記述をしてください。
5. 見立てから方策は、例えば以下のように、様々考えることができます。

- ・これまでの仕事の棚卸しとキャリアシートの作成
- ・自分の経験を活かした今後の仕事選択
- ・「やりがいのある仕事」とは何かの自己探索と職業選択
- ・これからのマネープラン・キャリアプランの作成
- ・子供の成長を考慮しながら中・長期的なライフプランの作成
- ・CLをとりまく環境の理解とコミュニケーション促進　など

6. 今までの努力を称賛し、CLの気持ちに寄り添い、自律的意思決定を支援することがCCの基本です。見立てに沿って目標設定し、そのための方策を上記を参考に適切な内容にまとめます。

7. 解答欄は6行ありますので、180〜210文字程度の記述となります（解答例187文字）。

練習問題1をやってみていかがでしたか？
- ・論述は面接の記述版なのでCCになった気持ちで事例記録を読みましょう。
- ・CLの思いを受け止めながら、何が問題なのかを思いめぐらしましょう。
- ・これから何処に目標を設定し、どう働きかけをするか考えましょう。
- ・時間は50分です。40分ぐらいで記述できるように練習しましょう。

練習問題 2

問題　次の【事例記録】を読み、以下の設問に答えなさい。解答は解答用紙の設問ごとに記述すること。

【事例記録】

*キャリアコンサルタントが今後の研鑽に生かすための、作成途中の事例記録

1. 相談者情報：

Bさん、女性、24歳。四年制大学の社会学部を卒業後、総合病院に入職し、2年目現在、医療福祉相談室勤務

家族構成：父（会社員）、母（パート社員）、現在地元から離れて一人暮らし

面接日時：2020年6月末　本人の希望で来談（初回面談）

2. 相談の概要：

（略A）

3. 相談者の話した内容（カッコ内はキャリアコンサルタントの発言）

　大学で社会福祉を専攻し、ソーシャルワーカーを目指して資格取得にも取り組んだ。国家資格を取得したことから、医療福祉相談員として総合病院に入職した。1年目は研修を経て、上司の指示や先輩のOJTによる指導を受けながら、何とかやってきたが、このところ、いろいろなミスやトラブルもあり、この仕事は自分には向いていないのではないかと思うようになり、この先どうしたらよいのかわからない。

（いろいろなミスやトラブルがあり、この仕事は自分には向いていないのではないかと思うようになったのですね）

　はい、この仕事は人のお役に立てると思い、希望して入職しました。1年目は先輩の指導を受けながらなので、ミスもトラブルも起こらなかったのですが、2年目からは、一人で特定の診療部門を担当しなくてはならないので、患者からのクレームが多発しました。医師や看護師との関係もうまくいってないのです。患者の要望と医師や看護師の望むこととのギャップをいかに調整するかが難しくて。やはり私には向いてないのかなぁ……。

（2年目から担当部門をもつようになってトラブルが多発し、医師や看護師との関係や調整業務の難しさもあり、この仕事が向いてないのではと思い始めているのですね）

　私が担当しているのは外科・整形外科部門ですが、医療知識の不足はもちろん、術後の自立支援に向けた社会保障制度等の知識も不足しています。患者や家族から対応策について聞かれても的確に答えられていないし、医師や看護師の意向も患者の希望と違うことが多く、うまく伝えられない状況です。このままだと自分の望む仕事ができないので、転職を考えたほうがいいのか、今後どうしたらよいのかわからなくて困っています。

（今の状態だと自分が望む仕事が今後もできそうにないので、どうしたらよ

いのかわからなくなっているのですね)

　そうなんです。この仕事は人のためになる良い仕事とは思うのです。相談内容は患者一人ひとり違いますので、経験がものをいうことはわかっていますが、担当を任された以上、そんなに悠長にしていることは許されないと思います。

(担当を任されているという責任感から、時間的余裕は許されないと思われているのですね)【下線B】

　そうですね。1年間は上司、先輩のフォローでミスもトラブルもなかったけれど、2年目から責任を持って自分でやらなければという気持ちは強いかもしれません。

(以下略)

4. 所感(キャリアコンサルタントの見立てと今後の方針)

・【下線B】を質問した意図は、(以下略)

(以下略)

設問1　事例記録の中の「相談の概要」(略A)の記載に相当する、相談者がこの面談で相談したいことは何か。面談記録を手掛かりに記述せよ。(10点)

_____

_____

練習問題2　設問1　　　　　　　　　　　　　　　　　　　　　解答例

　入職2年目に入り、患者からのクレームが多発したり、医師・看護師との関係もうまくいっていないことから、この仕事は自分には向いていないと思い始めて、この先どうしたらよいか相談したい。

●解答のコツとノウハウ

　設問1は、相談者がこの面談で相談したいこと、いわゆるCLの「主訴」を含めた相談内容を問う問題です。

1. 事例記録では「相談の概要」(略A) に相当するものです。
2. 主訴を含めた相談内容は一般的にCLが最初の段階で自身の状況を話す中で語られます。
3. 設問1の場合は、相談者の話した内容の最初の発言、および次のCCとの応答の中で確認することができます。
4. この仕事が自分に向いていないと思うようになった経緯も含めて記述します。患者からのクレームや医師・看護師との関係性がうまくいっていないことが語られています。
5. 文字数が限られているので、どのように表現するかが一つのポイントになります。字数に合わせたわかりやすい表現が大切です。
6. 解答欄は2行です。2行にちょうど収まるぐらいの文章が理想なので、70〜90字程度でまとめるとよいでしょう (解答例89文字)。

設問2 事例記録の下線Bについて、この事例を担当したキャリアコンサルタントがどのような意図で質問を行ったと考えるかを記述せよ。(10点)

_____

_____

練習問題2 設問2 **解答例**

　経験や知識不足はわかっているが、任されたら一人で仕事を全うせねばならないという強い思いを感じ取り、仕事のやり方や時間に対する正しい認識を促す質問をした思われる。

●解答のコツとノウハウ

　設問2は、事例記録の中でCCが発した【下線B】の質問の意図を問う問題です。

1. CCは面談の中でCLに様々な質問や問いかけを行いますが、質問や問いかけには、必ず何らかの目的や意図があります。
2. 質問には、CLの話の曖昧で漠然としているところを正しく理解するための明確化の機能や、CCが傾聴しながら現実吟味の中でCLの自己理解の深化を促す機能があります。
3. 本設問の記述は所感 (キャリアコンサルタントの見立てと今後の方針) 欄の中で

の記述であることから、「質問の意図」は見立てとの関連で理解する必要があります。

4. 設問2では、CCは相談者の「任されたら、一人で責任を持ってやらねばならない」という思い込みを感じ取り、正しい認識を促す質問をしたものと考えられます。

5. 質問の意図は、CCの見立てがベースにある場合は、断定的な表現でなく、「……と思われる」「……と考えられる」などの表現がよいでしょう。

6. 解答欄は2行です。2行にちょうど収まるぐらいの文章が理想なので、70〜80文字程度でまとめるとよいでしょう（解答例80文字）。

設問3 あなたが考える相談者の問題（①）とその根拠（②）について、相談者の言動を通じて、具体的に記述せよ。(10点×2)

①問題

_____

_____

②その根拠

_____

_____

_____

---

column **よくある質問③**

Q：「質問の意図」とは、どのようなことを言っているのでしょうか？

A： カウンセリングでの質問は、興味本位に質問するということはありません。何らかの目的があって質問、ないし問いかけが行われます。例えば、クライエントを知るための情報収集であったり、曖昧な事柄を明確にするためなどがあります。

Q：「質問の意図」を知るには、どのようにすればいいのですか？

A：「見立て」との関連で、何らかの自己理解の深化を促進するために質問をすることが多いので、CCがCLの問題をどのように捉えているかがポイントになります。

練習問題2 **設問3** 解答例

①問題：医療福祉相談員の仕事理解不足、および医師・看護師等の医療従事者とのコミュニケーションに問題があると思われる。そして、自分の担当部門は自分一人に責任があるとの思い込みが見られる。

②その根拠：医療福祉相談員は、医師・看護師等医療従事者と連携して成り立つ仕事であることの理解不足があり、基本的に仕事理解不足が考えられる。また、トラブルの多発や患者と医療従事者との調整困難などは、コミュニケーションの不足が考えられる。

●解答のコツとノウハウ

　設問3は、CCとしてCLを洞察し、問題の見立てができるかどうかを問う問題です。

1. この問題は、いわゆるCCから見たCLの問題の「見立て」といわれるものです。CLの訴えていること（悩み、不安、戸惑いなど）の根本原因になっている問題であり、CL自身が気づいていないことが多いと思われます。

2. この事例で、この仕事に向いていないと思うようになった根本原因を考える手掛かりとして、次のようないくつかの見立てのカテゴリーがあります。

　・自己理解の不足　仕事理解の不足
　・コミュニケーションの不足　・思い込み
　・情報不足　など

3. 見立てはいろいろな観点から複数考えられますが、CCが強く思う問題を2～3選んで、その根拠を示して記述します。

4. このCLは病院へ入職して2年目で、患者からクレームが多発し、その原因の一つが業務知識や経験の不足であることは自分で理解しています。一方、CLは医師や看護師とうまくいっていないこと、医師や看護師の意向と患者の希望とのギャップ調整の難しさを訴えています。このことから、医療従事者間のコミュニケーションに課題があると思われます。また、担当部門を持ったことで、自分で解決しなければならないという思い込みも感じられます。そもそも医療福祉相談員という職業の理解不足も考えられます。

5. 解答欄は①は2行に、②は3行にちょうど収まるぐらいの文章が理想なので、①は60～80文字程度、②は90～120文字程度でまとめるとよいでしょう（解答例①88文字、②111文字）。

2

論述試験

▼CLの発言から主訴・見立てを検証する

　　主訴・問題点を的確に捉えることが展開の基礎となります。CLの発言を傾聴し、

　　何が問題かをご自身で考えてみましょう。

相談者情報	Bさん、女性、24歳 四年制大学（社会学部）を卒業後、総合病院に入職し2年目 家族構成：父（会社員）、母（パート社員）、現在地元から離れて一人暮らし 来談日時：2020年6月末、本人の希望で来談（初回面談）

（事例記録でのCL発言要旨）

・大学で社会福祉を専攻し、ソーシャルワーカーを目指す

・国家資格を取得し、医療福祉相談員として総合病院に入職

・1年目は上司、先輩の指導を受けながらなんとかやってきた

・このところいろいろなミスやトラブルもあり、この仕事は自分には向いていな

　いのではないかと思うようになる

・この先どうしたらよいかわからない

・この仕事は人の役に立てる仕事と思い、希望して入職した

・1年目は先輩の指導を受けながら、ミスもトラブルもなかった

・2年目から一人で特定の診療部門を担当し、患者からのクレームが多発

・医師・看護師との関係もうまくいっていない

・患者の要望と医師・看護師の望むこととのギャップを調整するのが難しい

・自分には向いていないのではないか

・医療知識や自立支援に向けた社会保障制度の知識の不足がある

・患者・家族からの対応策についての質問に的確に答えられない

・医師・看護師の意向と患者の希望との違いから、患者にうまく伝えられない

・このままだと、自分の望む仕事ができないので転職を考えた方がよいのか、今後

　どうしたらよいのかわからない

・この仕事は人のためになる良い仕事と思う

・相談内容は患者一人ひとり違うので、経験が大事なことはわかっている

・担当を持った以上、そんなに悠長にしていることは許されない

・2年目から責任を持って自分でやらねばならないという気持ちが強い

設問4 設問3で答えた内容を踏まえ、今後あなたがこのケースを担当すると
したら、どのような方針でキャリアコンサルティングを進めていくか
記述せよ。（10点）

_____

_____

_____

_____

_____

_____

---

column **よくある質問④**

Q：どのように「見立て」をしたらよいのかわかりません。

A：短い応答の中でCLの発言の中心となっている2～3の応答に、CLの根拠を伴う
思いや感情が表出した箇所があります。この練習問題では、医療従事者間のコ
ミュニケーションにポイントがありそうです。また、医療福祉相談員という仕事
の本質も理解してみましょう。

Q：仕事の内容がわからないのに「見立て」はできるのでしょうか？

A：仕事の内容を知っているに越したことはありませんが、知らなくてもCLの発言か
ら、何が原因で困難な状況に至っているのかは概ね察しがつきます。具体的な事柄
を入れて、カテゴリーの中から選んで記述しましょう。

練習問題2 設問4 **解答例**

　Bさんの思いに寄り添いながら、Bさんが望む仕事になるには何が必要かについて、
一緒に考え検討していく。①医療関係や社会保障制度等の知識習得方法の検討と習得
計画の作成、②勤務している病院における医療福祉相談員の役割と課題の整理③医
師・看護師とのコミュニケーションの現状と課題の検討④患者・家族とのトラブルの
原因と解決方法の検討などを実施する。今までの努力を称賛し、自信を持って自律的
に行動できるように支援していく。

●解答のコツとノウハウ

設問3の見立てを踏まえて、今後のCCの進め方の方針を問う問題です。

1. 方針の記述内容は、CLに対する基本方針、及び目標設定と具体的方策です。

2. 具体的な目標設定と方策については本来CL主体で行うのですが、ここではCCの方針による目標設定と方策を検討することになります。

3. 設問1の主訴と設問3の見立てを踏まえた問題解決のための目標設定と方策を検討し、CLが受け入れやすいものにすることが大切です。

4. 提案内容は短期的なものから長期的なものまで、具体的なものから広がりのある柔軟なものまでありますが、設問3と整合性のある記述をしてください。

5. 見立てから方策は、例えば以下のように、様々考えることができます。

・医療関係の知識や自立支援のための社会保障制度等の知識の習得方法についての検討と習得計画の作成

・勤務している病院における医療福祉相談員の役割と課題の整理

・医師・看護師とのコミュニケーションの現状と課題の検討と具体的行動

・患者・家族とのトラブルの原因と解決方法等の検討　など

---

6. 今までの努力を称賛し、CLの気持ちに寄り添い、自律的意思決定を支援することがCCの基本です。見立てに沿って目標設定し、そのための方策を上記を参考に適切な内容にまとめます。

7. 解答欄は6行ありますので、180〜210文字程度の記述となります（解答例205文字）。

重要トピック 試験に受かるには、
養成講習の修了者が圧倒的に有利！

　3年以上のキャリアコンサルティングの実務経験があれば、国家資格キャリアコンサルタントの受験要件はクリアできます。しかし実際には、実務経験者の受験者は極めて少なく、受験者の大半を大臣認定の養成講習の修了者が占めています。また、合格率も毎回、養成講習修了者の方が高くなっています。

学科試験（第24回）合格者数

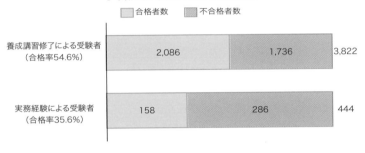

実技試験（第24回）合格者数

> 国家資格の受験者の大半は、養成講座を受講して修了した人となっています。合格率をみると、養成講座の修了者は、養成講座を受けずに実務経験だけで受験した人よりも高くなっています。

2 論述（JCDA対策）

**合格への
オリエンテーション**

　論述問題は自分自身で問題を考え、練習をすることが大切です。面接試験の応答はその場で行う必要がありますが、論述試験の応答は考える時間があります。逐語録の読み込みの中でCCtの受け止め方、問題の見立て方、今後の働きかけの知識やスキルが問われます。また、問題の意図を十分理解し、解答欄に適切に記述できるよう、文章力を身に付ける必要があります。本節では、JCDA向けの練習問題を検討し、解答のコツを身に付けます。まず、練習問題について、自分自身で解答を作成してください。論述問題は解答が一つではありませんが、一つの解答例を示しますので、ご自分の解答と比較し、参考にしてください。

A キャリアコンサルティングのプロセスに沿って考える

　論述試験は実技試験の一つであり、逐語による面接試験です。したがって、キャリアコンサルティングのプロセスを踏まえて考える必要があります。

　キャリアコンサルティングのプロセスと4つの問いの関係は次ページの通りです。図を見ながら各問いがどの場面に当てはまるのかを確認してください。各問いはp244の解答用紙見本を参照してください。

　なお、JCDAではCC（キャリアコンサルタント）は「CCt」と表記されます。

1. 問い1

　問い1は事例Ⅰと事例Ⅱがあり、対応の仕方によって、展開が変わってきます。指定語句を使って、違いを説明します。CCtの基本的態度によって、次の展開が決まります。ラポールの形成から、自問自答による気づきへの展開の場面です。

2. 問い2

　ポイントとなる2つの応答が適切かどうかを問う問題です。CCtの基本的態度と気づきを与える効果的な問いかけが重要です。CLの気づきを促す場面です。

3. 問い3

　事例Ⅱ（ラポール形成ができた事例）を受けて、CCtから見たCLの問題把握を問う問題です。CLの主訴を把握し、見立てを行う場面です。

▼キャリアコンサルティングのプロセスと4つの設問の関係

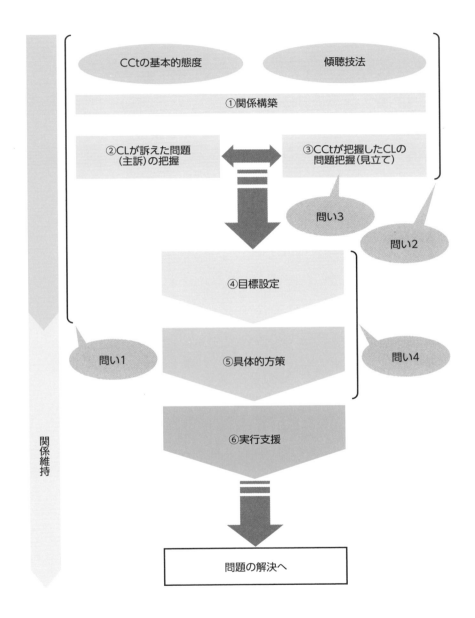

4. 問い4

CCtの「CLの問題の把握」と「CLの気づきの状況」を踏まえ、目標の設定ないし方策の検討へと展開する場面です。

論述をマスターする手順
1. キャリアコンサルティングのプロセスに沿って考える
2. 設問の全体フレームを理解する
3. 各設問に対する解答のポイントとコツを修得する
4. 練習問題で自分のスタイルをつかむ

B 設問の全体フレームを理解する

設問の形式は毎年決まっていますので、スムーズな解答ができるよう、設問のフレームに慣れておきましょう。次ページの図を見ながら、逐語の流れと設問との関連を理解します。

1. 相談者情報

性別・年齢・学歴・職歴が記載されており、相談者のプロフィールの概要を把握できます。

2. 逐語

「事例Ⅰ・Ⅱ共通部分」「事例Ⅰ」「事例Ⅱ」の3つに分かれています。いずれも同じ相談者で、同じ主訴の下で、コンサルティングが展開されます。共通部分の最初の6〜7回の応答後、事例Ⅰと事例Ⅱに分かれます。

3. 出題の狙い

問い1は、事例Ⅰと事例ⅡではCCtの不適切な応答と適切な応答の違いにより、CLの対応が全く違った展開となります。事例Ⅰと事例Ⅱのキャリアコンサルタントの態度と応答を比較し、指定された語句を入れて、その違いを説明できることが求められます。

問い2は、逐語録の中から指定された2つの応答が適切か不適切か判断し、その理由を記述する問題です。

問い3は、適切な応答をしている事例Ⅱのケースを使い、CCtから見たCLの問題把握（見立て）を問う問題です。

問い4は、事例Ⅱの今後の展開、つまり目標設定から具体的働きかけないし方策の検討を問う問題です。

まずはp244の解答用紙見本を見ながら、上記設問を確認してください。

▼論述問題のフレーム（JCDA）

　　同じ相談者（CL）で同じ主訴の下で行われた事例を最初の6〜7回の応答は共通として応答し、途中で二つの応答事例（事例Ⅰ・事例Ⅱ）に分かれる。事例の展開がどう変化するかのケーススタディ形式で出題される。

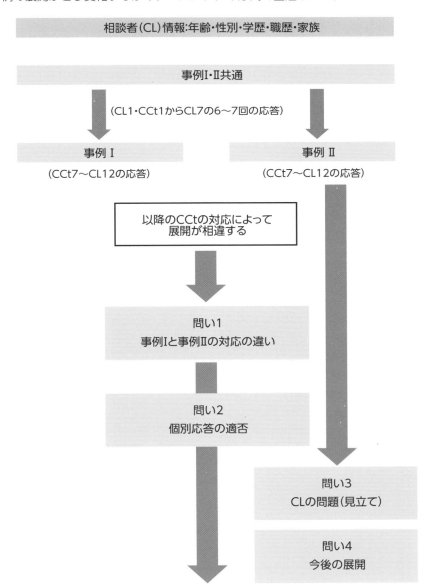

相談者（CL）情報:年齢・性別・学歴・職歴・家族

事例Ⅰ・Ⅱ共通

（CL1・CCt1からCL7の6〜7回の応答）

事例Ⅰ
（CCt7〜CL12の応答）

事例Ⅱ
（CCt7〜CL12の応答）

以降のCCtの対応によって
展開が相違する

問い1
事例Ⅰと事例Ⅱの対応の違い

問い2
個別応答の適否

問い3
CLの問題（見立て）

問い4
今後の展開

2

論述試験

[問い1] 事例ⅠとⅡはキャリアコンサルタントの対応の違いにより展開が変わっている。事例ⅠとⅡの違いを下記の5つの語句（指定語句）を使用して解答欄に記述せよ（同じ語句を何度使用しても可。また語句の使用順は自由。解答用紙に記述する際には、使用した指定言語句の下に必ずアンダーラインを引くこと）。(15点)

指定語句　　｜　焦点　事柄　内省　助言　ものの見方　｜

_____

_____

_____

_____

_____

_____

[問い2] 事例ⅠのCCt9と事例ⅡのCCt11のキャリアコンサルタントの応答が、相応しいか、相応しくないかを考え、「相応しい」あるいは「相応しくない」のいずれかに○をつけ、その理由も解答欄に記述せよ。(10点)

事例Ⅰの CCt10（相応しい・相応しくない）

理由：_____

_____

事例Ⅱの CCt9　（相応しい・相応しくない）

理由：_____

_____

[問い3] 事例Ⅰ・Ⅱ共通部分と事例Ⅱにおいて、キャリアコンサルタントとして、あなたの考える相談者の問題と思われる点を、具体的な例をあげて解答欄に記述せよ。(15点)

_____

_____

_____

_____

[問い4] 全体の相談者の語りを通して相談者像を想像し、事例Ⅱのやりとりの後、あなたならどのようなやりとりを面談で展開していくか、その理由も含めて具体的に解答欄に記述せよ。(10点)

_____

_____

_____

_____

_____

_____

2

論述試験

2-2 論述（JCDA対策）

C 各設問に対する解答のポイントとコツを修得する

①問い1（15点）

1. 事例Ⅰと事例Ⅱは、キャリアコンサルタント（CCt）の対応の違いにより展開が変化することを理解し、その違いを5つの指定語句を使用して記述する問題です。

> （指定語句の）例：
> 自己探索　問題解決　経験　感情　自問自答　共有化
> 価値観　助言　一般化　ものの見方　背景　個々の問題
> 共感　思い込み　内容　事柄　焦点　など

2. キャリアコンサルタントの基本的態度（受容・共感・自己一致）を重視し、相談者（CL）に寄り添い、CCtとCLの信頼関係の形成につながる応答が重要です。また、相談者（CL）への問いかけや質問などにより、何らかの気づきや気持ちの変化をもたらした応答かどうかもポイントとなります。

3. 指定語句の使い方は、2.の観点から相応しい応答説明で使用する語句と、相応しくない応答で使用する語句に分かれます。言葉の使い方にもよりますが、相応しい応答によく使われる語句としては「自己探索」「自問自答」「共有化」などが、相応しくない応答に使われる語句としては「経験」「問題解決」「価値観」などが挙げられます。

4. 解答欄の行数は6行で、手書きで210文字程度となります。字の大きさによって異なりますが、行数に入る範囲で簡潔に表現できるように練習してください。

②問い2（10点）

1. 事例Ⅰおよび事例ⅡのCCtの応答のうち、2か所の応答について、相応しい応答かそうでない応答か選択した理由を記述する設問です。

2. 「問い1」で事例Ⅰまたは事例ⅡのどちらがCCtの応答として相応しいかを説明することになりますが、これはCCtのCLに対する基本的態度で簡単に判断できます。これまでの過去問題では、事例Ⅱが相応しい応答となっています。

3. CCtの応答が「相応しい応答」か「相応しくない応答」か事例Ⅰ、事例Ⅱそれぞれから出題されます。「相応しい事例」には「相応しい応答」が対応し、「相応しくない事例」には「相応しくない応答」が対応しています。

論述試験

245

4. 「相応しい応答」か「相応しくない応答」かの理由を、解答欄2行に70文字程度で記述します。「相応しい応答」は、「CLの気持ちへの寄り添い」「気づきの促進」「自己探索」などがキーワードとなります。また「相応しくない応答」は、「問題解決指向」「指示的対応」「一般論的対応」「自己の価値観」などがキーワードとなります。

③問い3(15点)

1. 事例Ⅰ・Ⅱ共通部分と事例Ⅱにおいて、CCtが考えるCLの問題と思われる点について記述する問題です。

2. この問題は、いわゆるCCtから見たCLの問題点の「見立て」です。CLの悩みや不安、戸惑いなどの根本原因になっている問題点であり、CL自身気づいていないことが多いと思われます。

3. CCtからの「見立て」はあくまで仮説ですが、深く洞察することが重要です。この見立てがCLの気づきを促すことにもなります。

4. 「見立て」はいろいろな観点があり、CCtによってさまざまな見方ができます。したがって、一つに断定できません。解答するに当たっては、いくつかのカテゴリーで考えるとわかりやすいと思われます。

> ・自己理解の不足　・仕事理解の不足　・コミュニケーションの不足
> ・思い込み　・情報不足　・キャリアプラン、ライフプランの検討不足　など

5. 解答欄は4行なので、140文字程度となります。上記カテゴリーで2～3を検討し、カテゴリーの中身をある程度、具体的に、例えば自己理解の不足ならば自己の強み・弱みの理解不足、能力、CLを取り巻く環境などを記述してください。

6. 「見立て」は仮説ですので、記述は断定的表現を避けて、「～と思われます」「～と考えられます」などの表現をお勧めします。

④問い4(10点)

1. 事例Ⅱのやり取りについて、今後の面談での展開を具体的に記述する問題です。

2. 事例Ⅱの逐語録後の面談の展開は、CLの「気づき」を受けて、問題解決のための目標設定に向けたCCtの対応となります。

3. 目標設定・計画設定もCL主体で実現していくことが重要なので、CCtはCLが自律的に意思決定できるように支援していく必要があります。

4. CLの気持ちに寄り添い、努力を称賛しながら、CLと一緒に目標・計画を設定していく姿勢が大切です。

5. 解答欄は6行なので、200〜240文字程度の記述になります。「問い3」での見立てに連動して目標設定を考える必要がありますので、それに沿っての複数の目標を簡潔に記述します。

Ｄ 練習問題で自分のスタイルをつかむ

練習問題 **1**

事例Ⅰ・Ⅱ共通部分と事例Ⅰ・Ⅱを読んで、以下の問いに答えよ（事例ⅠとⅡは、同じ相談者（CL）、同じ主訴の下で行われたケースである）。（50点）

相談者（CLと略）：
　Ｃさん、24歳女性、四年制大学（教育学部）卒業、幼稚園教諭2年目、両親・妹との四人暮らし

キャリアコンサルタント（CCtと略）：
　相談機関のキャリアコンサルティング専任社員

事例Ⅰ・Ⅱ共通部分

CL1 ：自分は幼稚園教諭に向いていないのではないかと思い始めて、どうしたらよいかわからなくなり相談に来ました。

CCt1：幼稚園教諭に向いていないのではないかと思い始められたいきさつをもう少し詳しくお話しいただけますか。

CL2 ：はい。昨年の4月に今の幼稚園に入って1年半になります。現在、クラス担任として30名の年中の園児を担当しています。この間、無我夢中でやってきましたが、想像以上に仕事が多く、一人ひとりの子供と丁寧に関わることができず、現実と理想のギャップを感じています。このまま続けられるか不安です。

CCt2：理想をもって入られた幼稚園は想像以上に仕事が多く、一人ひとりの子供と丁寧に関われなくて、先行きが不安なんですね。

CL3 ：わたしは子供が好きで、一人ひとりの子供に向き合って子供の成長に役立ちたいという思いで幼稚園教諭になったのですが、現実は程遠い

状態です。

CCt3：幼稚園に入られて1年半ということですが、今のように思われ始めたのは、いつごろからですか。

CL4 ：実は、入園して1年間はクラスの担任は持たず、先輩の先生について副担任という肩書ですが、実際は担任の補助業務をしていました。2年目からは、クラスを担当する決まりがあり、今のクラスの担任になりました。担任になって、思った以上に仕事が増え時間に追われるようになりました。最初の1年目とは比較にならない忙しさで、一人ひとりの子供と触れ合う時間も少なくなっています。最近はいろいろあって、不安な気持ちです。

CCt4：担任になられた2年目から仕事が増えて、子供とのふれあいの時間も少なくなった……。最近、何か不安になる出来事があったのでしょうか。

CL5 ：はい、先日、運動会が開催され、園児の練習の成果をご家族にも披露する機会がありました。園児はみんな頑張って無事終了したのですが、4クラスの中で私のクラスが一番まとまりが悪いとの噂になりました。

CCt5：運動会が無事終了したのはよかったけれど、終了後、Cさんのクラスがまとまりが悪いという噂を聞かれたのですね。

CL6 ：クラスがまとまるかどうかは、いろいろな問題が出てきたときに、その担任がどう園児に対応するかが大きく影響すると言われています。

CCt6：クラスを上手く運営できているのか気になっているのですね。

CL7 ：はい。今の状態で他の先生と同じように一人ひとりの園児に関わりながら、まとまりあるクラスにできるだろうかと不安です。

事例I

CCt7：今年は2年目で、これまで他の先生の園児との関わり方を見てこられたのですよね。

CL8 ：はい。これまで他の先生の園児との関わり方を傍らから見てきました。他の先生はベテランで、大きなトラブルもなく活気のあるクラス運営をされているように感じます。凄いなと思います。しかし、自分はまだ全ての業務に要領が悪く時間がかかりますので、他の先生のように対応できているかというと……。

CCt8：自信が持てないということですね。

CL9 ：自信？　自信ですかね。う～ん。そうかもしれませんね。

CCt9：自信だとすると、自信を持つには経験も必要ですね。

CL10：確かにそうですね。経験を積んでいけばこんな気持ちにならないかも
しれませんね。でも幼稚園のクラス運営は待ったなしなので、今でき
るかできないかが大切で、それを要求されていると思います。

CCt10：<u>不安をなくすには、勇気を持って行動することですよね。とにかく勇
気を出して行動されてみてはどうですか。</u>

CL11：そうですね。まず、何をしたらよいですかね。園児は日々成長します。
私は子供たちに付いていくのが精一杯の状態です。

CCt11：教師は子供たちを指導することが大切ですよね。

CL12：う〜ん。指導ですか……。

事例Ⅱ

CCt7：一人ひとりの子供と丁寧に関わることができず、現実と理想のギャッ
プを感じているとのことですが、そのギャップをもう少し詳しくお話
しいただけますか。

CL8：そうですね。幼稚園の仕事はできるだけ子供たちと一緒に過ごすこと
が理想ですが、実際は保護者対応、行事の企画・準備、職員会議……
など多岐にわたり、多忙です。経験の浅い私にはどの仕事も時間がか
かり、園児一人ひとりと向き合える時間が不足していると思います。
とくに問題を抱えている園児に十分に向き合えていないのが現状で
す。園の求める能力とのギャップもあり、これからどうしたらよいか
悩んでいます。先日の運動会では、クラスの順位づけもあり、周りの
うわさにショックを受けました。

CCt8：もう少し時間がとれて子供たちに向き合うことができれば理想に近づ
けるが、現実は他の業務に時間をとられて理想に遠い状況と思われて
いるのですね。

CL9：そうですね。もう少し要領よく仕事をすることを考えないといけない
かなぁ〜。目先の仕事に追われているのでしょうね。

CCt9：時間をつくるために誰か相談できる人はいますか。

CL10：園長先生や先輩の先生方はおられますが、できるだけ自分で何とかし
ようという意識が強くて、あまり相談していません。弱音を言いたく
ないのかも……。

CCt10：<u>できるだけ自分で何とかしようという気持ちなんですね。</u>

CL11：そうですね……。う〜ん。自分だけでは解決しないですよね……。

CCt11：幼稚園に何か改善して欲しいことはありますか？

CL12：そうですね。園にお願いすることと、自分でできることを整理してみたいと思います。

(後略)

キャリアコンサルタントに求められる傾聴の基本的態度って何だったかな？
1. 無条件の受容
2. 共感的理解
3. 自己一致
の3つでしたね。これによって最初のラポールが形成されて、次のステップに進むことができます。

問い1 　事例ⅠとⅡはキャリアコンサルタントの対応の違いにより展開が変わっている。事例ⅠとⅡの違いを下記の5つの語句（指定語句）を使用して解答欄に記述せよ（同じ語句を何度使用しても可。また語句の使用順は自由。解答用紙に記述する際には、使用した指定語句の下に必ずアンダーラインを引くこと）。（15点）

指定語句 　　　個々の問題 　自己探索 　経験 　助言 　一般化

_____

_____

_____

_____

_____

_____

| 練習問題1 | 問い1 | 解答例 |

　事例Ⅰは、CCtの主観的なものの見方や断定的な<u>助言</u>、「自信」「勇気」などの<u>一般化</u>された感情表現により対応しており、CLの感情を受容し共感した基本的態度が見受けられない。その結果、具体的な展開ができず問題解決につながらなかった。

　事例Ⅱは、CLの感情に寄り添い、過去の<u>経験</u>を<u>一般化</u>することなく、<u>個々の問題</u>として丁寧に傾聴し、キーワードに応答して問いかけることで<u>自己探索</u>を促進し、自己の気づきへ展開できている。

> **問い2** 事例ⅠのCCt10と事例ⅡのCCt10のキャリアコンサルタントの応答が、相応しいか、相応しくないかを考え、「相応しい」あるいは「相応しくない」のいずれかに○をつけ、その理由も解答欄に記述せよ。（10点）
>
> 事例ⅠのCCt10（相応しい・相応しくない）
> 理由＿＿＿＿＿＿＿＿＿＿＿＿＿＿＿＿＿＿＿＿＿＿＿＿＿＿＿
>
> ＿＿＿＿＿＿＿＿＿＿＿＿＿＿＿＿＿＿＿＿＿＿＿＿＿＿＿＿＿＿
>
> 事例ⅡのCCt10（相応しい・相応しくない）
> 理由＿＿＿＿＿＿＿＿＿＿＿＿＿＿＿＿＿＿＿＿＿＿＿＿＿＿＿
>
> ＿＿＿＿＿＿＿＿＿＿＿＿＿＿＿＿＿＿＿＿＿＿＿＿＿＿＿＿＿＿

| 練習問題1 | 問い2 | 解答例 |

事例ⅠのCCt10（相応しい・⟨相応しくない⟩）

理由：「不安をなくすには勇気を持って行動すること」というのは一般化された意見であり、「勇気を出して行動されてみては」というのは、それに基づくCCtの誘導的対応で受容的態度ではない。

事例ⅡのCCt10（⟨相応しい⟩・相応しくない）

理由：CLの「できるだけ自分で何とかしよう」というキーワードを捉えて気持ちの確認をした問いかけが「自分だけでは解決しない」という自己探索による気づきを促した。

●解答のコツとノウハウ

　「問い1」「問い2」ともに、CCtの基本的態度と受容応答およびカウンセリングのプロセスを問う設問なので、逐語録の応答を詳細に検討する必要があります。

　「問い1」は6行なので200〜240文字程度で記述します。「問い2」理由の記述はそれぞれ2行なので、70〜90文字で「相応しい」「相応しくない」理由を明記してください。

①事例Ⅰの応答分析

1. CCt7では、CL7の発言を受けて、「まとまりあるクラスにすることができるだろうか……」という不安な気持ちを受容し、感情へ寄り添った応答が必要です。
2. CCt8の「自信が持てない」という言葉は、それまでのCLの発言を考えるとCCtの独断と思われ、CLの「不安」な気持ちを受け止めていません。その結果、CL9で納得できない様子が見られます。
3. CCt9では、「自信を持つには経験も必要」と、CCtの価値観に基づく助言を行っており、CLに寄り添う姿勢が見られません。
4. CCt10では、「不安をなくすには勇気を持って行動すること」と、一般化された意見にもとづくCCtの誘導的応答となっています。
5. CCt11では「子供たちを指導することが大切」と、CCtの意見を述べ、CLには受け入れられていません。
6. 事例ⅠのCCtの対応は、CCtのものの見方や価値観による応答に終始して、CLの感情を受け止めることなく、基本的態度に問題があると思われます。

②事例Ⅱの応答分析

1. CCt7では、CLの「理想と現実のギャップを感じている」という気持ちを受け止め、その事実関係を丁寧に聞いています。その結果、CLは園内の詳細な仕事の内容を話し、子どもたちと向き合う理想の姿と時間の不足とのギャップが生じていることや、運動会での評価に「ショック」を受けたことを引き出しました。
2. CCt8では、「もう少し時間がとれて子どもたちに向き合うこと〜」の問いかけによって、目先の仕事に追われている自分や、もっと要領よく仕事をする必要性の気づきにつながりました。
3. CCt9では、「相談できる人はいるか」を問うことで、できるだけ自分で何とかしようという意識の強さと、「弱音を言いたくない」という気持ちがあることに、CLは気づかされました。

4. CCt10では、「できるだけ自分で何とかしようという気持ち」の問いかけで、CLは自分だけでは問題が解決しないことを感じました。

5. CCt11では、「園への要望」を問うことで、自分がなすべきことと園にお願いすることを考えるきっかけとなりました。

6. 事例ⅡのCCtの対応は、CLの感情に寄り添い、CLの理想と現実のギャップの原因を丁寧に探り、個々の問題を問いかけています。そのことで、自己探索を促進し、問題解決のための「気づき」をもたらしました。

論述試験 2

> **問い3** 事例Ⅰ・Ⅱ共通部分と事例Ⅱにおいて、キャリアコンサルタントとして、あなたの考える相談者の問題と思われる点を解答欄に記述せよ。（15点）
>
> _____
>
> _____
>
> _____
>
> _____

練習問題 1　問い3　　　　　　　　　　解答例

　幼稚園の多岐にわたる仕事に翻弄され、時間のコントロールができていない。そのために子供とのふれあいの時間に支障が出ている。これは幼稚園運営業務の理解不足とも考えられる。また、できるだけ自分一人で問題を解決しようという意識が強く、先輩教諭とのコミュニケーション不足のために、園内のリソースや情報の活用がなされていないと思われる。

●解答のコツとノウハウ

1. CLは先日の運動会でのクラスのまとまりの悪さが噂となったことで、担任業務の不安から幼稚園教諭に向いていないのではないかと思い始めました。1年半の経験で短絡的に教師に向いていないとの思いがあり、自己を取り巻く環境、価値観、適性、強み・弱み等、自己理解不足が見受けられます。

2. 担任教師としての職務理解が不十分で、運動会での一つの事象だけで精神的なダメージを受けており、幼稚園には多岐にわたる業務が存在し、組織があることなど

仕事理解の不足が考えられます。

3. クラスの運営は一人では困難であり、上司、先輩、同僚等の協力のもとでうまく機能します。いろいろな相談やアドバイスを受ける必要があります。そのためにはコミュニケーションがより大切になると思われます。

4. 見立ては上記以外にもあり得ると思いますが、具体的な方策とも連動するので、2〜3に絞って考えるとよいでしょう。

5. 解答欄は4行ありますので、150〜170文字程度で具体的に記述してください。

> **問い4** 全体の相談者の語りを通して相談者像を想像し、事例Ⅱのやりとりの後、あなたならどのようなやりとりを面談で展開していくか、その理由も含めて具体的に解答欄に記述せよ。（10点）
>
> _____
>
> _____
>
> _____
>
> _____
>
> _____
>
> _____

練習問題1　問い4　　　　　　　　　　　　　　　　解答例

　自信喪失で混乱している気持ちに寄り添いながら、担任業務に希望をもって取り組めるようにすることを目標に、何をすればよいのかを一緒に考えて具体的な支援をしていく。まず、業務の洗い出しと、優先順位付けによる時間効率化の検討を行う。また、先輩教諭の時間の使い方や仕事のやり方を比較検討していく。次に、先輩教諭とのコミュニケーションの促進と、園内リソースの活用促進を支援する。その上で、Cさんの理想の実現に向けて、これからのキャリアビジョンも検討したい。

●解答のコツとノウハウ

1. 不安な気持ちに寄り添いながら、今後の担任業務に希望をもって取り組めるようにすることを目標に、何をすればよいのかを一緒に考えて具体的な支援をしていきます。

2. 子どもたちと向き合う時間の確保が優先課題と考えられるので、現在の業務の洗い

出しと優先順位づけにより、効率を重視したスケジュール表を作成します。

3. 先輩教師や上司とのコミュニケーションを促進できるようにサポートします。その結果として、情報活用、園内リソース活用を促進します。

4. 担任業務の仕事内容を再検討し、仕事の理解を深める支援をします。あわせて、1年半の教諭としての振り返りと、今後のキャリアシートの作成を提案し支援します。

5. 方策は他にもあると思いますが、CLの主訴とCCtの見立てに沿った方策を優先します。

6. 解答欄は6行ありますので、200〜240文字程度で具体的に記述してください。

練習問題 2

事例Ⅰ・Ⅱ共通部分と事例Ⅰ・Ⅱを読んで、以下の問いに答えよ（事例ⅠとⅡは、同じ相談者（CL）、同じ主訴の下で行われたケースである）。（50点）

相談者（CLと略）：

Dさん、38歳男性、四年制大学（経済学部）卒業、中堅物流会社に16年勤務、物流センター所長から3か月前に人事部の研修担当係長に異動、妻、中学生の息子と3人暮らし

キャリアコンサルタント（CCtと略）：

相談機関のキャリアコンサルティング専任社員

事例Ⅰ・Ⅱ共通部分

CL1 ：はじめての本社スタッフ勤務で、どう対応してよいのかわからなくて相談に来ました。

CCt1 ：はじめての本社勤務で、どう対応していいかわからなくなった。少し詳しく話していただけますか。

CL2 ：私は入社来、一貫して営業現場で勤務してきました。ところが、3か月前に物流センターから本社の人事部に異動になりました。はじめての本社スタッフへの異動は、現場での実績が認められたとの思いもあり、意気揚々として着任しました。ところが、着任早々から営業現場と全くちがう、重苦しい雰囲気を感じました。この3か月間、私なりに頑張ってきましたが、上司からの要求にどう対応したらよいか悩んでいます。

CCt2：上司の要求にどのように対応したらよいか悩んでおられるのですね。何か気になる出来事がありましたか。

CL3：先週、課長に新人研修の企画書を作成して報告をしたのですが、「この企画は新人教育には使えないよ。現場のOJTとは違うのだから。全社的観点からの企画を考えてやり直してくれ」と言われました。自分なりに努力して作成したつもりでしたが、頭から否定されてガッカリし、自信を失くしてしまいました。やはり本社の仕事は私には無理なのかな……。

CCt3：自分なりに努力して作成した企画書を頭から否定されて、ガッカリし自信を失くしてしまった……。

CL4：自分としてはこれまでの現場の経験を新人研修に活かしたいと思い、戸惑いながらも一生懸命に努力してやっと完成させたのでショックです。

CCt4：やっと完成させた企画書だったのでショックも大きかったのですね。

CL5：現場では新人教育もやっていましたので、新人に何が必要か知っているつもりです。研修の目的は間違っていないと思うのですけどね～。

CCt5：現場経験を活かしてやっとの思いで完成させた新人研修の企画書が、新人研修に使えないと言われたことに納得できないのですね。

CL6：もともと、現場の経験を本社スタッフとして全社に活かすために異動してきたという思いもあるので、どうしたらいいかわからなくなります。

CCt6：今までの経験をどのように本社で活かしていけばよいのかわからなくなったということですね。

CL7：そうですね、まずは、これから課長にはどのように対応したらよいのでしょうか。

事例Ⅰ

CCt7：これまでにも一方的に言われることはあったのですか。

CL8：いろいろ小言を言われることはあったのですが、それでも自分の今までの現場での実績を認めてくれていると思っていましたので、今回はショックでした。

CCt8：どう対応してよいかわからないと言われましたが、何か具体的に考えてらっしゃることがあるのですか。

CL9：何かって？

CCt9：例えば転職を考えるとか。

CL10：いえ、一週間前のことですし、そこまでは考えていませんが、課長の
　　　言葉に憤りを感じる中で、これからやっていけるのか不安です。

CCt10：ご自分の希望で他部署への異動願いは出せるのですか。

CL11：異動願いは出せると思いますが、まだそこまで整理できていません。

CCt11：それでは、この機会に課長さんが言うように、全社的観点からの考え
　　　方に改めて、仕事のやり方を見直してみるというお考えはありません
　　　か。

CL12：もちろん全社的な観点からものを考えることの大切さはわかっている
　　　つもりです。でも、それはまず上の方針があっての話だと思います。
　　　その指示も無く、全社的観点から考えろと言われると戸惑ってしまい
　　　ます。

　　　　　　　　　　　　　　　　　　　　　　　　　　　　　　　（後略）

事例Ⅱ

CCt7：課長さんから言われたときの様子をもう少し話していただけません
　　　か。

CL8　：課長にそう言われたときは「えっ」と思いましたが、「そうですか」と
　　　言って、何も言わずに席に戻ったのです。それからだんだんと不安と
　　　憤りを感じてくるようになりました。

CCt8：席に戻られてから不安と憤りを感じてくるようになった……。

CL9　：ええ、これまで物流センターの現場でいろいろな新人への指導を行っ
　　　てきました。OJTを中心にしてセンターの基本的な役割や組織につ
　　　いての理解や、上司、部下との関係やマナーについても折にふれ教育
　　　してきたつもりです。新人の定着や成長など現場での成果が認められ
　　　て、今の部署に異動になったと思っています。現場経験の少ない課長
　　　から、この企画は使えないと言われたことに腹が立ちます。結局は自
　　　分の現場での実績を全く認めてくれていないことに対する落胆と強い
　　　憤りを感じました。また、現場と本社とではこうも違うのかと思うと、
　　　これから不安も感じます。

CCt9：今「現場」という言葉を何度も強く言われていたのですが、現場での
　　　実績をとても大事にされているんですね。

CL10：そうですね。現場での実績が自分のモチベーションの源になっていた
　　　と思います。これまではそう思っていました。でも、今お話ししてい
　　　て何か違うものも少し感じています。

CCt10：今話していて「違うもの」を感じたというと……。

CL11：会社は現場だけで成り立っているわけではない。全社的な経営の視点からの見方の必要性とスタッフとしてのスキルも不足しているなあと感じて来ました。

CCt11：それはどういうことですか。

CL12：現場の実績を追うことばかりにこだわってきた自分の限界を感じています。現場は大切ですが、それだけでは会社は回らないなぁと……。もっと勉強することがありそうです。

(後略)

システマティック・アプローチのスキルを身につけよう！
・CCtとCLが共同で目標を設定し、その目標達成の方策を選び、それを実行することを体系的に進める方法がシステマティック・アプローチです。
・①カウンセリングの開始②問題の把握③目標の設定④方策の実行と進んでいき、常に今どこに位置しているのかを把握していることが大切です。

問い1　**事例ⅠとⅡはキャリアコンサルタントの対応の違いにより展開が変わっている。事例ⅠとⅡの違いを下記の5つの語句（指定語句）を使用して解答欄に記述せよ（同じ語句を何度使用しても可。また語句の使用順は自由。解答用紙に記述する際には、使用した指定語句の下に必ずアンダーラインを引くこと）。（15点）**

指定語句	背景　価値観　共有化　自己探索　感情

_____

_____

_____

_____

_____

_____

| 練習問題2 | 問い1 | | 解答例 |

事例Ⅰの対応は、CCtのものの見方や<u>価値観</u>での応答に終始して、CLの<u>感情</u>を受け止めておらず、基本的態度に問題があると思われる。事例Ⅱの対応は、CLの感情に寄り添い、怒りの感情の<u>背景</u>にある経験を呼び起こし、CLの価値を<u>共有化</u>することでラポールを形成するとともに、今まで大事にしてきた<u>価値観</u>の問いかけによって、別の<u>価値観</u>の気づきを促し、<u>自己探索</u>につながった対応となっている。その結果、全社的な経営の視点からの見方やスタッフとしてのスキルの不足を気づかせた。

> **問い2** 事例ⅠのCCt10と事例ⅡのCCt10のキャリアコンサルタントの応答が、相応しいか、相応しくないかを考え、「相応しい」あるいは「相応しくない」のいずれかに○をつけ、その理由も解答欄に記述せよ。（10点）
>
> 事例ⅠのCCt11（相応しい・相応しくない）
> 理由＿＿＿＿＿＿＿＿＿＿＿＿＿＿＿＿＿＿＿＿＿＿＿＿＿＿
> ＿＿＿＿＿＿＿＿＿＿＿＿＿＿＿＿＿＿＿＿＿＿＿＿＿＿＿＿
>
> 事例ⅡのCCt9（相応しい・相応しくない）
> 理由＿＿＿＿＿＿＿＿＿＿＿＿＿＿＿＿＿＿＿＿＿＿＿＿＿＿
> ＿＿＿＿＿＿＿＿＿＿＿＿＿＿＿＿＿＿＿＿＿＿＿＿＿＿＿＿

| 練習問題2 | 問い2 | | 解答例 |

事例ⅠのCCt11（相応しい・⦅相応しくない⦆）

理由：上司の言葉にショックを受けているのに上司の立場を容認するような問いかけは、受容的発言ではなく、CLに反発を招いている。また、CCtの誘導的発言でもあるので相応しくない。

事例ⅡのCCt9（⦅相応しい⦆・相応しくない）

理由：「現場での実績」の価値を共有化し応答することで、CLにとっての意味を考えさせ、自己探索を促した。何か違うものを感じる問いかけとなっているので相応しい。

●解答のコツとノウハウ

　「問い1」「問い2」ともに、CCtの基本的態度と受容応答およびカウンセリングのプロセスを問う設問なので、逐語録の応答を詳細に検討する必要があります。

　「問い1」は6行なので200〜240文字程度で記述します。「問い2」理由の記述はそれぞれ2行なので、70〜90文字で「相応しい」「相応しくない」の理由を明確に記述してください。

①事例Ⅰの応答分析

1. CCt8では、CL8の発言を受けて、「ショック」な気持ちを受け止め、CLの感情に寄り添う応答が求められます。

2. CCt8の質問の意図は何か、CLは何を答えてよいかわからず戸惑っています。CCt9で「転職」などの発言で、さらにCLを混乱させています。

3. CCt11では、上司の立場を容認するような問いかけが、CLに反発を招いています。

4. 事例ⅠのCCtの対応は、CCtのものの見方や価値観による応答に終始して、CLの感情を受け止めることなく、基本的態度に問題があると思われます。

②事例Ⅱの応答分析

1. CCt7では、CLの「ショック」の気持ちを受け止め、課長から指摘されたときの様子を丁寧に聞いています。

2. CCt8では、CLの発言を傾聴し、時間を戻しての感情の振り返りを促進する応答となっています。そのことによって、CLは具体的な多くのことを語ることになりました。今までの自身の行動を振り返り、怒りの感情の背景となっている事柄の分析に進みました。

3. CCt9では、「現場の実績」の価値を共有化し応答することで、「現場」の価値を洞察することになり、今までとは何か違うものを感じることになりました。

4. CCt10では、感情に寄り添いながら「違うもの」の問いかけをすることで、CLの自己探索が促進され、「全社的な経営の視点からのものの見方の必要性」や「スタッフとしてのスキルの不足」の感情が湧いてきました。

5. 事例ⅡのCCtの対応は、CLの感情に寄り添い、CLの価値を共有化することで、ラポールを形成することができました。また、怒りの感情の背景にある経験を呼び起こし、今まで大事にしてきた価値観の問いかけによって、別の価値観の気づきを促し、自己探索につながりました。CCtに相応しい対応と思われます。

問い3　事例Ⅰ・Ⅱ共通部分と事例Ⅱにおいて、キャリアコンサルタントとして、あなたの考える相談者の問題と思われる点を解答欄に記述せよ。（15点）

_____

_____

_____

_____

練習問題2　**問い3**　　　　　　　　　　　　　　　　　　　　**解答例**

　仕事の価値観が「現場での実績」という狭い価値観にとらわれており、自己理解の不足が感じられる。また、全社的な観点から見た職務やスタッフとしての機能の理解が不十分で仕事理解の不足が見られる。上司に対する偏った評価が見られ、また、上司との情報共有が見られないことから、コミュニケーション不足の可能性もある。

●解答のコツとノウハウ

1. 自己理解の不足から、CLにとっての仕事の価値観が「現場の実績」という狭い価値観にとらわれており、仕事に対する価値観の広がりが必要ではないかと考えられます。

2. 仕事理解の不足から、全社的な観点から見た職務やスタッフとしての機能の理解が不十分で、企業組織は現場だけで成り立っているわけではないことの理解が必要と考えられます。

3. 上司に対する偏った見方が見られ、また、情報の共有化も見られないことから、コミュニケーションの不足が感じられます。

4. 見立ては上記以外にもあり得ると思いますが、その後の展開も考慮して、2～3に絞って考えることにします。

5. 見立てはその根拠を具体的に示し、それぞれの見立てを簡潔に説明します。解答欄は4行なので、140～160文字程度でまとめてください。

問い4　全体の相談者の語りを通して相談者像を想像し、事例Ⅱのやりとりの後、あなたならどのようなやりとりを面談で展開していくか、その理由も含めて具体的に解答欄に記述せよ。（10点）

_____

_____

_____

_____

_____

_____

練習問題2　問い4	解答例

　これまでの努力を認め称賛し、ショックと不安な気持ちに寄り添いながら、気をとり直し、積極的に仕事ができるようになることを目標に具体的な支援をする。まず、これまでの現場中心のキャリアの棚卸しを行い、キャリアシートの作成を提案する。その中で今後のキャリアビジョンを考え、同時に現場と本社の機能についての知見を広げることを勧める。次に、上司との情報の共有化を促進するために、CLを取り巻く仲間とのコミュニケーションの強化について支援していく。

●解答のコツとノウハウ

1. これまでの努力を認め称賛し、ショックと不安な気持ちに寄り添いながら、気をとり直し、積極的に仕事ができるようになることを目標に具体的な支援をします。

2. 自身のキャリアを棚卸しし、これまでのキャリアの確認と今後の方向性を見出すためにキャリアシートの作成を提案します。その中で現場と本社の機能について理解を深めていくことを支援します。

3. 上司との考え方のギャップを埋めるために、まずCLを取り巻く仲間とのコミュニケーションを強化し、情報共有を支援します。

4. 方策は他にもあると思いますが、CLの主訴とCCtの見立てに沿った方策とします。

5. 解答欄は6行なので、200〜240文字程度で方針と目標、方策について簡潔に記述してください。

CC協議会（キャリアコンサルティング協議会）

1回	1. 相談者情報　氏名：Ａさん　年齢：29歳　性別：男性　居住地：X県Y市　57歳の実母と同居 2. Aさんの最初の発言の概要　家電量販店で販売員をしている。契約社員として3年9ヶ月間働いており、契約満了は3ヶ月後である。先週、上司から待遇は現状のまま2年の契約期間という条件での再契約を提示され、1ヶ月以内に更新を希望するか否かの返答を求められたが、この先のことを考えると今の会社で働き続けてよいものか悩んでいる。
2回	1. 相談者情報　Zさん、38歳、女性、独身、短大卒。X県Y市に独居。　家族構成：P県R市の実家に63歳の母と42歳の兄夫婦が同居、父は3年前に他界。　保有資格：第一種普通自動車免許、全商簿記検定2級。 2. 来談の経緯　来談日：平成28年11月上旬　Zさんは、従業員数50名ほどの介護福祉関連用品の製造・販売会社の総務課で5年前から契約社員として毎年契約を更新して働いている。職務内容は、物品管理から人事労務の手続きまで様々な仕事の補助的な業務を担当している。課員は課長とZさん、パート職員が2名。先日、課長から「Zさんを次年度から正社員にしたいと考えている。年内を目途に回答して欲しい」と言われ、返答に悩み来談した。
3回	1. 相談者　Zさん、29歳、男性、独身、大学卒。X県Y市に両親と同居。　家族構成：父64歳、母58歳、姉（34歳）は結婚しA県B市で家族と暮らす。　保有資格：実用英語技能検定3級 2. 来談の経緯　来談日：平成29年2月上旬　Zさんは、学卒時の就職活動がうまくいかず、そのまま何となく雇用保険の被保険者にはならない短期間・短時間のアルバイトをしてきた。しかし父親が今年定年を迎えることから、そろそろ就職をして欲しいと両親から懇願された。自分でもこのままではいけないと思ってはいたが、どんな仕事が自分に向いているか分からないということで相談に来た。前回の初回面談ではＶＰＩ職業興味検査を実施し、結果についてキャリアコンサルタントから簡単にフィードバックを受け、候補としてリストアップされた職業のうち自分の知らない職業については調べてみることを約束し、今回の面接に至る。
4回	1. 相談者情報　Zさん、30歳、男性、四年制大学（法学部）卒業　新卒で情報サービス会社に入社後、営業部に配属され、勤務7年目　家族構成：妻30歳（会社員） 2. 来談の経緯　平成29年5月末　本人の希望で来談　Zさんは昨年の秋、これまで働いてきた営業部内でチームリーダーに昇進した。その際上司からは、これまでの営業で好成績を挙げてきたのを評価してのことである事を言われ、喜んで話を受けた。しかし、当初描いたイメージのように仕事が進んでおらず、この先リーダーとしてどのように仕事をすればよいかわからず来談した。
5回	1. 相談者情報　Zさん、女性、22歳、大学（社会学部）4年生　家族構成：父53歳（会社員）、母52歳（パート）、姉27歳（会社員） 2. 来談の経緯　平成29年8月末　本人の希望で来談　Zさんは、春から就活を行っていたが、花粉症の症状がひどくなり、5月から6月にかけて就職活動を休んでいた。7月から再開したものの、なかなかうまくいかず、この先どうしたらよいかわからず来談した。
6回	1. 相談者情報　Zさん、女性、35歳、四年制大学（経済学部）卒業　食品会社に総合職として入社し13年目。家族構成：夫、子ども一人 2. 来談の経緯　平成29年11月中旬　本人の希望で来談　Zさんは育児休業を終え、人事部に復職して6カ月経つ。時短勤務のペースもつかめてきた。ただ、最近同期の女性が管理職に昇進したことを知り、自分は仕事も子育ても中途半端な気がして、今のような働き方で自分の将来はどうなるのだろうと不安を感じている。今後の働き方について相談したく来談した。
7回	1. 相談者情報　Zさん、男性、40歳、高校卒業後精密機器会社に勤務し22年 2. 来談の経緯　平成30年2月末　本人の希望で来談　Zさんが入社以来働いていた製造部門が2年前に海外に移ることになった。その際、海外に行くか国内の別の部署に異動するかの選択を迫られ、国内に残る希望をだし、販売部門に異動した。しかし、販売部門での仕事は自分には向いていないと思い転職を考えるようになり来談した。
8回	1. 相談者情報　Zさん、26歳、男性、大学院修士課程修了後、大手化学メーカーに入社し2年目　家族構成：父（会社員）、母（パート社員）、現在社員寮にて一人暮らし 2. 来談の経緯　平成30年5月末　本人の希望で来談　Zさんは大学院で化学工学を専攻し、エネルギー関連の研究に取り組んだ。就職時は専門をいかした仕事に携わりたいと考えて今の会社に就職した。しかし、配属は全く違う分野の部署で、仕事にやりがいを感じられない。この先どうしたら良いかわからず来談した。

資料

9回	1. 相談者情報　Zさん、男性、19歳、専門学校2年生　工業高等学校を卒業後、専門学校に進学　家族構成：父（会社員）、母（専業主婦）、妹（中学2年生）と同居 2. 来談の経緯　平成30年8月末　本人の希望で来談　Zさんは小さいころから電車の運転士に憧れていたが、高校卒業時に学校推薦枠の選考が通らず鉄道会社を目指せる専門学校に入学した。就職活動の時期になり、大手鉄道会社数社の採用試験を受けてきたがうまくいかず、今後どのように就職活動をしたらいいのかを相談するため来談した。
10回	1. 相談者情報　Zさん、男性、58歳、四年制大学（工学部電気学科）卒業後、電気機器製造会社に入社し36年。家族構成：妻（パート職員）、長男（大学1年生）、次男（高校1年生） 2. 来談の経緯　平成30年11月末　本人の希望で来談　Zさんは電気機器製造会社の工場において、主に製造技術、生産管理の仕事に携わってきたが、60歳で定年になるため、そろそろ今後のことを考えなくてはと思っている。子供の学費もかかるので働き続けなければならないとおもっているが、具体的にどうしたらよいか来談した。
11回	1. 相談者情報　Zさん、女性、33歳、四年制大学（経営学部）卒業後、住宅メーカーに総合職として入社し11年。現在育児休職中。家族構成：夫35歳（会社員）、子供1歳 2. 来談の経緯　平成31年2月末　本人の規模で来談　Zさんは子どもの保育園の入園が決まり、4月から復職する予定だが、最近になって、仕事をしながら家事や育児がうまくできるのか自信がなくなり来談した。
12回	1. 相談者情報　Zさん、男性、22歳、四年制大学（経営学部）4年制　家族構成：母（会社員）と同居（高校生の時、両親が離婚） 2. 来談の経緯　令和元年7月初旬　本人の希望で来談　アルバイト先のホテルでの働きぶりが認められ、内々定をもらったが、この時期になって、このままホテルに就職していいのかと悩むようになった。今後どうしたらよいか迷っていて来談した。
13回	1. 相談者情報　Zさん、女性、25歳、短期大学（生活学科）卒業。現在大手通信会社子会社のコールセンターで契約社員として勤務し3年目。家族構成：父（会社員）、母（パート職員）、妹（大学4年生）と同居 2. 来談の経緯　令和元年11月初旬　本人の希望で来談　先日、上司から正社員登用制度を利用して正社員にチャレンジしてみないかと打診があった。制度があることは知っていたが、正社員になることは考えていなかったので、どうしたらいいかわからず来談した。
14回	1. 相談者情報　Zさん、女性、21歳、四年制大学（法学部）3年生。家族構成：父（公務員）、母（公務員）、弟（高校2年生）と同居 2. 来談の経緯　令和2年3月上旬　本人の希望で来談　Zさんは公務員を目指しているが、一次試験に受かるかどうか不安に感じている。最近になって民間の仕事の方が自分に向いているかもと思い始め、公務員と民間企業を併願するか、どちらかに絞って就職活動をしたほうがいいのか迷って来談した。
15回	1. 相談者情報　Zさん、男性、41歳。四年制大学の工学部を卒業後、中堅の情報サービス会社へ入社して19年目。現在、課長職。家族構成：妻38歳、子供2人。
16回	1. 相談者情報　Zさん、女性、37歳。四年制大学の英文科を卒業後、中小規模のメーカーで役員秘書（正社員）として13年間勤務。2年前に結婚退職し、現在は専業主婦。家族構成：夫40歳（会社員）
17回	1. 相談者情報　Zさん、女性、19歳。短期大学2年生。家族構成：父55歳（会社員）、母53歳（パートタイム職）、姉23歳（会社員）
18回	1. 相談者情報　Zさん、女性、40歳。高等専門学校卒業後、大手金属製品メーカーのグループ会社に20年勤務。家族構成：夫（40歳）、長男（11歳、小学6年生）、長女（2歳、保育園児）
19回	1. 相談者情報　Zさん、男性、25歳。四年制大学（法学部）卒業後、出版取次会社の派遣社員2年目。家族構成：母（55歳、スーパーマーケット勤務）、妹（22歳、大学4年生）
20回	1. 相談者情報　Zさん、男性、26歳。服飾専門学校を卒業後、男性用洋服ブランドの販売職（契約社員）として百貨店で勤務（4年目）。家族構成：父（60歳、会社員）、母（58歳、パート職員）、妹（22歳、大学生）
21回	1. 相談者情報　Zさん、女性、45歳。四年制大学を卒業後、中小規模の部品メーカーで営業事務として6年勤務後、結婚により退職。離婚を機に近所の不動産会社（営業支店）で事務職として働き始め3年目。家族構成：長女（12歳、小学6年生）、次女（8歳、小学3年生）

22回	1. 相談者情報　Zさん、男性、21歳。四年制大学 (理工学部) 3年生。家族構成：父 (52歳)、母 (50歳)、弟 (17歳)
23回	1. 相談者情報　Zさん、男性、28歳。四年制大学経済学部を卒業後、大手素材メーカーに就職して6年目。家族構成：一昨年、実家から独立して一人暮らし。独身
24回	1. 相談者情報　Zさん、女性、43歳。四年制大学を卒業後、食品メーカーの正社員として4年間勤務し、出産のため退職。2年前より大手金融系企業でパートタイム職員として勤務。家族構成：夫 (54歳、会社員)、長男 (17歳、高校2年生)、次男 (11歳、小学5年生)

JCDA (日本キャリア開発協会)

1回	相談者：Aは有名私立大学 法学部卒。24歳。男性。 大学時代、地方公務員行政職を希望。何カ所か受験するが合格できず、就職浪人し、卒業した年の夏に再度受験、失敗。やむなく新聞広告を見て現在の会社に応募し、就職。現在、中堅広告代理店勤務。営業職。現在の会社を辞めて、勉強し直し、公務員試験を受験しようかどうかで迷っている。
2回	相談者：A氏　中堅繊維商社勤務、男性、58歳、60歳定年
3回	相談者：A、47歳女性、夫50歳、長女18歳、長男15歳、4人家族 大学卒業以来大手出版社勤務、10年前から雑誌の編集担当、編集長
4回	相談者：A、53歳男性、妻50歳、長女20歳 (大学生)、3人家族 大学卒業以来、大手機械メーカーに勤務、入社以来工場の製造部門に従事、現在は品質管理課長
5回	相談者：A、24歳男性、会社の寮住まい 大学卒業後、大手商社に勤務、入社以来2年間食料部門にて営業アシスタント業務
6回	相談者：A、26歳女性、四年制大学卒業　専門学校勤務　入社4年目 総務部広報担当　1人暮らし
7回	相談者：A、35歳男性、妻と子供1人 情報系の専門学校を卒業したのち、システムエンジニアとしてシステム開発会社で働いており、4回目の転職をしたばかり
8回	相談者：A、40歳男性、四年制大学卒業、中堅機械部品メーカーに18年勤務 現在、資材調達部門の係長、妻、高校生の息子と3人暮らし
9回	相談者：A、28歳男性、四年制大学卒業後、中堅電機メーカに入社、5年間営業部 その後、現在の人事部に異動して1年。一人暮らし
10回	相談者：A、23歳女性、四年制大学卒業 高等学校国語科教員1年目、両親との3人暮らし
11回	相談者：A、23歳男性、昨年度四年制大学卒業、現在就職活動中、両親との3人暮らし
12回	相談者：A、35歳男性、四年制大学卒業、公立大学職員13年目、2年前からキャリアセンターに配属 妻 (30歳)、長男 (5歳)、長女 (3歳) の4人暮らし
13回	相談者：A、30歳女性、4年制大学卒業、食品メーカー8年目、3ヶ月前に育休明け、お客様相談室に配属、時短勤務　夫 (33歳)、長男 (1歳) の3人暮らし
14回	相談者：A、56歳男性、高等学校卒業、中堅自動車部品会社勤務、3ヶ月前に役職定年で、以前所属していた資材調達部門に異動　妻 (54歳)、次男 (21歳、大学生) の3人暮らし
15回	相談者：A、45歳女性、4年制大学卒業、特別養護老人ホームに3か月前から勤務。夫 (48歳) との2人暮らし
16回	相談者：A、55歳男性、4年制大学卒業、教育系出版社勤務 企画部課長。妻 (53歳) との2人暮らし
17回	相談者：A、51歳女性、短大卒業、私立保育園勤務園長。夫 (52歳) との2人暮らし

資料

18回	相談者：A、59歳男性、高等専門学校卒業、排ガス処理設備メーカー勤務、点検・保守担当。妻（55歳）との2人暮らし
19回	相談者：A、42歳女性、短期大学卒業、地元中堅スーパー勤務、正社員 レジ部門（統括）。夫（46歳）、長女（17歳）、次女（15歳）の4人暮らし
20回	相談者：A、24歳男性、四年制大学工学部機械科卒業、中堅機械部品メーカー設計課、入社2年目。両親との3人暮らし
21回	相談者：A、55歳男性、四年制大学卒業、食品機械メーカー勤務。4ヶ月前に役職定年となり保守管理部に異動。妻（54歳）、長男（20歳、大学生）の3人暮らし
22回	相談者：A、29歳女性、四年制大学卒業、アパレルメーカー勤務、5か月前にエリアマネージャーとなった。一人暮らし
23回	相談者：A、20歳女性、四年制大学社会福祉学部3年生。父（52歳）、母（50歳）、兄（25歳）と同居
24回	相談者：A、28歳男性、四年制大学卒業、研修会社勤務、研修開発チーム。妻（28歳、同じ会社の他部署に在籍）と二人暮らし

資料

令和6年1月1日
特定非営利活動法人キャリアコンサルティング協議会

序文

　時代の変化に伴い、新しい働き方の拡大とその実現のため、社会をリードするキャリアコンサルタントへの期待は更に高まり、社会的責任も増しています。多様な相談者や組織からの求めに応えるため、キャリアコンサルタントには、倫理観と専門性の維持向上が必要不可欠です。加えて自らの人間性を磨き、矜持と責任感を持ち、自己研鑽に励むことが何よりも重要です。特定非営利活動法人キャリアコンサルティング協議会は、キャリアコンサルタントの使命・責任の遂行、能力の維持向上、社会インフラとしてのキャリアコンサルティングの普及・促進に会員団体と共に取り組んでおります。この使命を果たすため、キャリアコンサルタント及びキャリアコンサルティング技能士が遵守すべき倫理綱領をここに改正します。本倫理綱領が、キャリアコンサルティングに従事する全ての方々の日々の活動の指針・拠り所となることを期待します。

令和6年1月1日

本文

前文

　本倫理綱領では、キャリアコンサルタントが、職業能力開発促進法に則り、労働者の職業の選択、職業生活設計又は職業能力の開発及び向上に関する相談に応じ、助言及び指導を行い、使命である相談者のキャリア形成の支援と、その延長にある組織や社会の発展への寄与を実現するために、遵守すべき倫理を表明する。本倫理綱領では、第1章をキャリアコンサルタントとしての基本的姿勢・態度、第2章を行動規範として明示している。全てのキャリアコンサルタントは、本倫理綱領を遵守すると共に、誠実さ、責任感、向上心をもって、その使命の遂行に励むものとする。

第1章　基本的姿勢・態度

（基本的理念）

第1条　キャリアコンサルタントは、キャリアコンサルティングを行うにあたり、人間尊重を基本理念とし、多様性を重んじ、個の尊厳を侵してはならない。

　2　キャリアコンサルタントは、相談者を人種・民族・国籍・性別・年齢・宗教・信条・心身の障がい・文化の相違・社会的身分・性的指向・性自認等により差別してはならない。

　3　キャリアコンサルタントは、キャリアコンサルティングが、相談者の人生全般に影響を与えることを自覚し、相談者の利益を第一義として、誠実に責任を果たさなければならない。

（品位の保持）

第2条　キャリアコンサルタントは、キャリアコンサルタントとしての品位と矜持を保ち、法律や公序良俗に反する行為をしてはならない。

（社会的信用の保持）

第3条　キャリアコンサルタントは、常に公正な態度をもって職責を果たし、専門職として、相談者、依頼主、他の分野・領域の専門家や関係者及び社会の信頼に応え、信用を保持しなければならない。

（社会情勢の変化への対応）

第4条　キャリアコンサルタントは、個人及び組織を取り巻く社会・経済・技術・環境の動向や、教育・生活の場にも常に関心を払い、社会の変化や要請に応じ、資格の維持のみならず、専門性の維持向上や深化に努めなければならない。

（守秘義務）

第5条　キャリアコンサルタントは、業務並びにこれに関連する活動に関して知り得た秘密に対して守秘義務を負う。但し、相談者の身体・生命の危険が察知される場合、又は法律に定めのある場合等は、この限りではない。

2　キャリアコンサルタントは、キャリアコンサルティングにおいて知り得た情報により、組織における能力開発・人材育成・キャリア開発・キャリア形成に関する支援を行う場合は、プライバシーに配慮し、関係部門との連携を図る等、責任をもって適切な対応を行わなければならない。

3　キャリアコンサルタントは、スーパービジョン、事例や研究の公表に際して、相談者の承諾を得て、業務に関して知り得た秘密だけでなく、個人情報及びプライバシー保護に十分配慮し、相談者や関係者が特定される等の不利益が生じることがないように適切な措置をとらなければならない。

（自己研鑽）

第6条　キャリアコンサルタントは、質の高い支援を提供するためには、自身の人間としての成長や不断の自己研鑽が重要であることを自覚し、実務経験による学びに加え、新しい考え方や理論も学び、専門職として求められる態度・知識・スキルのみならず、幅広い学習と研鑽に努めなければならない。

2　キャリアコンサルタントは、情報技術が相談者や依頼主の生活や生き方に大きな影響を与えること及び質の向上に資することを理解し、最新の情報技術の修得に努め、適切に活用しなければならない。

3　キャリアコンサルタントは、経験豊富な指導者やスーパーバイザー等から指導を受ける等、常に資質向上に向けて絶えざる自己研鑽に努めなければならない。

（信用失墜及び不名誉行為の禁止）

第7条　キャリアコンサルタントは、キャリアコンサルタント全体の信用を傷つけるような不名誉となる行為をしてはならない。

2　キャリアコンサルタントは、自己の身分や業績を過大に誇示したり、他のキャリアコンサルタントまたは関係する個人・団体を誹謗・中傷してはならない。

第2章　行動規範

（任務の範囲・連携）

第8条　キャリアコンサルタントは、キャリアコンサルティングを行うにあたり、自己の専門性の範囲を自覚し、その範囲を超える業務や自己の能力を超える業務の依頼を引き受けてはならない。

2　キャリアコンサルタントは、訓練を受けた範囲内でアセスメントの各手法を実施しなければならない。

3　キャリアコンサルタントは、相談者の利益と、より質の高いキャリアコンサルティングの実現に向け、他の分野・領域の専門家及び関係者とのネットワーク等を通じた関係を構築し、必要に応じて連携しなければならない。

資料

（説明責任）

第9条　キャリアコンサルタントは、キャリアコンサルティングを行うにあたり、相談者に対して、キャリアコンサルティングの目的及びその範囲、守秘義務とその範囲、その他必要な事項について、書面や口頭で説明を行い、相談者の同意を得た上で職責を果たさなければならない。

2　キャリアコンサルタントは、組織より依頼を受けてキャリアコンサルティングを行う場合においては、業務の目的及び報告の範囲、相談内容における守秘義務の取扱い、その他必要な事項について契約書に明記する等、組織側と合意を得た上で職責を果たさなければならない。

3　キャリアコンサルタントは、調査・研究を行うにあたり、相談者を始めとした関係者の不利益にならないよう最大限の倫理的配慮をし、その目的・内容・方法等を明らかにした上で行わなければならない。

（相談者の自己決定権の尊重）

第10条　キャリアコンサルタントは、相談者の自己決定権を尊重し、キャリアコンサルティングを行わなければならない。

（相談者との関係）

第11条　キャリアコンサルタントは、相談者との間に様々なハラスメントが起こらないように配慮しなければならない。またキャリアコンサルタントは、相談者との間において想定される問題や危険性について十分に配慮し、キャリアコンサルティングを行わなければならない。

2　キャリアコンサルタントは、キャリアコンサルティングを行うにあたり、相談者との多重関係を避けるよう努めなければならない。自らが所属する組織内でキャリアコンサルティングを行う場合においては、相談者と組織に対し、自身の立場を明確にし、相談者の利益を守るために最大限の努力をしなければならない。

（組織との関係）

第12条　組織と契約関係にあるキャリアコンサルタントは、キャリアコンサルティングを行うにあたり、相談者に対する支援だけでは解決できない環境の問題や、相談者と組織との利益相反等を発見した場合には、相談者の了解を得て、組織に対し、問題の報告・指摘・改善提案等の調整に努めなければならない。

雑則

（倫理綱領委員会）

第13条　本倫理綱領の制定・改廃の決定や運用に関する諸調整を行うため、キャリアコンサルティング協議会内に倫理綱領委員会をおく。

2　倫理綱領委員会に関する詳細事項は、別途定める。

附則

この綱領は平成20年9月1日より施行する。
この綱領は平成25年10月1日より改正施行する。
この綱領は平成28年4月1日より改正施行する。
この綱領は平成29年8月1日より改正施行する。
この綱領は令和6年1月1日より改正施行する。

※ 本倫理綱領の二次利用に関しては、以下までお問い合わせください。
特定非営利活動法人キャリアコンサルティング協議会 倫理綱領担当メール：office@career-cc.org

●著者紹介

柴田 郁夫（しばた いくお）

国家検定1級および2級キャリアコンサルティング技能士／国家資格キャリアコンサルタント
一般社団法人地域連携プラットフォーム代表理事（共同代表）
株式会社志木サテライトオフィス・ビジネスセンター代表取締役社長

青森大学経営学部助教授、准教授、客員教授、日本テレワーク学会会長などを歴任。株式会社ではハ
ロートレーニング（公的職業訓練）を実施。キャリアコンサルティング歴は20年に及ぶ。地域連携
プラットフォームは、平成30年度から厚生労働大臣認定の「キャリアコンサルタント養成講習」お
よび「キャリアコンサルタント更新講習」を実施。また、国家資格や国家検定の受験対策講座を開催。
一方、「創業スクール」を継続実施し、独立・開業をめざすキャリアコンサルタントの支援にも実績
がある。
キャリアコンサルタント養成講習：http://careerjp.work/cc1/
キャリアコンサルタント更新講習：http://careerjp.work/cck/

[著書・訳書]
『国家資格キャリアコンサルタント学科試験　要点テキスト&一問一答問題集』（秀和システム）
『国家資格キャリアコンサルタントになるには!?』（秀和システム）
『ワーク・エンゲージメントの実践法則～テレワークによって生産性が下がる企業、上がる企業』（大
学教育出版）
『SOHOでまちを元気にする方法～自治体との協働ガイド』（ぎょうせい）
『PI（パーソナルアイデンティティ）を理解すれば時代の面白さが見えてくる』（PHP出版、共著）
『キャリア・ダイナミックスII』（亀田ブックサービス、エドガー・シャインらとの共著）　他
[訳書]『NTLハンドブック～組織開発（OD）と変革』（Next Publishing Authors Press、組織
キャリア開発フォーラムとの共訳、監訳者）
『フォーミング ストーミング ノーミング パフォーミング』（Process Consultation Inc, 共訳）

田代 幸久（たしろ ゆきひさ）

国家検定1級および2級キャリアコンサルティング技能士／国家資格キャリアコンサルタント
キャリアなんでも相談「志き塾」主宰
一般社団法人地域連携プラットフォーム上級フェロー
他キャリアコンサルタントとして依頼に基づく各種講座の講師

長年、企業の管理職・経営職を歴任。その後、キャリアコンサルタントに転身し、多くの再就職支援
実務やキャリア研修に携わる。現在はキャリアコンサルタントの養成に力を入れており、国家資格
キャリアコンサルタントの養成から1級・2級キャリアコンサルティング技能士の養成まで、試験合
格対策と実務に役立つ講座を実践している。

[執筆活動]
国家資格養成講座テキストの作成
更新講座テキストの作成
国家資格キャリアコンサルタント試験　模擬問題集の作成
国家資格キャリアコンサルタント試験講座　テキスト作成（学科・論述・面接）
2級キャリアコンサルティング技能士講座　テキスト作成（学科・論述・面接）
1級キャリアコンサルティング技能士講座　テキスト作成（学科・論述・面接）

● 執筆協力グループ

組織キャリア開発フォーラム

キャリアコンサルタント、企業内人事スタッフ、社会保険労務士、経営士、自分史活用アドバイザーなどで構成される、日本の組織を良くするための実践と研究を行うNPO団体。OD（組織開発）コンサルファームとして、組織やチームを活性化するワークショップや企業向け「セルフ・キャリアドック」の受託業務またODの普及活動などを進めている。地域連携プラットフォームを母体として発足。メンバーの多くは「組織キャリア開発士」の資格を取得。

一般社団法人地域連携プラットフォーム

2018年度から厚生労働大臣認定の「国家資格キャリアコンサルタント養成講習」および「キャリアコンサルタント更新講習」を実施。並行して国家資格の受験対策講座や、1級・2級受検対策講座を志木サテライトオフィス研修室と協働で実施。他にも地元自治体や商工会と連携して「創業スクール」を継続実施し、独立・開業をめざすキャリアコンサルタントの支援にも実績がある。2019年度からは新しい認定資格として「組織キャリア開発士」資格を立ち上げ、養成講座を開設している。

◇**本書購入特典**◇
一般社団法人地域連携プラットフォーム
「国家資格キャリアコンサルタント養成講習」の
受講料が3,500円割引となります。
詳しくは、以下のホームページをご覧ください。
https://careerjp.work/tokuten
有効期限：2025年2月28日

国家資格キャリアコンサルタント実技試験(面接・論述)実践テキスト 2024年版

発行日	2024年　2月10日		第1版第1刷

著　者　柴田　郁夫／田代　幸久

発行者　斉藤　和邦

発行所　株式会社　秀和システム

　　　　〒135-0016

　　　　東京都江東区東陽2-4-2　新宮ビル2F

　　　　Tel 03-6264-3105（販売）　　Fax 03-6264-3094

印刷所　三松堂印刷株式会社　　　　Printed in Japan

ISBN978-4-7980-7163-3 C3034